Natürlich backen – köstlich wie noch nie

Natürlich backen – köstlich wie noch nie

Mechthild Piepenbrock

Natürlich backen
köstlich wie noch nie

Das Vollkorn-Bildbackbuch von GU
Jedes Rezept in Farbe

Die Farbfotos
gestalteten Susi und
Pete A. Eising

GU
Gräfe und Unzer

Sie finden in diesem Buch

Brot, Brötchen und pikantes Gebäck 117

Zum Nachschlagen 149

Rezept- und Sachregister 156

Wichtiger Hinweis

Beim Getreidekauf muß darauf geachtet werden, daß das Getreide gereinigt ist. Es muß befreit sein von Schmutz und Unkrautsamen (vor allem Samen der giftigen Kornrade). Auch der heute wieder häufiger auftretende Pilzparasit, der vor allem den Roggen befällt, das Mutterkorn, darf nicht enthalten sein. Dies ist ein schwärzliches, meist stark vergrößertes Getreidekorn, das beim Genuß lebensgefährliche Vergiftungserscheinungen hervorruft. Getreide muß also vor der Verarbeitung unbedingt verlesen werden.

Weder die Schoten noch die Samen von Hülsenfrüchten dürfen roh verzehrt werden. Erst durch ausreichendes Garen wird das natürliche Gift der Bohnen, das Phasin, und die auf den Eiweißstoffwechsel ungünstig wirkende Substanz der Sojabohnen unschädlich gemacht. Da diese Substanz beim Keimen nur teilweise abgebaut wird, sollen Sojabohnenkeimlinge nicht zu oft und grundsätzlich kurz erhitzt/blanchiert verzehrt werden. Bittermandeln wirken in größeren Mengen giftig. Sie dürfen deshalb nur in kleinen Mengen als Gewürz verwendet werden und sollten immer unerreichbar für Kinder aufbewahrt werden.

Ein Wort zuvor

»Natürlich backen« - das ist Wunsch und Bedürfnis aller, die an der Getreideküche interessiert sind und sich gesünder ernähren wollen.

Natürlich backen - das heißt backen mit Vollkornmehl und möglichst naturbelassenen Zutaten. Es bedeutet auch, daß mit diesen Produkten zubereitetes Gebäck ausgesprochen aromatisch und würzig schmeckt und sehr viel gesünder ist als das mit »raffinierten« Produkten wie beispielsweise Weißmehl hergestellte. Probieren Sie es einfach aus mit diesem neuen Bildkochbuch - Sie werden überzeugt und begeistert sein.

Backen mit Vollgetreide

Das Backen mit Vollgetreide und möglichst naturbelassenen Zutaten kommt nicht nur dem Wunsch nach einer vor allem auch ballaststoffreichen Ernährung entgegen, die Ergebnisse sind tatsächlich »köstlich wie noch nie«. Gerade Brote, Brötchen und pikante Torten beispielsweise sind so schmackhaft und aromatisch, daß Sie und Ihre Familie bestimmt nicht mehr darauf verzichten wollen. Auch saftige Kuchen, feine Torten und zartes Konfekt gehören dazu. Mit vollwertigen Produkten lassen sich diese köstlichen Nascherei auf vielfältige Weise zubereiten und gut mit dem Wunsch vereinbaren, sich bewußter zu ernähren. Aus diesem Grunde habe ich bei meinen Rezepten auch nicht einfach Mehl durch Vollkornmehl ersetzt, sondern stets versucht, verschiedene Mehle miteinander zu kombinieren - zum einen wegen der ausgewogeneren Nähr- und Vitalstoffverteilung, zum anderen aber auch wegen des besseren Aromas. Haushalts- oder Fabrikzucker wurde - außer in winzigen Mengen zur Verzierung - nicht verwendet. Und auch synthetische Aromastoffe, wie beispielsweise Bittermandelöl, finden Sie kaum in den Zutaten, weil unsere Tests deutlich gezeigt haben, daß Gewürze, Nüsse oder Samen als Aromaträger vollkommen ausreichen und keiner weiteren Zusätze bedürfen.

Die Nährwerte

Leider ist das mit Vollkornmehl zubereitete Gebäck nicht kalorienärmer als die mit Weißmehl und Zucker hergestellten Backwaren. Sie sehen das an den bei jedem Rezept stehenden Joule-Kalorienangaben. Da aber einer der vielen Vorteile der Vollkornprodukte ihr hoher Sättigungsgrad ist, verzehrt man mit größerem Genuß weniger und wird trotzdem viel langsamer wieder hungrig. Damit Sie die Vorteile dieser Ernährung noch besser erkennen können, finden Sie bei jedem Rezept neben den Nährwerten wie Eiweiß, Fett und Kohlenhydraten vor allem auch die Angaben der wichtigen Ballaststoffe.

Die Zutaten

Die angegebenen Zutaten sind in größeren Supermärkten, Reformhäusern und Bio-Läden ohne Schwierigkeiten zu bekommen, wobei natürlich die Angebotszeiten für Früchte oder Nüsse berücksichtigt werden müssen. Sollten Sie in einem kleinen Ort oder in einer Gegend wohnen, in der die genannten Einkaufsmöglichkeiten nicht zur Verfügung stehen, können Sie beim Bäcker oder Apotheker nachfragen, ob man Ihnen das gewünschte besorgen kann.

Die reizvollen Rezepte

Alle Rezepte wurden von mir eigens für dieses Buch neu entwickelt, zugeschnitten auf die Bedingungen in einem ganz normalen Haushalt, der mit den üblichen Geräten (allerdings inklusive Getreidemühle) ausgerüstet ist. Alle wurden getestet und orginalgetreu fotografiert. Beim Durchblättern des Buches werden allein die brillanten Farbfotos schon Ihre Neugierde wecken und den Wunsch, so bald wie möglich zu »starten«. Die Rezepttitel beweisen, wieviel Altbekanntes und Vertrautes Ihnen begegnen wird. Angefangen von würzigen Napfkuchen und saftigen Teekuchen über Buttercremetorte Fürst-Pückler-Art und weihnachtliches Früchtebrot, Birnentorte mit Walnüssen,

Pflaumentorte mit Haselnüssen und Sesam, Nußbrezeln oder Marzipankonfekt bis zu Roggenbrötchen, Vielkornbrot, Lauch-Zwiebelkuchen oder Tomaten-Champignon-Pizza. Ich habe mich bemüht, in den Rezepten jeden Arbeitsgang so ausführlich und einfach wie möglich zu beschreiben, denn alles soll leicht gelingen. Auf dem neuen Weg mit teilweise vergessenen und wiederentdeckten Produkten zu erstklassigem, vollaromatischem und gesundem Gebäck sollen Sie sich sicher fühlen.

Einkaufstips

Nun noch ein kleines Wort zum Umgang mit dem »vollen« Korn. Kaufen Sie es in jedem Fall nur dort, wo die Qualität garantiert wird, zum Beispiel im Reformhaus oder auch im Bio- oder Naturkostladen, der nachweislich die Produkte eines der eingetragenen Verbände (siehe dazu bitte auch Stichwort »Biologisch-dynamisch«, Seite 150) führt. In vielen Geschäften können Sie das Getreide auch gleich mahlen lassen. Das ist besonders dann praktisch, wenn Sie sich erst einmal vertraut machen wollen mit dem Umgang mit Vollkornmehl. Allerdings sollten Sie jeweils nur die im Augenblick benötigten Getreidemengen mahlen lassen, damit der Rest nicht oxydiert (das heißt, daß sich in relativ kurzer Zeit Aroma, wertvolle Fettsäuren und Vitamine abbauen) oder gar ranzig wird. Dasselbe gilt natürlich auch für alle Arten von Nüssen und fetthaltige Samen. Wollen Sie das Getreide selbst mahlen, bietet der Handel eine ganze Reihe von verschiedenen Getreidemühlen und auch Zusatzgeräte für Küchenmaschinen an. Mehr darüber finden Sie auf Seite 8. Wollen Sie sich einen Vorrat an ungemahlenem Getreide anlegen, so achten Sie darauf, daß es wirklich trocken ist (was man bei der Reformhausware voraussetzen kann), damit es nicht schimmelt, sofort vermahlen werden kann und das Mahlwerk nicht verklebt. Und es muß auch stets trocken, luftig und geschützt vor fremden Aromaträgern aufbewahrt werden. Was die Gewürze betrifft, so ist es ratsam, diese gleich mit den

Körnern zusammen durch die Mühle zu geben; so können sich die einzelnen Aromen am besten miteinander vermischen. Auf bereits gemahlen gekaufte Gewürze sollte weitgehend verzichtet werden, da sich ihre Duftstoffe schneller verflüchtigen als das bei unzerkleinerten der Fall ist.

Die Backtechnik

Alle Rezepte wurden so ausführlich beschrieben, daß sie selbst den noch Unerfahrenen im Umgang mit Vollkornprodukten sicher gelingen werden. Als zusätzliche Hilfe finden Sie in den Kapiteln über die Getreidearten und ihre Backeigenschaften und im kleinen Backlexikon am Schluß des Buches zahlreiche Hinweise, Tips und Informationen zum leichteren Verständnis. Bereits versiertere Hobbybäcker(innen) werden sicher keine Probleme haben, denn bei der Teigherstellung ändert sich im Vergleich zur herkömmlichen Backweise nicht sonderlich viel. Zum Beispiel muß die Schnittfläche eines Mürbeteiges immer glatt ung homogen sein, ein Rührteig schwer vom Löffel fallen, ein Biskuit locker-duftig sein und ein aufgegangener Hefeteig »wollig« aussehen - ganz gleich, welches Mehl verwendet wurde. Allerdings ändert sich meist der Flüssigkeitsbedarf, der auch abhängig ist vom Feinheitsgrad beim Mahlen.
Es ist wichtig, daß Sie mit Hilfe eines Backthermometers prüfen, ob Ihr Herd die angegebene Backtemperatur auch erreicht. Sie können die Angaben in den Rezepten dann jeweils auf die Leistung Ihres Herdes abstimmen. Alle Zutaten sollten, wenn nicht anders angegeben, zimmerwarm sein und vor dem Bakken bereitgestellt werden. Fangen Sie einfach an und lassen Sie sich für Ihre gelungenen Ergebnisse loben. Freuen Sie sich, daß es so leicht ist, gesundheitsbewußt zu backen, daß es schmeckt und daß Sie die Gewißheit haben können, mit hochwertigen, einfachen und natürlichen Produkten sich selbst und Ihre Lieben zu verwöhnen.

Ihre Mechthild Piepenbrock

Wissenswertes über Getreide

Wenn man sich bewußt macht, daß das volle, keimfähige Getreidekorn alle Substanzen enthält, um daraus eine neue Pflanze entstehen zu lassen, wird sofort klar, wie hochwertig und wichtig dieses Produkt für unsere Ernährung ist. Und ebenso töricht muß es uns dann erscheinen, daß wir Menschen so stolz darauf waren (oder sind), »feine« weiße Mehle geschaffen zu haben, die jedes Aroma annehmen (weil sie kein eigenes besitzen), die nicht mehr ranzig werden (weil man den fetthaltigen Getreidekeim entfernt hat) und die blütenweiß sind (weil auch die Randschichten abgeschliffen wurden). Erst durch die Erforschung unserer sogenannten Zivilisationserkrankungen hat man festgestellt, daß wir, um an die vermeintlich feinsten Stoffe zu kommen, die wertvollsten wegwerfen. Schauen wir uns zur Verdeutlichung einmal den Aufbau eines Weizenkorns an:

zen für ein Geschenk der Demeter, der »Mutter Erde«, hielten. In der Tat hat Weizen auch die besten Backeigenschaften, denn 80% seines Eiweißgehaltes bestehen aus Klebereiweiß. Dieses läßt das Mehl gut quellen und gibt dem Teig beim Backen ein stabiles, aber lockeres Gerüst. Ganz gleich, ob Sie den Weizen selbst mahlen oder ihn beim Einkauf mahlen lassen – das Mehl sollte in jedem Fall sofort verarbeitet werden, da es durch die Lagerung nicht nur an Aroma, sondern vor allen Dingen an wertvollen Vitalstoffen verliert und ranzig werden kann.

Roggen

Bezüglich der Nährstoffe ist er (bei einem etwas höheren Ballaststoffgehalt) ähnlich einzustufen wie der Weizen, doch hat er nicht die gleich guten Backeigenschaften, da seine Eiweiß-

Hafer

Ursprünglich war er bei uns (in Form von Grütze und Mus) ein wichtiges Grundnahrungsmittel, das aber später durch Brot und Kartoffeln verdrängt wurde. Aber Hafer ist nach wie vor eine der gesündesten Getreidesorten überhaupt. Nicht zuletzt darum setzt man ihn häufig als Kranken- und Aufbaukost ein. Er ist sehr eiweißreich, bietet eine erstaunliche Menge an ungesättigten Fettsäuren und sein Gehalt an Vitamin B 1 und E, an Kalzium, Eisen, Zink, Mangan und Kieselsäure liegt höher als bei Weizen oder Roggen. Doch beim Backen zeigt er seine schwache Seite: Das Eiweiß des Hafers kann im Teig keine Kleberstrukturen bilden, also müssen kleberreiche Mehle oder andere gerüstbildende Stoffe, wie etwa Eier, hinzugefügt werden. Beim Einkauf sollten Sie stets darauf achten, spelzen-

Einkauf in Spezialmühlen mahlen lassen oder ihn mit anderen Getreidearten, die beim Backen ohnehin mitverwendet würden, mischen, bevor man ihn in die Mühle gibt; Hafer allein könnte das Mahlwerk oder die Steine leicht verkleben. Beim Kauf von Haferflocken sind die aus dem vollen Korn in jedem Fall vorzuziehen. Achten Sie darum stets auf die Beschriftung der Verpackung und nehmen Sie nur solche, die den Vermerk »Mit Keim« oder »Echte Vollkorn-Hafernahrung« tragen.

Gerste

Man hält sie für die älteste Getreidepflanze der Welt, denn sie ist nicht nur auf altrömischen Münzen zu erkennen, sondern zählte sie schon in Altägypten und in Altbabylon zu den Grundnahrungsmitteln. Aber so richtig beliebt war sie eigentlich nie. Sie galt eher als »Arme-Leute-Essen«, wurde – zu Brei gerührt – an Sklaven verteilt oder auch gerne als Viehfutter verwendet. Denn über ihre nahrhaften und aufbauenden Eigenschaften war man sich sehr früh klar (und erinnerte sich in den »Graupen-Jahren« der Kriegs- und Nachkriegszeit notgedrungen wieder daran)! Daß man Gerste – in Form von Malz – auch zur Herstellung von Bier und Whisky verwenden kann, wertete sie zwar etwas auf, verschaffte ihr aber trotzdem nicht den Eintritt in Küchen oder Backstuben. Der Grund dafür lag sicherlich an den festsitzenden Spelzen der Gerste, die mittlerweile jedoch auch »weggezüchtet« werden konnten. Es gibt also keinen Grund mehr, diese »neue« Nacktgerste, die reich an Mineralstoffen und Vitaminen der B-Gruppe und E ist, nicht häufiger zu verwenden. Ihre besten Backeigenschaften zeigt sie allerdings, wenn man sie mit Weizen mischt oder zu Flachgebäck verarbeitet.

Keimling — Mehlkörper — Aleuronschicht — Kleieschicht

Im Innern des Getreidekorns befindet sich der Mehlkörper. Er besteht aus etwa 75% Stärke und 10% Eiweiß. Der Keimling liegt seitlich vom Mehlkörper und enthält ebenfalls Eiweiß, außerdem wertvolles Öl und Vitamine (besonders E und der B-Gruppe). Die Aleuronschicht umschließt den Mehlkörper samt Keimling. Neben dem Mehlkleber enthält sie Fett, Vitamine, Mineralstoffe und etwas Kleie. Die Kleieschicht ist eine feste Außenhaut, die nährstoffarm, dafür aber reich an Mineralstoffen, Spurenelementen und Ballaststoffen ist.

Weizen

Er ist nicht nur das wichtigste Brotgetreide der Welt, sondern er gehört auch zu den ältesten Getreidearten, die wir kennen. Und wenn sich eine der größten Erzeuger- und Vertriebsorganisationen für alternativ angebaute Produkte den Namen »Demeter-Bund« gegeben hat, dann hat dieses sicherlich etwas damit zu tun, daß die Griechen den Wei-

verbindungen nicht soviel Klebereiweiß aufweisen. Das Mehl bindet darum nicht so gut und Hefe allein als Treibmittel genügt zur Lockerung nicht. Roggenteige brauchen darum Sauerteig oder Backferment, um eine gute Krume zu bekommen. Außerdem unterstützt die so zugefügte Säure das starke Eigenaroma des Roggens, das man besonders bei Broten und pikantem Gebäck schätzt.

freien »Nackthafer« (Sprießkornhafer) zu bekommen, denn bei Schälhafer oder geschälten Haferkörnern handelt es sich um gewöhnlichen Spelzenhafer, wie er früher (und heute auch als Futter) angebaut wurde. Bei dieser Sorte schält man die Spelzen und die Schale ab, wodurch das Korn nicht mehr keimfähig und natürlich nicht mehr vollwertig ist. Da Hafer außerordentlich fettreich ist, sollte man ihn beim

Dinkel

Die alte Kulturform des Weizens läßt sich nicht im Intensivanbau kultivieren, sichert also keine hohen wirtschaftlichen Gewinne und wurde wohl darum vom Weizen verdrängt. Durch seinen hohen Anteil an Klebereiweiß hat er gleich gute Backeigenschaften wie Weizen und kann diesen darum in allen Rezepten ersetzen. Sein nußartiges Aroma bereichert jedes Gebäck.

Grünkern

Wird Dinkel in der Milchreife, wenn die Körner noch weich und milchig sind, geerntet und über Holzfeuer gedarrt, also schwach geröstet, nennt man ihn Grünkern. Wie Dinkel auch, ist er reich an Eiweiß, Phosphor und Eisen, regt den Stoffwechsel an und wird auch von Magenkranken gut vertragen. Was ihn aber besonders auszeichnet, ist sein herzhafter, an Nüsse und Geräuchertes erinnernder Geschmack, der besonders in pikanten Kuchen und Broten geschätzt wird.

Hirse

Sie gedeiht selbst auf anspruchslosestem Boden und war darum immer auch für die ärmeren Bevölkerungsschichten erschwinglich. Sie wird als Kolben- und Rispenhirse angebaut und ist ebenso vielseitig wie Reis zu verwenden. Beim Kochen quillt sie stark und läßt sich süß oder pikant zubereiten; Backwerk wird durch Hirse knusprig und herzhaft. Hirse bietet mehr Mineralstoffe als jedes andere Getreide. Vor allem Magnesium, Phosphor, Eisen und Kieselsäure, die für gesunde Haare und Nägel sowie ein elastisches Bindegewebe sorgen.

Mais

Neben Reis und Weizen ist er das wichtigste Getreide der Welt. Die fast runden Körner, die an Kolben reifen und bei der Ernte gelb sind, liefern vor allem viele Mineralstoffe und die Vitamine A, E und die B-Gruppe. Ihr sehr hoher Ölgehalt zeichnet sich durch den Reichtum an mehrfach ungesättigten Fettsäuren aus, und auch der Eiweißgehalt ist hoch. Allerdings fehlt das Klebereiweiß, so daß man Maismehl mit kleberreichem Mehl oder Schrot mischen muß. Dabei sind die besten Backergebnisse bei einem Anteil von 30% Maismehl zu erwarten. Da Mais sehr harte Körner hat, sollten Sie ihn – wenn Sie keine extrem starke Mühle besitzen – gleich beim Einkauf mahlen oder schroten lassen. Mais wird auch bereits gemahlen (als Polenta, Grieß, Grütze und Schrot) angeboten, doch diese sind wie alle bearbeiteten Vollkornprodukte wegen des hohen Fettgehalts nur kurz lagerfähig.

Reis

Die Körner dieser etwa 5000 Jahre alten Kulturpflanze sind nach wie vor für mehr als die Hälfte aller Erdbewohner ein unverzichtbares Grundnahrungsmittel. Botanisch unterscheidet man Reis nach drei Grundsorten: dem weich- und klebrigkochenden Rundkornreis, dem Mittelkornreis, der sich gut für Risotto eignet und dem Langkornreis, der nach dem Kochen trocken und körnig ist. Reis kommt in drei Bearbeitungsformen auf unseren Markt: als Natur- oder Braunreis, als Parboiled Reis und als Weißreis, wobei der Weißreis in der Vollwerternährung keine Rolle spielt, weil durch das Spezialverfahren alle Nährstoffe verlorengehen. Vom Naturreis werden lediglich die ungenießbaren Spelzen entfernt. Die verschiedenen Schichten der Silberhaut, die das Korn umschließen, und der Keim bleiben jedoch erhalten und damit neben Eiweiß und Fett alle Mineralstoffe, Vitamine, Spurenelemente und Ballaststoffe. Die Mineralstoffe Kalium, Kalzium, Phosphor, Magnesium, Natrium, Eisen, Kobalt, Zink und Fluor sind im Reis besonders reichlich und in einer günstigen Kombination enthalten. Auch die Vitamine der B-Gruppe, Niacin und E sind erwähnenswert.
Vollkorn oder Naturreis, der auch unter dem Namen »ungeschälter Reis« gehandelt wird, sieht roh wie gegart leicht bräunlich aus und schmeckt herzhafter und kerniger als geschälter. Er braucht etwa die doppelte Kochzeit, wobei das Korn ein wenig aufbricht. Naturreis sollte, wie alle Vollkornprodukte, wegen des fettreichen Keims nicht zu lange gelagert werden. Darum muß gemäß den gesetzlichen Vorschriften die Mindesthaltbarkeit angegeben sein.
Beim Parboiled Reis wird durch ein Spezialverfahren nicht nur die Lagerfähigkeit heraufgesetzt, sondern garantiert, daß 80 % der Nährstoffe erhalten bleiben. Inzwischen wird auch Naturreis als Parboiled Reis angeboten, der eine Garzeit von 20 Minuten hat und länger als ein Jahr lagerfähig ist.

Buchweizen

Auch wenn der Name es vermuten lassen könnte: Buchweizen ist kein Verwandter des Weizens und gehört botanisch auch nicht zu den Getreidearten. Wegen seiner kornähnlichen, dreikantigen Früchte, seiner Zusammensetzung und seiner Verwendung zählt man ihn jedoch küchentechnisch zu dieser Gruppe. Buchweizen ist ein Knöterichgewächs, das auf kargen, sandigen Böden gedeiht und darum häufig auch Heidekorn genannt wird. Buchweizen hat ein ausgeprägtes, herzhaftes und leicht bitteres Aroma, das mit süßem Gebäck wie auch mit pikanten Kuchen bestens harmoniert. Werden Brote und festere Teige zubereitet, empfiehlt es sich, das helle, bräunliche Buchweizenmehl mit kleberreichem Mehl, zum Beispiel aus Weizen, zu vermischen. Der Nährstoffgehalt von Buchweizen ist beachtlich. Neben hochwertigem Eiweiß und mehrfach ungesättigten Fettsäuren sind die Vitamine der B-Gruppe und wichtige Mineralstoffe wie Kalium, Kalzium, Phosphor, Magnesium, Eisen und Kieselsäure besonders hervorzuheben.

Das andere Mehl

Nur der Vollständigkeit halber soll noch kurz erklärt werden, was es mit den Typen-Bezeichnungen bei industriell gemahlenen Weizen- und Roggenmehlen auf sich hat. Mit einem Satz: Die Typenzahlen geben die Ausmahlgrade des Getreides an, die aber nicht mit den Feinheitsgraden identisch sind. Im Klartext heißt das, daß die Zahl angibt, wieviel Mineralstoffe nach der Veraschung (einem chemischen Analysetest) von 100 g Mehl übrig bleiben. Eine höhere Typenzahl bedeutet also ein wertvolleres und dunkleres Mehl, da ja ein großer Teil der in den Frucht- und Samenschalen und im Kern befindlichen Mineralstoffe erhalten blieben. Andersherum: In 100 g Weizenmehl Type 405, dem blütenweißen Haushaltsmehl, beträgt der Mineralstoffanteil nur 405 mg, beim dunkleren Weizenmehl Type 1050 sind es dagegen 1050 mg Mineralstoffe. Beim Roggenmehl wird die Typenbezeichnung nach demselben Schema errechnet. Der Feinheitsgrad gibt lediglich an, ob Mehl beziehungsweise Schrot grob, mittel oder fein ist, sagt aber nichts über den Mineralstoffgehalt aus.

Getreidemühlen

Selbstverständlich kann man im Reformhaus oder im Bio-Laden Getreide mahlen lassen, aber wer sich gern spontan zum Kuchenbacken entschließt, spart natürlich den Weg zum Einkauf, denn gemahlene Körner sollten sofort verwendet werden. Unbearbeitete kann man dagegen etwas länger lagern. Nun ist die Frage nach der »richtigen« Getreidemühle sicherlich für viele ein kleines Problem, einerseits, weil die Werbung jedes Gerät anders und natürlich besonders gut auslobt, andererseits, weil das Angebot tatsächlich groß ist. Da geht es von handbetriebenen bis zu elektrischen, von Mahlsteinen bis zu Mahlwerken aus Stahl oder Keramik und natürlich bis zu den Zusatzgeräten zur (möglicherweise schon vorhandenen) Küchenmaschine. Doch dieses alles sollte Sie nicht irritieren. Der beste Weg ist immer noch der, sich beim Fachhandel (möglichst nicht nur bei einem einzigen Händler) zu informieren und sich bei Freunden, die schon Erfahrungen mit unterschiedlichen Mühlen gemacht haben, zu erkundigen. Schließlich zeigen sich erst in der Praxis alle Vor- und Nachteile. Außerdem bieten viele Reformhäuser und Bio-Läden Informationsbroschüren und kleine Bücher zu diesem Thema an.

Alternative Süßungsmittel

Bevor wir über alternative Süßungsmittel sprechen, sollten wir uns die herkömmlichen Produkte dieser Gruppe ansehen, um zu wissen, was wir an ihnen schätzen und was wir ablehnen, beziehungsweise was wir alternativ verwenden können. Jede lebende Pflanze baut Zuckerstoffe in irgendeiner Form auf, und jede Art dieser »natürlichen« Zuckerstoffe hat eine wichtige Bedeutung für unsere Ernährung – sei es nun Milchzucker, der für den Säugling lebenswichtig ist oder seien es die vielen Faser- (oder Ballast-) stoffe, die in unserer heutigen Ernährung so sehr fehlen. Der Zucker, der heute als gesundheitsgefährdend eingestuft und darum abgelehnt wird, ist der raffinierte Haushaltszucker oder Fabrikzucker. Professor John Yudkin von der Universität London geht so weit, zu sagen: »Wenn es einen neu entdeckten Stoff gäbe, der so gesundheitsschädlich wäre wie der Fabrikzucker, wäre er schon längst verboten.« Und in den USA ist es nicht erlaubt, raffinierten Zucker (wie auch Weißmehl) als natürliches Lebensmittel anzubieten. Mit Fabrikzucker zubereitete Nahrungsmittel müssen darum den Zusatz »with refined sugar« tragen.

Zuckerrüben und Zuckerrohr sind die natürlichen Ausgangsprodukte für unseren Zucker. Durch die industrielle Verarbeitung (Raffinierung) wird lediglich der »reine« süße Geschmack gewonnen, alle Vitalstoffe, wie Vitamine und Spurenelemente, gehen dabei verloren. Doch das allein wäre möglicherweise noch gar nicht so schlimm. Viel schwerwiegender ist es, daß Zucker nicht nur »leere« Kohlenhydrate, also Kalorien ohne Wertstoffe, liefert, sondern daß er vom Körper nur mit Hilfe von Mineralstoffen und vor allem Vitaminen der B-Gruppe abgebaut werden kann. Das heißt, der Körper verliert diese Wertstoffe oder man muß sie zusätzlich zuführen, damit es nicht zu Mangelerscheinungen kommt. Natürlich gilt das auch für den braunen Zucker, der auch Farinoder Rohzucker genannt wird. Bei diesem Produkt handelt es sich lediglich um ungereinigten, aber raffinierten Zucker, der durch seinen Restanteil an

Melasse gelb bis braun aussieht und das fertige Gebäck ebenfalls stärker bräunt. Er wird häufig für Lebkuchengebäck verwendet, aber – um es noch einmal zu sagen – er ist keinesfalls gesünder als der normale Haushaltszucker. Im Gegenteil – durch seine geringere Süßkraft würde der Zuckerverbrauch sogar noch gesteigert. Das bedeutet also, daß jeder Zucker (außer süßem Aroma und zusätzlichen Kalorien) dem Körper nichts bringt, aber viel nimmt. Man vermutet, daß die sogenannten Zivilisationskrankheiten, wie Diabetes, Herzinfarkt, Fettsucht, Magen-, Gallenblasen- und Zwölffingerdarmentzündungen, Karies und sogar Krebs zum Teil mit dem überhöhten Verzehr von Zucker und Weißmehlprodukten zusammenhängen. Aber was, so fragt man sich, darf man denn noch guten Gewissens verwenden, um seine Speisen, Getränke und Backwaren zu süßen und trotzdem sich und seine Familie richtig und gesund zu ernähren? Der beste Weg ist sicher der, den Bedarf an »Süßem« generell einzuschränken, denn auch das Geschmacksempfinden läßt sich schulen. So haben wissenschaftliche Untersuchungen ergeben, daß stark gesüßter Tee und süßer Brei im Babyalter den Appetit auf Süßes nicht nur bis zum Schulalter bestimmen, sondern auch bei Erwachsenen dieser »anerzogene« überhöhte Zuckerverbrauch deutlich festzustellen ist. Wir müssen also versuchen, unseren Zuckerbedarf mit natürlichen und naturbelassenen Süßungsmitteln zu decken.

Getrocknete Früchte (ungeschwefelte!) sind fürs Backen besonders geeignet, da sie nicht nur den Zucker, sondern auch andere Wertstoffe wie Spurenelemente in konzentrierter Form liefern. Sie regen durch ihren Gehalt an natürlichen Ballaststoffen die Verdauung und damit den gesamten Stoffwechsel an. Allerdings fördern auch sie – wie alle Süßungsmittel mit Zucker in irgendeiner Form – die Karies.

Honig ist auch ein vollkommen natürlicher und reiner Süßstoff. Denn Bienen sind so empfindliche Lebewesen, daß bereits geringste Mengen von Pestiziden ausreichen, um sie zu töten. »Unreinen« oder vergifteten Honig kann es darum nicht geben. Durch die kohlenhydratspaltenden Fermente Diastase und Saccharase regt Honig den Stoffwechsel an. Durch das Vorhandensein von Inhibin, einem Stoff, der auch im Speichel enthalten ist, wird das Wachstum bestimmter schädlicher Bakterien gehemmt, und die Herzkranzgefäße können besser durchblutet werden. Außerdem ist Honig ein äußerst schneller Energielieferant, weil er durch den Gehalt an Invertzucker in weniger als 10 Minuten ins Blut übergeht. Beim Backen allerdings verliert Honig einen großen Teil der Stoffe, die ihn so deutlich wertvoller sein lassen als den Zucker: viele Enzyme, Säuren, Aromastoffe und auch Frucht- und Traubenzucker. In geringen Mengen verzehrt, ist er immer noch die bessere Alternative zum raffinierten Zucker. Deshalb ist es aber wirklich nicht nötig, beim Backen den feinsten und teuersten Honig zu verwenden. Und, wenn man dem Gebäck nicht eine ganz spezielle Geschmacksrichtung geben möchte, ist jeder milde Honig gleich gut geeignet. Das gilt selbstverständlich nur für echten, reinen Honig – nicht für Kunsthonig oder Honigersatz.

Ahornsirup wird in Kanada und Amerika gewonnen, indem man die Rinde der wildwachsenden Ahornbäume einritzt, den Saft auffängt und zu Sirup einkocht. Durch seinen extrem hohen Zuckergehalt von etwa 65% süßt er sehr stark, so daß die benötigten Mengen relativ klein sind. Der ursprünglich beachtliche Vitamingehalt geht durch die Einkochzeit natürlich zum Teil verloren, aber es bleiben nach wie vor mehr hochwertige Stoffe (auch Mineralstoffe und Spurenelemente) erhalten als beim Fabrik- oder Haushaltszucker.

Rübensirup/Rübenkraut haben auch sehr gute Backeigenschaften. Die gereinigten und zerschnetzelten Zuckerrüben werden unter Vakuum schonend

gedämpft, wobei sich die enthaltene Saccharose zum größten Teil in den aus Fructose und Glucose bestehenden Invertzucker aufspaltet. Gleichzeitig werden die Pektine (das sind gelierende Pflanzenstoffe) aus den Zellwänden gelöst und können somit in den Zuckerrübensaft gelangen. Diesem wird nun nach dem Abpressen und Reinigen so viel Wasser entzogen, bis als Endprodukt ein Trockensubstanzgehalt von 78% übrigbleibt. Rübensirup wird häufig als Brotaufstrich verwendet, doch gibt er auch süßem wie pikantem Gebäck eine hocharomatische Süße und sorgt für eine kräftige Bräunung.

Apfel- und Birnendicksaft werden ähnlich hergestellt wie Rübensirup. Beide haben Backeigenschaften wie der Rübensirup und sorgen zusätzlich noch für einen fein-fruchtigen Geschmack. Allerdings sollte man bei der Vollwert-Bäckerei daran denken, daß diesen Produkten, die aus erntefrischen Äpfeln oder Birnen gewonnen werden, neben dem natürlichen Fruchtzuckergehalt des Obstes bis zu 39 g Haushaltszucker je 100 g fertigen Endproduktes zugefügt werden dürfen. Beim »Apfelkraut-Extra« ist das allerdings nicht der Fall, denn es muß »ohne jeden Zuckerzusatz« hergestellt und vermarktet werden. Logischerweise ist dieses Produkt auch wesentlich teurer, denn zur Gewinnung der vorgeschriebenen Zucker- oder Mindesttrockensubstanz benötigt man mehr als die doppelte Menge an frischen Früchten. Wenn nun der Verbraucher bereit ist, im Hinblick auf eine gesunde und vollwertige Ernährung diesen höheren Preis zu akzeptieren, bleibt zu hoffen, daß dank der Nachfrage auch andere Sirupe oder Dicksäfte ohne Zuckerzusatz produziert werden. Genügend Rohprodukte sind ja dafür vorhanden.

Möglicherweise haben Sie sich bei der Lektüre dieses Buches gewundert, daß hin und wieder Puderzucker zum Bestäuben angegeben wird. Dieser dient ausschließlich der optischen Verschönerung und soll auf dunkle und relativ glatte Flächen ein paar Lichter setzen.

Wer gern Kuchen ißt, braucht dazu keinen besonderen Anlaß oder Feiertag. In diesem Kapitel finden Sie viele Rezeptnamen, die Ihnen vertraut sind, doch beim Nachbacken und Probieren werden Sie immer wieder feststellen, daß sich die Backergebnisse geschmacklich von den bisher gewohnten unterscheiden. Der Käsekuchen altdeutsche Art mit einem Boden aus dem frisch gemahlenen vollen Weizen- und Hirsekorn schmeckt einfach viel würziger und herzhafter als Sie ihn vielleicht kennen, und eine Torte nach Linzer Art, gesüßt mit Honig, getrockneten Aprikosen und Ahornsirup, ist nicht nur süß, sondern ausgesprochen voll-fruchtig und aromatisch. Dasselbe gilt auch für Vollkorn-Gugelhupf und andere Kuchen aus Rührteig, für Windbeutel aus Weizen und Buchweizen oder für die zahlreichen Hefeteig-Gebäcke. Sie werden überrascht sein, wie köstlich und kräftig Kuchen aus Möhren, Kartoffeln, altbackenem Brot, getrockneten weißen Bohnen oder Haferflocken schmecken.

Köstliches Gebäck für alle Tage

Würzige Napfkuchen

Erinnerungen an Großmutters Kaffeestunden

Vollkorn-Gugelhupf mit Früchten
im Bild rechts

100 g gemischtes Trockenobst (ungeschwefelt) · 50 g Rosinen
3 Eßl. Rum · 250 g Butter · 1 Prise Salz · 150 g Honig · 5 Eier
100 g saure Sahne · 1 Teel. Zimtpulver · 200 g Weizen, feingemahlen · 50 g Hirse, feingemahlen · 2 Teel. Weinstein-Backpulver · 100 g Mandeln, feingehackt · Butter zum Einfetten
Vollkornbrösel zum Ausstreuen
Bei 20 Stücken etwa 1045 Joule/250 Kalorien · 5 g Eiweiß
16 g Fett · 20 g Kohlenhydrate
3 g Ballaststoffe pro Stück

Vorbereitungszeit: etwa
30 Minuten · Backzeit: etwa
50 Minuten

Das Trockenobst und die Rosinen kurz unter heißem Wasser waschen und gut abtrocknen. Das Trockenobst feinwür-feln und mit den Rosinen in eine Schüssel geben. Mit dem Rum begießen und zugedeckt quellen lassen. • Den Backofen auf 180° vorheizen. • Die Butter mit dem Salz und dem Honig sehr schaumig rühren und dabei nach und nach die Eier zufügen. Die saure Sahne und das Zimtpulver untermischen. Das mit der Hirse und dem Backpulver vermengte Weizenmehl hinzufügen, gründlich unterrühren und die Rum-Früchte samt dem nicht eingezogenen Alkohol und den Mandeln untermischen. • Eine Gugelhupf-oder Napfkuchenform von 26 cm Ø oder 2 kleine von je 16—17 cm Ø sorgfältig mit Butter einfetten und mit Vollkornbröseln ausstreuen. • Den Teig einfüllen und auf die untere Schiene des heißen Ofens schieben. • Etwa 50 Minuten (kleine Formen etwa 30 Minuten) backen lassen und dann die Stäbchenprobe (siehe Seite 155) machen. • Den Kuchen in der Form kurz ausdampfen und auf einem Kuchendraht kalt werden lassen.

Gewürzgugelhupf mit Walnüssen
im Bild links

250 g Butter · 1 Prise Salz
200 g Honig · 6 Eigelbe · 1 Teel. Zimtpulver · ½ Teel. Nelken, gemahlen · 1 Prise Muskatnuß, frisch gerieben · 1 Prise Ingwerpulver · 300 g Weizen, feingemahlen · 50 g Hirse, feingemahlen · 50 g Leinsamen, grobgemahlen · 50 g Hafer-Vollkornflocken · ⅛ l Milch
2 Teel. Weinstein-Backpulver
3 Eßl. Rum · 6 Eiweiße
80 g Walnüsse, feingehackt
Butter zum Einfetten
Vollkornbrösel zum Ausstreuen
Bei 20 Stücken etwa 1105 Joule/265 Kalorien · 6 g Eiweiß
16 g Fett · 22 g Kohlenhydrate
3 g Ballaststoffe pro Stück

Vorbereitungszeit: etwa
30 Minuten · Quellzeit: etwa
15 Minuten
Backzeit: etwa 1 Stunde

Die Butter mit dem Salz und dem Honig schaumig rühren und nach und nach die Eigelbe und die Gewürze daruntermischen. • Vom Weizenmehl etwa 3 Eßlöffel abnehmen. • Das restliche Weizen-, Hirse- und Leinsamenmehl mit den Haferflocken auf den Teig streuen, nach und nach die Milch dazugießen und alles zu einem glatten Teig verarbeiten. • Den Teig zugedeckt etwa 15 Minuten ruhen lassen. • Den Backofen auf 180° vorheizen. • Das Weinstein-Backpulver unter das zurückgelassene Weizenmehl mischen und zusammen mit dem Rum unter den Teig rühren. • Die Eiweiße schnittfest schlagen und mit den Walnüssen locker unter den Teig heben. • Eine Napfkuchenform von 26 cm Ø oder 2 kleine von je 12 cm Ø einfetten und mit Vollkornbröseln ausstreuen. • Den Teig einfüllen und auf der unteren Schiene des Ofens etwa 1 Stunde (kleine Formen etwa 30 Minuten) backen.

Haselnußkuchen mit Honig und Buchweizen

Kann auch mit geschmolzener Schokolade überzogen werden

200 g Haselnüsse · 150 g Butter
1 Prise Salz · ½ Teel. Zimtpulver
150 g Honig · 6 Eier · 2 Eßl.
Mandellikör · abgeriebene
Schale von 1 unbehandelten
Orange · 200 g Weizen,
feingemahlen · 60 g Buchweizen,
feingemahlen · 2 Teel. Caroben
2 Teel. Weinstein-Backpulver
Butter zum Einfetten
Vollkornbrösel zum Ausstreuen
Bei 15 Stücken etwa 1215 Joule/
290 Kalorien · 7 g Eiweiß
20 g Fett · 21 g Kohlenhydrate
3 g Ballaststoffe pro Stück

Vorbereitungszeit: etwa 35 Minuten · Backzeit: etwa 50 Minuten

Die Nüsse in einer großen trockenen Pfanne unter Wenden rösten, bis die braunen Häutchen aufplatzen. • Die Nüsse in ein trockenes Küchentuch geben und die Häutchen damit abreiben. • Die Nüsse erkalten lassen und feinmahlen. • Die Butter zusammen mit dem Salz, dem Zimtpulver und dem Honig sehr schaumig rühren und dabei nach und nach die Eier, den Mandellikör und die abgeriebene Orangenschale dazugeben. • Den Backofen auf 180° vorheizen. • Das Weizen- und Buchweizenmehl mit dem Caroben und dem Backpulver mischen und zusammen mit den gemahlenen Haselnüssen unter den Teig arbeiten. • Eine Kastenform von 30 cm Länge sorgfältig einfetten und mit Vollkornbröseln ausstreuen. • Den Teig einfüllen, die Oberfläche glattstreichen und den Kuchen etwa 50 Minuten auf der unteren Schiene des heißen Ofens backen lassen. Falls er zu schnell bräunt, mit Alufolie abdecken. • Die Stäbchenprobe (siehe Seite 155) machen. Wenn keine feuchten Krümel mehr daran haften, den Kuchen herausnehmen und in der Form nur kurz ausdampfen lassen. Zum Abkühlen auf einen Kuchendraht stürzen.

Mein Tip: Noch leichter läßt der Kuchen sich aus der Form lösen, wenn Sie diese vorsichtshalber mit gefettetem Pergament auskleiden. Es wird nach dem Backen einfach abgezogen.

Möhrentorte

Läßt sich hervorragend auf Vorrat backen

250 g Möhren · 6 Eigelbe · 4 Eßl. Wasser · 200 g Honig · 3 Eßl. Kirschwasser · je 2 Prisen gemahlene Nelken und Zimtpulver · 6 Eiweiße · 1 Prise Salz 50 g Weizen, feingemahlen 50 g Buchweizen, feingemahlen 1 Teel. Weinstein-Backpulver 200 g Haselnüsse, frisch gemahlen · 100 g Walnüsse, frisch gemahlen · Butter zum Einfetten · Vollkornbrösel zum Ausstreuen · 1—2 unbehandelte Orangen · ⅜ l Sahne · 2 Eßl. Ahornsirup · 30 g Pistazien, feingehackt

Bei 16 Stücken etwa 1280 Joule/ 305 Kalorien · 7 g Eiweiß 22 g Fett · 20 g Kohlenhydrate 4 g Ballaststoffe pro Stück

Vorbereitungszeit: etwa 1½ Stunden · Backzeit: 50—60 Minuten

Die Möhren unter kaltem Wasser gründlich abbürsten oder dünn schaben, dann abspülen, trockentupfen und auf der Gemüsereibe in hauchdünne, aber nicht musige Streifchen raspeln. • Die Eigelbe mit dem Wasser, dem Honig und dem Kirschwasser schlagen, bis die Masse weißschaumig und cremig ist und dabei mit dem Nelken- und dem Zimtpulver aromatisieren. • Den Backofen auf 180° vorheizen. • Die Eiweiße mit dem Salz zu schnittfestem Schnee schlagen. • Das Weizen- und Buchweizenmehl mit dem Backpulver und den beiden Nußsorten mischen und mit einem Spatel, einem Holzlöffel oder auch mit dem Schneebesen sorgfältig unter die Eigelbcreme heben. • Den Eischnee daraufgleiten lassen, die Möhren hinzufügen und alles sehr locker, aber gründlich unter den Teig heben. • Eine Springform von 26 cm Ø nur am Boden mit Butter einfetten, da der Teig sonst nicht gleichmäßig aufgeht, und mit Vollkornbröseln ausstreuen. • Den Teig hineinfüllen und die Form sofort auf die untere Schiene des heißen Backofens schieben. • Den Kuchen 50—60 Minuten backen lassen, dann die Stäbchenprobe (siehe Seite 155) machen: Beim Herausziehen des Hölzchens dürfen keine feuchten Teigreste mehr daran haften. • Den Kuchen in der Form kurz ausdampfen lassen, dann zum Erkalten auf einen Kuchendraht stürzen. • Erst unmittelbar vor dem Servieren die Orangen unter heißem Wasser waschen, abtrocknen und die Schale mit einem Ziselierer oder auf einer groben Gemüsereibe in langen, dünnen Streifen abschaben. • Die Sahne sehr steif schlagen und mit dem Ahornsirup süßen. • Die Sahne großzügig auf dem Rand und der Oberfläche der Torte verteilen und glatt verstreichen. Die Oberfläche mit Orangenstreifen und den Pistazien bestreuen. • Die Torte nun möglichst rasch servieren.

<u>Mein Tip:</u> Backen Sie die Torte ruhig schon ein bis zwei Tage vorher, damit sie durchziehen und ihr Aroma intensivieren kann. Sie läßt sich auch sehr gut (ohne Aromaverluste) einfrieren. Mit der Sahne bestrichen und verziert wird sie in jedem Fall erst unmittelbar vor dem Anschneiden. Wenn Sie die Torte mit Sahnetupfen verzieren wollen, behalten Sie von der steif geschlagenen Sahne etwa 4 Eßlöffel zurück und füllen diese in einen Spritzbeutel mit Sterntülle. Dann auf der Oberfläche der Torte 16 Stücke markieren und jedes davon mit einem Sahnetupfen verzieren. Übrigens müssen Sie nicht unbedingt immer Hasel- und Walnüsse verwenden. Sie können die Walnüsse zum Beispiel auch durch gemahlene Mandeln ersetzen, was der Torte eine besonders feine Note gibt. Und wenn Sie die Haselnüsse kurz rösten, ihre braunen Häutchen abreiben und die Kerne erst dann (völlig erkaltet) mahlen, bekommt die Torte noch mehr Würze und Geschmack.

Torte nach Linzer Art

Feinwürzig und sehr zart

im Bild rechts

150 g Butter · 1 Prise Salz
125 g Honig · 2 Eigelbe
2 Prisen Zimtpulver · abgeriebene
Schale von ½ unbehandelten
Zitrone · 150 g Mandeln,
feingemahlen · 200 g Weizen,
feingemahlen
100 g getrocknete Aprikosen,
ungeschwefelt · 300 g frische
oder ungesüßte tiefgefrorene
Himbeeren · 2 Eßl. Ahornsirup
3 Eßl. Himbeergeist · Butter zum
Einfetten · Vollkornbrösel zum
Ausstreuen · Weizen, feingemahlen, zum Ausrollen · 1 Eigelb
Bei 16 Stücken etwa 1045 Joule/
250 Kalorien · 4 g Eiweiß
14 g Fett · 23 g Kohlenhydrate
4 g Ballaststoffe pro Stück

Vorbereitungszeit: etwa 45 Minuten · Kühlzeit: etwa 45 Minuten · Backzeit: etwa 50 Minuten

Die Butter mit dem Salz, dem Honig, den Eigelben, dem Zimtpulver und der abgeriebe-nen Zitronenschale sehr schau-mig rühren. • Die Mandeln mit dem Weizenmehl mischen und einen Teil davon unter den Teig rühren, den Rest darunter-kneten. • Den Teig zur Kugel for-men, in Folie wickeln und für etwa 45 Minuten in den Kühl-schrank legen. • In der Zwi-schenzeit die Aprikosen unter heißem Wasser abspülen, in einem Tuch sehr gut trockenrei-ben und durch den Fleischwolf drehen. • Die frischen Himbee-ren kalt waschen, sehr gut trockentupfen und pürieren, tief-gefrorene vor dem Pürieren auf-tauen lassen. Das Püree durch ein Sieb streichen und mit den durchgedrehten Aprikosen und dem Ahornsirup unter ständigem Rühren bei mittlerer Hitze dick-flüssig einkochen lassen. • Den Himbeergeist darunterrühren und die Mischung abkühlen las-sen. • Den Backofen auf 180° vorheizen. • Eine Springform von 26 cm Ø mit Butter einfetten und mit Vollkornbröseln aus-streuen. • Etwa drei Viertel des Teiges darin flachdrücken und dabei einen etwa 2 cm hohen Rand formen. Den Boden mehr-fach mit einer Gabel einstechen und das Aprikosen-Himbeermus darauf verstreichen. • Den restli-chen Teig auf der schwach bemehlten Arbeitsfläche ausrol-len, in Streifen schneiden und diese gitterartig auf die Füllung legen. Die Streifen am Rand gut festdrücken und mit dem ver-quirlten Eigelb bestreichen.
• Den Kuchen auf der mittleren Schiene des heißen Ofens etwa 50 Minuten backen. Nach kur-zem Ausdampfen den Rand lösen und den Kuchen auf einem Kuchendraht abkühlen lassen.

Mein Tip: Noch aromatischer wird dieser Kuchen, wenn Sie den Teig zusätzlich mit 1 Prise gemahlenen Nelken oder mit etwas Lebkuchengewürz vermi-schen. Und statt der Mandeln können Sie ihn zur Abwechslung auch einmal mit feingemahlenen Hasel-, Pecan- oder Walnüssen zubereiten.

Variante: Torte nach Linzer Art mit Feigenmarzipan
im Bild links
Den Teig wie im nebenstehen-den Rezept zubereiten und küh-len. In dieser Zeit 150 g getrock-nete ungeschwefelte Feigen kurz in heißem Wasser waschen, sehr gut abtrocknen und die Stiele entfernen. Das Frucht-fleisch feinwürfeln. 150 g Man-deln mit kochendem Wasser übergießen, 1—2 Minuten darin ziehen lassen, kalt abschrecken und die braunen Häutchen von den Kernen schieben. Die Man-deln trocknen lassen und im Mixer so fein wie möglich pürie-ren. Dann nach und nach etwa 50 g Honig, die zerkleinerten Feigen und je 2 Eßlöffel Cognac oder Rum und Mandellikör zufü-gen. Alles zu einer glatten Masse verarbeiten und auf dem Kuchenboden verteilen. Mit dem Teiggitter belegen, mit verquirl-tem Eigelb bestreichen und nun backen, wie im nebenstehenden Rezept angegeben.

Schwarz-weiß-Kuchen

Optisch und geschmacklich ein Hochgenuß

Orangen-Mandelkuchen

Saftig und voller Aroma

| 150 g Butter · 220 g Honig |
| 5 Eier · 1 Prise Salz |
| 3 Eßl. Crème fraîche |
| 250 g Weizen, feingemahlen |
| 50 g Mais, feingemahlen |
| 2 Teel. Weinstein-Backpulver |
| 50 g Mandeln, feingemahlen |
| ausgeschabtes Mark von |
| 1 Vanilleschote · 2 Eßl. Kakao |
| 2 Teel. Instant-Kaffeepulver |
| 2 Prisen Piment, gemahlen |
| 3 Eßl. Rum · Butter zum Einfetten |
| Vollkornbrösel zum Ausstreuen |
| Bei 15 Stücken etwa 1085 Joule/ |
| 260 Kalorien · 6 g Eiweiß |
| 14 g Fett · 25 g Kohlenhydrate |
| 2 g Ballaststoffe pro Stück |

Vorbereitungszeit: etwa
50 Minuten · Backzeit: etwa
50 Minuten

Die Butter mit dem Honig, den Eiern, dem Salz und der Crème fraîche sehr schaumig rühren. • Das Weizenmehl mit dem Maismehl und dem Weinstein-Backpulver mischen und unter den Teig rühren. • Diesen halbieren und eine Hälfte mit den Mandeln und dem Vanillemark mischen. • Den Kakao mit dem Instant-Kaffeepulver und dem gemahlenen Piment auf die zweite Teighälfte geben und zusammen mit dem Rum darunterrühren. • Den Backofen auf 180° vorheizen. • Eine Kastenform von 30 cm Länge mit Pergamentpapier auslegen, mit Butter einfetten und mit Vollkornbröseln ausstreuen. • Abwechselnd den hellen und den dunklen Teig löffelweise in die Form füllen, so daß ein hübsches Muster entsteht. • Den Kuchen auf die untere Schiene des heißen Ofens schieben und in etwa 50 Minuten gar backen. • Mit einem Holzstäbchen die Probe machen: Wenn keine feuchten Teigreste mehr daran haften, kann der Kuchen aus dem Ofen genommen werden. • Ihn nun in der Form etwas abkühlen lassen, auf einen Kuchendraht stürzen, das Papier abziehen und den Kuchen wieder umdrehen.

| 150 g Butter · 300 g Honig |
| 6 Eier · 1 Prise Salz |
| abgeriebene Schale von |
| 1 unbehandelten Orange |
| 2 Eßl. Sanoghurt |
| 50 g Hirse, feingemahlen |
| 50 g Dinkel, feingemahlen |
| 150 g Weizen, feingemahlen |
| 2 Teel. Weinstein-Backpulver |
| 200 g Mandeln, frisch gemahlen |
| Butter zum Einfetten |
| Vollkornbrösel zum Ausstreuen |
| Saft von 2 Orangen · 1 Glas (2 cl) |
| Orangenlikör · 1 Eßl. Rum |
| Bei 15 Stücken etwa 1385 Joule/ |
| 330 Kalorien · 8 g Eiweiß |
| 19 g Fett · 32 g Kohlenhydrate |
| 3 g Ballaststoffe pro Stück |

Vorbereitungszeit: etwa
50 Minuten · Backzeit:
50–60 Minuten

Die Butter mit 250 g Honig, den Eiern, dem Salz, der Orangenschale und dem Sanoghurt schaumig rühren. • Das Hirse-, Dinkel- und Weizenmehl mischen und mit dem Backpulver und den Mandeln unter den Teig rühren. • Den Backofen auf 180° vorheizen und eine Kastenform von 30 cm Länge mit Pergamentpapier auslegen. Dieses mit Butter einfetten und mit Vollkornbröseln ausstreuen. • Den Teig hineinfüllen, glattstreichen und den Kuchen auf der unteren Schiene des heißen Ofens 50–60 Minuten backen. • Die Stäbchenprobe machen; wenn keine Teigreste mehr daran haften, den Kuchen etwas abkühlen lassen, auf einen Kuchendraht stürzen, das Pergamentpapier abziehen und den Kuchen wieder umdrehen. • Den Orangensaft mit dem restlichen Honig, dem Orangenlikör und dem Rum unter Rühren erwärmen und wieder etwas abkühlen lassen. • Den Kuchen rundherum mit einem Holzstäbchen einstechen und mit der Orangenmischung beträufeln, bis die Flüssigkeit eingezogen ist. • Den Kuchen danach völlig erkalten lassen.

Käsekuchen altdeutsche Art

Gehaltvoll, saftig und voller Aroma

Für den Teig: 200 g Weizen, feingemahlen · 50 g Hirse, feingemahlen · 1 Prise Salz abgeriebene Schale von ½ unbehandelten Zitrone · 1 Eigelb 1 Ei · 2 Eßl. Honig · 125 g kalte Butter · Butter zum Einfetten Vollkornbrösel zum Ausstreuen
Für die Füllung: 100 g Rosinen, ungeschwefelt · 4–5 Eßl. Rum 750 g Magerquark · 100 g Crème fraîche · 5 Eigelbe · 150 g Honig Saft und abgeriebene Schale von ½ unbehandelten Zitrone ausgeschabtes Mark von ½ Vanilleschote · 5 Eiweiße 1 Prise Salz · 40 g Mandeln, sehr fein gehackt · 30 g Leinsamen, grobgeschrotet
Bei 16 Stücken etwa 1180 Joule/ 280 Kalorien · 12 g Eiweiß 14 g Fett · 25 g Kohlenhydrate 2 g Ballaststoffe pro Stück

Vorbereitungszeit: etwa 45 Minuten · Kühlzeit: etwa 30 Minuten Backzeit: etwa 1 Stunde

Für den Teig das Weizen- und Hirsemehl mit dem Salz und der abgeriebenen Zitronenschale mischen, in die Mitte eine Mulde drücken und das Eigelb mit dem Ei und dem Honig darin verquirlen. ● Die Butter in Flöckchen auf dem Mehlrand verteilen und alle Zutaten zuerst mit zwei Messern bröselig hacken, dann schnell mit den Händen zu einem glatten Teig verkneten. ● Diesen zur Kugel formen, in Folie wickeln und für etwa 30 Minuten in den Kühlschrank legen. ● In der Zwischenzeit eine Springform von 26 cm Ø mit Butter einfetten und mit Vollkornbröseln ausstreuen. Dann die Quarkfüllung vorbereiten: Dazu die Rosinen in einem Sieb unter heißem Wasser waschen, in einem Tuch trockenreiben und in einer Schüssel mit dem Rum vermischt zugedeckt quellen lassen. ● Den Quark mit der Crème fraîche, den Eigelben, dem Honig und dem Zitronensaft sehr schaumig schlagen und mit der abgeriebenen Zitronenschale und dem Vanillemark aromatisieren. ● Den Backofen auf 200° vorheizen. ● Den gekühlten Teig in der vorbereiteten Springform ausrollen oder flachdrücken und dabei einen etwa 4 cm hohen Rand formen. Den Boden mehrfach mit einer Gabel einstechen. ● Die Eiweiße mit dem Salz zu schnittfestem Schnee schlagen und auf die Quarkcreme gleiten lassen. Die eingeweichten Rosinen mit dem Rum hinzufügen und die feingehackten Mandeln mit dem Leinsamenschrot darauf verteilen. Alles sehr locker, aber gründlich miteinander verrühren und die Quarkcreme auf den Teig in die Springform füllen. Die Oberfläche glattstreichen und den Kuchen auf die untere Schiene des heißen Ofens schieben. ● Den Käsekuchen etwa 1 Stunde backen lassen und die Oberfläche – wenn sie zu schnell bräunt – mit Pergamentpapier oder Alufolie abdekken. ● Den Kuchen in der Form kurz ausdampfen lassen, dann zum Erkalten auf einen Kuchen-draht schieben und bis zum Anschneiden am besten über Nacht ruhen lassen.

Mein Tip: Je nach dem Feuchtigkeitsgehalt des Quarks kann die Garzeit des Käsekuchens etwas variieren. So kann es passieren, daß der Kuchen nach der angegebenen Backzeit innen noch nicht fest und gar ist. Machen Sie darum unbedingt ein paar Minuten vor Ablauf der empfohlenen Backdauer die Stäbchenprobe. Bleiben beim Herausziehen des Hölzchens noch ungegarte Quarkreste haften, verlängern Sie die Backzeit einfach entsprechend, wobei Sie aber in jedem Fall die Backtemperatur auf 160–180° herunterschalten sollten, damit die Oberfläche nicht zu dunkel wird.

Windbeutel mit Himbeeren und Sahne

Ungefüllt können sie eingefroren werden

Für den Teig: ¼ l Wasser
½ Teel. Salz · 80 g Butter
100 g Weizen, feingemahlen
50 g Buchweizen, feingemahlen
4–5 Eier · Butter zum Einfetten
Für die Füllung: 300 g frische
oder ungesüßte, tiefgefrorene
Himbeeren · ⅜ l Sahne
3–4 Teel. Honig
2 Eßl. Himbeergeist
Bei 20 Stücken etwa 595 Joule/
140 Kalorien · 3 g Eiweiß
11 g Fett · 7 g Kohlenhydrate
2 g Ballaststoffe pro Stück

Vorbereitungszeit: etwa 1 Stunde
Backzeit: 25–35 Minuten

Das Wasser mit dem Salz und der Butter in einem Topf aufkochen. • Das Weizen- und Buchweizenmehl mischen und auf einmal in die kochende Flüssigkeit geben. Dabei ständig mit einem Holzlöffel rühren, bis sich der Teig zum Kloß gebildet hat und sich am Topfboden eine weiße Haut zeigt. • Den Teig in eine Schüssel geben und sofort 1 Ei darunterarbeiten. • Den Teig abkühlen lassen, bis er handwarm ist und dann nach und nach die übrigen Eier einrühren. Dabei darf das nächste Ei immer erst dann zugefügt werden, wenn sich das vorhergehende völlig mit dem Teig verbunden hat. • Bevor Sie das letzte Ei untermischen, sollten Sie die Teigprobe machen: Der Teig soll stark glänzen und in langen Zapfen vom Löffel fallen. Im Zweifelsfall das letzte Ei verquirlen und nur etwas davon unter den Teig mischen. • Den Backofen auf 200–220° vorheizen. • 1 bis 2 Backbleche (je nach Größe) einfetten und mit einem Spritzbeutel oder mit 2 Löffeln, die immer wieder mit kaltem Wasser angefeuchtet werden, etwa walnußgroße Häufchen mit großem Abstand voneinander daraufsetzen. • Das Blech sofort auf die mittlere Schiene des heißen Ofens schieben und die Windbeutel in 25–35 Minuten goldbraun backen. • Den Ofen während der ersten 15 Minuten keinesfalls öffnen; die Windbeutel würden unweigerlich zusammenfallen. • Die Windbeutel sofort nach dem Backen mit einem sehr scharfen Sägemesser waagerecht halbieren und auf einem Kuchendraht auskühlen lassen. • Die frischen Himbeeren in kaltem Wasser kurz abspülen, trockentupfen und entkelchen, tiefgefrorene auftauen und abtropfen lassen. • Die Sahne steif schlagen, mit dem Honig und dem Himbeergeist aromatisieren und in einen Spritzbeutel mit großer Sterntülle geben. • In die unteren Hälften der Windbeutel Sahne spritzen, die Himbeeren hineindrükken und die Windbeuteldeckel darauflegen. • Möglichst bald zu Tisch geben, damit der Brandteig nicht zäh wird.

<u>Mein Tip:</u> Wenn Sie die Windbeutel etwas verzieren möchten, können Sie die »Deckel« mit ein paar Sahnetupfen bespritzen, sie leicht mit Kakaopulver bestäuben oder sogar hauchdünn mit etwas Puder- oder Traubenzucker übersieben. In diesen kleinen Mengen schadet Zucker bestimmt nicht.
Selbstverständlich schmecken die Windbeutel auch mit anderen Früchten oder Fruchtmischungen sehr gut. Oder probieren Sie sie einmal mit einer Füllung aus Honigeis, das Sie nach dem Rezept auf Seite 63 zubereiten können.
Wenn Sie die Windbeutel »auf Vorrat« backen wollen, können Sie sie (ohne Füllung) einfrieren.

Dreikorn-Spritzkuchen nach Eberswalder Art

Frisch schmecken sie am besten

¼ l Wasser · ½ Teel. Salz · 120 g
Butter · 80 g Weizen,
feingemahlen · 50 g Dinkel,
feingemahlen · 30 g feiner
Maisgrieß · 3—4 Eier · ½ Teel.
Zimtpulver · mindestens 500 g
Butterschmalz zum Fritieren · Öl
zum Einfetten · 2 Eßl. Honig
2 Eßl. Ahornsirup · 2—3 Teel.
Zitronensaft · 2 Teel. Rum
Bei 20 Stück etwa 485 Joule/
115 Kalorien · 2 g Eiweiß
8 g Fett · 8 g Kohlenhydrate
0,5 g Ballaststoffe pro Stück

Zubereitungszeit: etwa 1½ Stunden

Das Wasser mit dem Salz und 80 g Butter in einem Topf aufkochen lassen, dann vom Herd nehmen. • Das Weizen- und Dinkelmehl mit dem Maisgrieß mischen und auf einmal in den Topf schütten. • Den Topf wieder auf den Herd stellen und die Masse mit einem Holzlöffel rühren, bis sie einen glatten Kloß und am Topfboden eine weiße Haut bildet. • Den Teig in eine Schüssel geben und das erste Ei darunterrühren. • Den Teig abkühlen lassen, bis er nur noch handwarm ist. • Die übrigen Eier einzeln unter den Teig rühren, dabei mit dem dritten Ei das Zimtpulver zufügen. Nun die Teigprobe machen (wie links beschrieben) und, wenn nötig, das letzte Ei nur noch teilweise zufügen. • Das Butterschmalz in einem Fritiertopf auf 175—180° erhitzen. • Aus Pergamentpapier etwa 12 cm große Quadrate ausschneiden und mit Öl einfetten. • Den Teig in einen Spritzbeutel mit großer Sterntülle füllen und zu Kreisen auf die Pergamentblätter spritzen. Nacheinander jeweils 2—4 Spritzkuchen vom Papier in das heiße Fett gleiten und unter einmaligem Wenden goldbraun werden lassen. Dabei dürfen sich die Gebäckstücke nicht berühren, da sie leicht zusammenbacken. • Die fertigen Spritzkuchen jeweils herausheben, auf Haushaltspapier abfetten lassen und zum Erkalten auf einen Kuchendraht legen. • Für die Glasur die restliche Butter schmelzen und den Honig mit dem Ahornsirup, dem Zitronensaft und dem Rum zufügen. Unter Rühren dick einkochen, heiß auf die Spritzkuchen streichen.

Bienenstich

Reich gefüllt und knusprig

400 g Weizen, feingemahlen
50 g Leinsamen, feingemahlen
1 Würfel Hefe
¼ l lauwarme Milch
200 g Honig · 1 Ei
1 Prise Salz · ½ Teel. Naturvanille (Reformhaus) · abgeriebene Schale von ½ unbehandelten Zitrone · 250 g weiche Butter
Butter zum Einfetten
150 g Mandelblättchen
80 g Sonnenblumenkerne
⅛ l Sahne
Für die Füllung:
⅜ l Wasser · 1 Prise Salz
100 g Hirse, feingemahlen
⅛ l Milch · 100 g Honig
½ Teel. Naturvanille (Reformhaus) · 1 Eigelb
2 Eßl. Rum · 1 Eiweiß
150 g weiche Butter
Bei 20 Stücken etwa 1280 Joule/ 305 Kalorien · 7 g Eiweiß · 20 g Fett · 24 g Kohlenhydrate · 6 g Ballaststoffe pro Stück

Vorbereitungszeit: etwa 1½ Stunden · Zeit zum Gehenlassen, Quellen und Auskühlen: etwa 3 – 4 Stunden · Backzeit: etwa 25 Minuten

Das Weizen- und Leinsamenmehl miteinander mischen, in eine Schüssel geben und in die Mitte eine Mulde drücken. • Die Hefe hineinbröckeln und mit etwas Milch und wenig Mehl vom Rand zu einem glatten Vorteig verrühren. • Ein Tuch über die Schüssel decken und den Vorteig an einem warmen, zugfreien Platz etwa 15 Minuten gehen lassen; er muß dann deutlich an Volumen zugenommen haben und Blasen zeigen. • Die restliche Milch mit 50 g Honig, dem Ei, dem Salz, der Naturvanille und der abgeriebenen Zitronenschale hinzufügen. • 50 g Butter in kleinen Flöckchen auf dem Mehlrand verteilen. Alles miteinander verkneten und schlagen, bis der Teig sich vom Schüsselrand löst und Blasen wirft. Erneut mit einem Tuch

bedecken und so lange gehen lassen, bis sich das Volumen deutlich vergrößert hat (mindestens 30 Minuten). • In der Zwischenzeit ein Backblech mit Butter einfetten und den Backofen auf 220° vorheizen. • Den Teig gut durchkneten und auf dem gefetteten Blech ausrollen. Dieses wieder an einen warmen Platz stellen und den Teig noch einmal etwa 15 Minuten gehen lassen. • Die restliche Butter in einem Töpfchen schmelzen, den restlichen Honig zusammen mit den Mandeln, den Sonnenblumenkernen und der Sahne daruntermischen und kurz aufkochen lassen. Den Topf vom Herd nehmen und die Masse nach leichtem Abkühlen auf dem Teig glatt verstreichen. • Den Kuchen sofort auf der mittleren Schiene des heißen Ofens in etwa 25 Minuten goldbraun backen. • Danach auf ein großes Kuchengitter gleiten und auskühlen lassen. • Für die Füllung das Wasser mit Salz in einem Topf aufkochen, die Hirse mit dem Schnee-

besen hineinrühren und unter weiterem Rühren etwa 5 Minuten kochen lassen. • Die Milch daruntermischen, den Brei nochmals aufkochen und auf dem abgeschalteten Herd in etwa 45 Minuten ausquellen lassen. • Etwas Hirsebrei mit dem Honig, der Naturvanille, dem Eigelb und dem Rum verquirlen und dann unter den Brei rühren. • Das Eiweiß zu schnittfestem Schnee schlagen, locker unter den Brei ziehen und diesen – unter gelegentlichem Umrühren – im kalten Wasserbad abkühlen lassen. • Die Butter sehr schaumig rühren und den Hirsebrei nach und nach löffelweise daruntermischen. Die Buttercreme für ein paar Minuten in den Kühlschrank stellen. • Den Kuchenboden einmal waagerecht durchschneiden und die untere Platte mit der Buttercreme bestreichen. Die obere Mandeldecke erst in 20 gleich große Stücke teilen, dann auf die Creme legen und den unteren Boden entlang den oberen Schnittkanten durchschneiden.

Hefe-Quarkkuchen vom Blech

Wird im tiefen Backblech gebacken

400 g Weizen, feingemahlen
100 g Hirse, feingemahlen
1 Würfel Hefe · ¼ l lauwarme
Milch · 200 g Honig · 160 g Butter
1 Prise Salz · Butter zum
Einfetten · 500 g Speisequark
150 g Crème fraîche · 3 Eigelbe
abgeriebene Schale von
1 unbehandelten Zitrone · 1 Teel.
Naturvanille (Reformhaus) · 3 Eiweiße · 125 g Rosinen, ungeschwefelt · 100 g Mandeln, frisch
gehackt · 80 g Mandelblättchen
Bei 20 Stücken etwa 1380 Joule/
330 Kalorien · 10 g Eiweiß
17 g Fett · 32 g Kohlenhydrate
3 g Ballaststoffe pro Stück

Vorbereitungszeit: 30 Minuten
Zeit zum Gehenlassen: 45 Minuten · Backzeit: 35—40 Minuten

Das Weizen- und Hirsemehl
mischen, in die Mitte eine
Mulde drücken und die Hefe hineinbröckeln. Mit etwas Milch und
wenig Mehl vom Rand zum Vorteig verrühren und mit einem

Tuch bedeckt etwa 15 Minuten
gehen lassen. • Die restliche
Milch, 50 g Honig, 60 g in Flöckchen geteilte Butter und das Salz
dazugeben und alles zu einem
glatten Teig verarbeiten. Diesen
schlagen, bis er Blasen wirft.
Nochmals mindestens 30 Minuten gehen lassen. • Den Backofen
auf 180°—200° vorheizen und ein
tiefes Backblech mit Butter einfetten. • Den Teig erneut durchkneten und in der Form ausrollen.
• Den Quark mit restlichem Honig,
Crème fraîche und den Eigelben
schaumig schlagen und mit Zitronenschale und Vanille aromatisieren. • Die Eiweiße schnittfest
schlagen. • Die Rosinen
waschen, trockenreiben und mit
dem Eischnee und den gehackten Mandeln unter die Quarkcreme mischen. • Diese auf dem
Teig verstreichen und mit den
Mandelblättchen bestreuen.
• Die restliche Butter in Flöckchen auf der Creme verteilen
und den Kuchen auf der mittleren Schiene des heißen Ofens
35—40 Minuten backen.

Hefekuchen mit Sesam-Nuß-Streuseln

Schmeckt ganz frisch besonders würzig

400 g Weizen, feingemahlen
50 g Leinsamen, feingemahlen
1 Würfel Hefe · ¼ l lauwarme
Milch · 50 g Honig · 1 Ei · 1 Prise
Salz · ½ Teel. Zimtpulver
50 g weiche Butter · Butter zum
Einfetten
Für die Streusel: 200 g Butter
150 g Honig · 1 Eigelb · 1 Teel.
Zimtpulver · 300 g Weizen, feingemahlen · 50 g Sesamsamen
80 g Haselnüsse, grobgehackt
3 Eßl. Crème fraîche
Bei 20 Stücken etwa 1330 Joule/
320 Kalorien · 7 g Eiweiß
16 g Fett · 31 g Kohlenhydrate
5 g Ballaststoffe pro Stück

Vorbereitungszeit: 35 Minuten
Zeit zum Gehenlassen: 60 Minuten · Backzeit: 25—30 Minuten

Das Weizen- und Leinsamenmehl mischen, in die Mitte
eine kleine Mulde drücken und
die Hefe darin zerbröckeln. Mit
etwas Milch und wenig Mehl vom
Rand zum Vorteig verrühren und

mit einem Tuch bedeckt etwa 15
Minuten gehen lassen. • Den
Honig mit der restlichen Milch,
dem Ei, dem Salz, dem Zimt und
der in Flöckchen geteilten Butter
hinzufügen. Alles zu einem glatten Teig verarbeiten und schlagen bis er sich vom Schüsselrand löst und Blasen wirft. Nochmals mindestens 30 Minuten
gehen lassen. • Den Backofen
auf 200°—220° vorheizen. • Ein
Backblech mit Butter einfetten,
den Teig erneut gut durchkneten
und auf dem Blech ausrollen. An
einem warmen Platz noch einmal
etwa 15 Minuten gehen lassen.
• Für die Streusel die Butter mit
dem Honig, dem Eigelb und dem
Zimt schaumig rühren. Die Hälfte
des Mehls darunterrühren, das
restliche Mehl mit dem Sesam
und den Nüssen nur so lange
unter den Teig kneten, bis sich
grobe Streusel bilden. • Den
Teig mit Crème fraîche bestreichen, die Streusel daraufstreuen
und den Kuchen sofort auf der
mittleren Schiene des heißen
Ofens 25—30 Minuten backen.

Hefezopf mit Datteln und Pinienkernen

Läßt sich auch mit anderen Trockenfrüchten füllen

400 g Weizen, feingemahlen
100 g Buchweizen,
feingemahlen · 50 g Hirse,
feingemahlen · 1 Würfel Hefe
knapp ¼ l lauwarme Milch · 2 Eier
100 g Honig · 1 Prise Salz
2 Prisen Zimtpulver · 2 Prisen
Kardamom, frisch gemahlen
abgeriebene Schale und Saft
von ½ unbehandelten Orange
125 g weiche Butter
300 g getrocknete Datteln,
ungeschwefelt · 2 Glas (je 2 cl)
weißer Rum · 2 Eßl. Orangenlikör
50 g Pinienkerne · 2 Eiweiße
50 g Leinsamen, grobgeschrotet
3 Eigelbe · 80 g Pistazien
Weizen, feingemahlen zum
Ausrollen und Formen · flüssige
Butter zum Einfetten und
Bestreichen · 2 Eßl. Sahne

Bei 20 Stücken etwa 1215 Joule/
290 Kalorien · 7 g Eiweiß
13 g Fett · 35 g Kohlenhydrate
4 g Ballaststoffe pro Stück

Vorbereitungszeit: etwa 50 Minuten · Zeit zum Gehenlassen: mindestens 1 Stunde · Backzeit: etwa 35 Minuten

Das Weizenmehl mit dem Buchweizen- und Hirsemehl in einer Schüssel mischen und in die Mitte eine Mulde drücken. Die Hefe hineinbröckeln und mit etwas Milch und wenig Mehl vom Rand zum Vorteig verrühren. • Diesen mit einem Tuch bedeckt an einem warmen, zugfreien Platz etwa 15 Minuten gehen lassen, bis er Blasen bildet und deutlich an Volumen zugenommen hat. • Die restliche Milch zusammen mit den Eiern, 60 g Honig, dem Salz, dem Zimtpulver und dem Kardamom sowie der abgeriebenen Schale und dem Saft der halben Orange dazugeben. 100 g Butter in Flöckchen auf dem Rand verteilen und alles zu einem glatten, elastischen Teig verkneten. Diesen so lange schlagen, bis er sich vom Schüsselrand löst und Blasen wirft. • Erneut mit einem

Tuch bedecken und mindestens 30 Minuten gehen lassen, bis der Teig sein Volumen verdoppelt hat. • Die Datteln entsteinen, sehr fein würfeln und in einer kleinen Schüssel mit dem Rum und dem Orangenlikör begießen. Zugedeckt quellen lassen. • Die Pinienkerne grobhacken und in einer trockenen Pfanne unter Rühren goldgelb rösten. Auf einem Teller abkühlen lassen. • Die restliche Butter bei schwacher Hitze schmelzen und wieder auf Handwärme abkühlen lassen. • Die Eiweiße zu schnittfestem Schnee schlagen und mit dem restlichen Honig süßen. • Die Datteln zusammen mit dem Leinsamenschrot und den Pinien darunterheben. • 2 Eigelbe verquirlen und mit der Hälfte der Pistazien und der zerlassenen Butter darunterziehen. • Den Teig auf der bemehlten Arbeitsfläche nochmals durchkneten und dritteln. • Jedes Teigdrittel zu einem 20 mal 50 cm großen Rechteck ausrollen, mit etwas flüssiger Butter bepinseln und

die Füllung gleichmäßig darauf verstreichen. • Die Teigstücke der Länge nach zusammenrollen und an den Rändern gut festdrücken. • Diese drei Teigstränge zu einem Zopf flechten, an den Enden gut andrücken und auf ein gefettetes Backblech legen. • Ein letztes Mal in 15–20 Minuten an einem warmen Platz aufgehen lassen. • Den Backofen auf 200° vorheizen. • Das restliche Eigelb mit der Sahne verquirlen und den Zopf damit bestreichen. • Den Kuchen auf der unteren Schiene des Ofens in etwa 35 Minuten goldbraun backen lassen. • Inzwischen die restlichen Pistazien grobhacken. • Den Zopf aus dem Ofen nehmen, erneut mit etwas Butter bestreichen und mit den Pistazien bestreuen. Den Zopf erst nach dem Erkalten in Scheiben schneiden.

Mein Tip: Anstelle von Datteln können Sie den Zopf auch mit getrockneten Feigen, Aprikosen oder Pflaumen zubereiten.

Rosenkuchen mit Marzipan und Äpfeln

Ein ausgesprochen feiner Sonntagskuchen

400 g Weizen, feingemahlen
100 g Hirse, feingemahlen
1 Würfel Hefe
¼ l lauwarme Milch · 150 g Honig
1 Prise Salz · 50 g weiche Butter
250 g Haselnüsse
2 Eßl. Calvados oder Rum
50 g Rosinen, ungeschwefelt
4 säuerliche Äpfel · Saft von
½ Zitrone · Weizen,
feingemahlen, zum Ausrollen
Butter zum Einfetten
Vollkornbrösel zum Ausstreuen
1 Eigelb · 2 Eßl. Sahne
Mandelstifte zum Bestreuen
(nach Wunsch Puderzucker zum
Bestäuben)

Bei 16 Stücken etwa 1345 Joule/
320 Kalorien · 7 g Eiweiß
15 g Fett · 39 g Kohlenhydrate
5 g Ballaststoffe pro Stück

Vorbereitungszeit: etwa
45 Minuten · Zeiten zum Gehenlassen: mindestens
70—80 Minuten
Backzeit: etwa 40 Minuten

Das Weizen- und Hirsemehl in einer Schüssel mischen, in die Mitte eine Mulde drücken und die Hefe hineinbröckeln. Etwas Milch dazugießen und die Hefe mit wenig Mehl vom Rand zum Vorteig verrühren. Mit einem Tuch bedecken und an einem warmen, zugfreien Platz in 15—20 Minuten gehen lassen, bis er sich deutlich vergrößert hat und Blasen zeigt. • Erst danach etwa 50 g Honig und das Salz mit der restlichen Milch und der in Flöckchen geteilten Butter hinzufügen und alles zu einem glatten Teig verarbeiten. Diesen so lange schlagen, bis er sich vom Schüsselrand löst und Blasen wirft. • Erneut mit einem Tuch bedeckt gehen lassen, bis er sein Volumen verdoppelt hat. Das dauert — je nach Raumtem-peratur — 30—50 Minuten. • In der Zwischenzeit 200 g Hasel-nüsse im Mixer feinmahlen, den restlichen Honig und den Calva-dos oder Rum hinzufügen und alles zu einem glatten Marzipan verarbeiten. • Die restlichen

Haselnüsse grobhacken. • Die Rosinen in einem Sieb unter hei-ßem Wasser waschen und in einem Tuch trockenreiben. • Die Äpfel schälen und ohne die Kerngehäuse auf der groben Rohkostreibe raspeln. Sofort mit dem Zitronensaft vermischen, damit sie sich nicht verfärben. • Den Hefeteig zusammendrük-ken, auf der bemehlten Arbeits-fläche durchkneten und zu einem etwa 30 mal 60 cm großen Rechteck ausrollen. • Die Marzi-panmasse gleichmäßig darauf verteilen und die Rosinen zusammen mit den geraspelten Äpfeln und den Nüssen darüber-streuen. • Den Teig von der Längsseite her aufrollen und mit einem sehr scharfen Messer in etwa 4 cm breite Stücke schnei-den. • Den Backofen auf 200° vorheizen. • Eine Springform von 26 cm Ø mit Butter einfetten und mit Vollkornbröseln aus-streuen. • Die gefüllten Teig-rollen so hineinstellen, daß sie sich nicht berühren und zuge-deckt gehen lassen, bis sie sich

deutlich vergrößert haben und nun zusammenhängen. • Das Eigelb mit der Sahne verquirlen, die Kuchenoberfläche damit bestreichen und mit den Mandel-stiften bestreuen. Den Kuchen auf die untere Schiene des hei-ßen Ofens schieben. • Etwa 40 Minuten backen und in der Form kurz ausdampfen lassen. • Den Springformrand abnehmen und den Kuchen auf einem Kuchendraht auskühlen lassen. • (Eventuell dünn mit Puderzucker bestäuben.)

Mein Tip: Dieser Kuchen läßt sich besonders vielseitig zube-reiten. So können Sie anstelle der Äpfel auch Birnen, in sehr feine Stifte geschnittene Ananas oder auch Pfirsiche und Apriko-sen verwenden. Das Haselnuß-marzipan läßt sich mühelos in ein Mandelmarzipan umfunktio-nieren, wobei dann auch zum Bestreuen gehackte oder fein gestiftelte Mandeln verwendet werden sollten.

Kartoffeltorte

Läßt sich sehr gut aufbewahren

300 g mehligkochende Kartoffeln
Salz · 80 g Rosinen, ungeschwefelt · 3 Eßl. Rum · 50 g getrocknete Bananen, ungeschwefelt
6 Eigelbe · 125 g Honig · Saft und
abgeriebene Schale von 1 unbehandelten Orange · 150 g
Mandeln, frisch gemahlen
60 g Buchweizen, feingemahlen
1 Teel. Weinstein-Backpulver
6 Eiweiße · Butter zum Einfetten
Vollkornbrösel oder gehackte
Mandeln zum Ausstreuen · 150 g
Honigschokolade (Reformhaus)
Bei 16 Stücken etwa 915 Joule/
220 Kalorien · 6 g Eiweiß
10 g Fett · 25 g Kohlenhydrate
2 g Ballaststoffe pro Stück

Vorbereitungszeit: etwa 45 Minuten · Kühlzeit: 12—24 Stunden
Backzeit: etwa 50 Minuten

Die Kartoffeln unter kaltem
Wasser gründlich abbürsten
und in leicht gesalzenem Wasser
in der Schale weich kochen.

● Danach kalt abschrecken,
schälen und sehr gut, möglichst
über Nacht, auskühlen lassen.
● Am nächsten Tag die Kartoffeln
feinreiben. ● Die Rosinen in
einem Sieb unter heißem Wasser waschen, in einem Tuch
trockenreiben und mit dem Rum
übergießen. Zugedeckt ziehen
lassen, bis der Teig zubereitet
ist. ● Die Bananen sehr fein würfeln ● Die Eigelbe zusammen mit
dem Honig, dem Orangensaft
und der abgeriebenen Orangenschale sehr schaumig rühren.
● Den Backofen auf 180° vorheizen. ● Die Mandeln mit dem
Buchweizenmehl und dem
Backpulver mischen, auf die
Eigelbmasse geben und die Kartoffeln darüber verteilen. ● Die
Eiweiße mit 1 Prise Salz zu
schnittfestem Schnee schlagen
und ebenfalls auf die Eigelbmasse gleiten lassen. ● Alle
Zutaten sehr locker, aber trotzdem gründlich darunterheben.
Erst zum Schluß die Rosinen mit
dem Rum sowie die Bananen-
stückchen daruntermischen.

● Eine Springform von 26 cm ⌀
mit Butter einfetten und mit Vollkornbröseln oder feingehackten
Mandeln ausstreuen. Den Teig
hineinfüllen, die Oberfläche glatt
verstreichen und den Kuchen
auf der unteren Schiene des heißen Ofens etwa 50 Minuten bakken. ● Dann unbedingt die Stäbchenprobe (siehe Seite 155)
machen. Auch hier dürfen beim
Herausziehen keine feuchten
Teigreste mehr daran haften; die
Garzeit kann je nach Kartoffel-
sorte ein wenig schwanken.
● Die Torte nach Ende der Backzeit ein paar Minuten in der Form
ausdampfen lassen, dann auf
einen Kuchendraht geben und
erkalten lassen. ● Die Honigschokolade in ein kleines Töpfchen bröckeln und in einem nicht
zu heißen Wasserbad unter Rühren schmelzen lassen. ● Das
Töpfchen aus dem Wasserbad
nehmen und die Schokolade
unter weiterem Rühren abkühlen
lassen, bis sie gerade wieder
etwas bindet. ● Die Schokolade
auf die Tortenoberfläche gießen,

mit einer Palette oder einem
breiten, langen Messer gleichmäßig verteilen und am Tortenrand in langen Zapfen herunterlaufen lassen. ● Erst wenn dieser
Guß fest geworden ist, kann die
Torte angeschnitten werden.

Mein Tip: Als zusätzliche Verzierung können Sie den Rand der
Tortenoberfläche mit halbierten
oder gehackten Mandeln belegen oder bestreuen oder die
Torte mit sehr kleinen, selbstge-
machten Marzipankartoffeln
belegen. Bereiten Sie die Marzipankartoffeln nach dem Rezept
von Seite 112 zu, wobei Sie die
Haselnüsse aber durch Mandeln
ersetzen sollten. Häufen Sie die
Marzipankartoffeln dekorativ in
der Mitte der Torte auf.

Brottorte mit Rotwein und Birnen

Ideale Verwertung von altbackenem Brot

50 g altbackener Pumpernickel
150 g altbackenes Vollkornbrot
100 g getrocknete Birnen,
ungeschwefelt · 150 ccm
kräftiger Rotwein · 6 Eigelbe
100 g Birnendicksaft · 2 Eßl.
Birnengeist
Saft und abgeriebene Schale
von ½ unbehandelten Orange
½ Teel. Zimtpulver · 1 Prise
Nelken, gemahlen · 6 Eiweiße
1 Prise Salz · 80 g Walnüsse,
frisch gemahlen · 100 g Weizen,
frisch geschrotet · Butter zum
Einfetten · Vollkornbrösel zum
Ausstreuen · nach Wunsch etwas
Puderzucker zum Bestäuben

Bei 16 Stücken etwa 600 Joule/
145 Kalorien · 5 g Eiweiß
6 g Fett · 15 g Kohlenhydrate
2 g Ballaststoffe pro Stück

Trockenzeit: etwa 30 Minuten
Vorbereitungszeit: etwa 1 Stunde
Backzeit: 40–45 Minuten

Den Backofen auf 100° vorheizen. • Den Pumpernickel zerbröckeln und auf einem trockenen Backblech ausbreiten. Dieses auf die mittlere Schiene des heißen Ofens schieben und das Brot in etwa 30 Minuten (je nach seinem Feuchtigkeitsgehalt) rösten und völlig trocknen lassen. • Die Stückchen danach zum Erkalten auf eine Platte geben. • In der Zwischenzeit das Vollkornbrot zerbröseln und in eine Schüssel geben. • Die Birnen unter heißem Wasser waschen, abtrocknen und sehr fein würfeln. Zusammen mit dem Rotwein unter das Vollkornbrot mischen und zugedeckt etwas durchziehen lassen. • Die vollkommen erkalteten Pumpernickelstücke feinmahlen. • Die Eigelbe mit dem Birnendicksaft, dem Birnengeist, dem Saft und der abgeriebenen Schale der Orange sehr schaumig schlagen und mit dem Zimtpulver und den gemahlenen Nelken aromatisieren. • Die Eiweiße mit dem Salz zu schnittfestem Schnee schla-gen und diesen auf die Eigelbcreme gleiten lassen. • Den Backofen auf 180° vorheizen. • Die gemahlenen Walnüsse zusammen mit den Pumpernikkelbröseln, dem geschroteten Weizen und dem Brot-Birnengemisch hinzufügen und alles sehr locker, aber sorgfältig unter den Teig heben. • Eine Springform von 26 cm ∅ mit Butter einfetten und mit Vollkornbröseln ausstreuen. • Den Teig hineinfüllen, glattstreichen und die Form auf die untere Schiene des heißen Ofens schieben. • Den Kuchen 40–45 Minuten backen lassen und die Stäbchenprobe (Siehe Seite 155) machen. Den durchgegarten Kuchen in der Form ein paar Minuten ausdampfen lassen, den Springformrand ablösen und die Torte zum Erkalten auf einen Kuchendraht stürzen. Vor dem Servieren nach Wunsch noch etwas Puderzucker zur Verzierung darüberstäuben.

Mein Tip: Da wir beim Vollkorn-Backen den Puderzucker ohne-hin nur aus dekorativen Gründen in sehr geringen Mengen verwenden, empfiehlt es sich, die Torte damit auch tatsächlich zu »gestalten«: Legen Sie eine hübsche Papierschablone, die Sie selbst schneiden oder auch in verschiedenen Mustern kaufen können, auf die Oberfläche der Torte, stäuben Sie den Puderzucker darüber und heben Sie die Schablone vorsichtig – damit das Muster nicht verrutscht – wieder ab. Noch einfacher (und außerdem sehr modern) wird das Muster, wenn Sie dünne Papierstreifen in unregelmäßigen Abständen auf die Oberfläche kreuzen, bevor Sie den Puderzucker daraufsieben. Übrigens hat diese Arbeit mit Schablonen noch den zusätzlichen Vorteil, daß Sie »trotz« der Verschönerung weitaus weniger Puderzucker verwenden müssen, als wenn Sie die ganze Torte mit einer weißen Haube versehen würden.

Biskuitrolle mit Joghurt-Himbeer-Creme

Schnell und mühelos zuzubereiten

im Bild vorne

Für den Teig: 5 Eigelbe · 1 Prise
Salz · 3 Eßl. warmes Wasser
150 g Honig · abgeriebene
Schale von ½ unbehandelten
Orange · 5 Eiweiße · 100 g
Weizen, feingemahlen
80 g Dinkel, feingemahlen
1 Teel. Weinstein-Backpulver
Für Füllung und Verzierung:
6 Blatt weiße und 2 Blatt rote
Gelatine · 300 g Himbeeren
2 Eigelbe · 1 Eßl. warmes Wasser
100 g Honig · abgeriebene
Schale von ½ unbehandelten
und Saft von 1 Orange · 250 g
Sanoghurt · 2 Eiweiße · 1 Prise
Salz · ⅜ l Sahne
Bei 12 Stücken etwa 1200 Joule/
285 Kalorien · 7 g Eiweiß
14 g Fett · 32 g Kohlenhydrate
3 g Ballaststoffe pro Stück

Vorbereitungszeit: etwa 45 Minuten · Backzeit: 10—12 Minuten
Kühlzeit: 50—60 Minuten

Zuerst ein Backblech mit Backtrennpapier auslegen und dieses am offenen Rand hochfalzen. • Den Backofen auf 200° vorheizen. • Die Eigelbe mit dem Salz, dem Wasser, dem Honig und der abgeriebenen Orangenschale in eine Schüssel geben und zu einer sehr schaumigen Masse aufschlagen. • Die Eiweiße zu schnittfestem Schnee schlagen und auf die Eigelbcreme gleiten lassen. • Das Weizen- und Dinkelmehl mit dem Weinstein-Backpulver mischen, über den Eischnee stäuben und unterheben. • Den Teig auf dem vorbereiteten Blech gleichmäßig verstreichen und sofort auf der mittleren Schiene des heißen Ofens in etwa 10 Minuten goldgelb backen. • Ein Küchentuch unter heißem Wasser gut anfeuchten, auswringen und auf die Teigplatte legen. Das Blech nun sofort stürzen und das Backtrennpapier abziehen. Die Teigplatte mitsamt dem Tuch locker einrollen und auskühlen lassen. • Die Gelatine

einweichen. • Die Himbeeren abspülen, trockentupfen, entkelchen und etwa 12 besonders schöne Früchte für die Verzierung beiseite legen. Die restlichen Beeren pürieren und nach Wunsch durch ein Sieb passieren. • Die Eigelbe mit dem Wasser, dem Honig sowie der Schale und dem Saft der Orange gut verrühren. Den Sanoghurt zufügen, alles schaumig schlagen und das Beerenpüree untermischen. • Die Gelatine nach Aufschrift auflösen und die Creme damit binden. • Die Eiweiße mit Salz schnittfest und die Sahne sehr steif schlagen. • Etwa 3 Eßlöffel Sahne in einen Spritzbeutel mit Sterntülle geben und in den Kühlschrank legen. • Die restliche Sahne mit dem Eischnee locker unter die Beerencreme mischen, sobald diese zu gelieren beginnt. • Die Biskuitrolle vorsichtig wieder auseinanderrollen und die Joghurtcreme glatt darauf verstreichen. • Die Roulade mit Hilfe des Tuches wieder aufrollen, die

Oberfläche mit 12 Sahnetupfen und den Himbeeren verzieren.

<u>Variante: Schokorolle mit Pfirsich-Sahne und Pistazien</u>
im Bild hinten
50 g Honigschokolade (Reformhaus) im Wasserbad schmelzen und wieder abkühlen lassen. Dann den Biskuitteig wie beschrieben zubereiten und die Orangenschale durch ½ Teelöffel Naturvanille (Reformhaus) ersetzen. Zusammen mit der Mehl-Backpulvermischung 1—2 Teelöffel Caroben unter den Teig heben und zum Schluß die abgekühlte, aber noch flüssige Schokolade locker darunterziehen. Den Teig wie beschrieben backen und erkalten lassen. Für die Füllung etwa 300 g Pfirsiche (gehäutete frische oder ohne Zuckerzusatz eingelegte Hälften) in winzige Stücke teilen und mit etwa 50 g gehackten Pistazien unter die Sahne heben. Die Roulade damit füllen und die Oberfläche beliebig verzieren.

Saftiger Teekuchen mit Früchten

Läßt sich in Alufolie verpackt gut aufbewahren

200 g Rosinen, ungeschwefelt
100 g entsteinte Backpflaumen, ungeschwefelt · 150 g getrocknete Aprikosen, ungeschwefelt · 50 g getrocknete Äpfel, ungeschwefelt · 2 Eßl. Rum · 2 Eßl. Orangenlikör · 100 g Mandeln · 100 g Haselnüsse
4 Eier · 1 Prise Salz · 80 g Honig abgeriebene Schale von
½ unbehandelten Orange · 125 g Instant-Hafer-Vollkornflocken
1 gehäufter Teel. Weinstein-Backpulver · Butter zum Einfetten · kernige Hafer-Vollkornflocken zum Ausstreuen
Bei 20 Stücken etwa 805 Joule/
190 Kalorien · 5 g Eiweiß
8 g Fett · 26 g Kohlenhydrate
3 g Ballaststoffe pro Stück

Vorbereitungszeit: etwa 45 Minuten · Backzeit: etwa 1½ Stunden

Die Trockenfrüchte in einem Sieb heiß waschen, gut trockenreiben und würfeln. Mit dem Rum und dem Orangenlikör vermischt zugedeckt ziehen lassen.
• Inzwischen die Mandeln und die Haselnüsse grobhacken.
• Den Backofen auf 180° vorheizen. • Die Eier mit dem Salz, dem Honig und der abgeriebenen Orangenschale sehr schaumig schlagen. • Die Haferflocken mit dem Backpulver mischen und unter den Teig rühren. Die Früchte mitsamt dem Alkohol sowie den Nüssen und Mandeln unter den Teig mengen. • Eine Kastenform von 30 cm Länge mit Butter einfetten und mit Haferflocken ausstreuen. • Den Teig hineingeben und die Oberfläche glattstreichen oder sogar leicht andrücken, damit höher stehende Teigspitzen nicht verbrennen können. • Den Kuchen auf der unteren Schiene des heißen Ofens etwa 1½ Stunden backen. • Die Stäbchenprobe (siehe Seite 155) machen, den Kuchen in der Form kurz ausdampfen lassen und zum Abkühlen auf einen Draht stürzen. Über Nacht durchziehen lassen.

Königskuchen

Ein beliebter Kuchen-Klassiker

100 g Rosinen, ungeschwefelt
50 g Zitronat · 50 g Orangeat
4 Eßl. Rum · 100 g Mandeln
200 g weiche Butter · 4 Eigelbe
180 g Honig · abgeriebene
Schale von 1 unbehandelten
Zitrone · 150 g Weizen, feingemahlen · 100 g Dinkel, feingemahlen · 50 g Mais, sehr fein gemahlen · 3 Teel. Weinstein-Backpulver · Butter zum Einfetten · Vollkornbrösel zum Ausstreuen · 4 Eiweiße
1 Prise Salz · nach Wunsch Puderzucker zum Bestäuben
Bei 20 Stücken etwa 990 Joule/
235 Kalorien · 4 g Eiweiß
13 g Fett · 25 g Kohlenhydrate
2 g Ballaststoffe pro Stück

Vorbereitungszeit: etwa 45 Minuten · Backzeit: etwa 70 Minuten

Die Rosinen heiß waschen und gut trockenreiben. • Das Zitronat und das Orangeat würfeln, mit dem Rum unter die Rosinen mischen und zugedeckt ziehen lassen. • Inzwischen die Mandeln mit kochendem Wasser überbrühen und die Häutchen ablösen. Die Mandeln sehr gut abtrocknen und hacken. • Die Butter mit den Eigelben, dem Honig und der Zitronenschale schaumig rühren. • Alle Mehlsorten mit dem Backpulver mischen, und unter den Teig rühren.
• Eine Kastenform von 30 cm Länge einfetten und mit Vollkornbröseln ausstreuen. • Den Backofen auf 180° vorheizen.
• Die Eiweiße mit Salz schnittfest schlagen, auf den Teig geben und die Früchte samt dem Alkohol und den Mandeln zufügen.
• Alles locker, aber gründlich unterheben, in der Form glattstreichen und auf der unteren Schiene des heißen Ofens etwa 70 Minuten backen. • Die Stäbchenprobe (siehe Seite 155) machen, den Kuchen in der Form kurz ausdampfen und auf einem Kuchendraht erkalten lassen. • Nach Wunsch mit Puderzucker bestäuben.

Bohnentorte mit Früchten

Sie wird auch »Falsche Mandeltorte« genannt

350 g getrocknete weiße Bohnen
hauchdünn abgeschälte Schale
von ½ unbehandelten Zitrone
Wasser zum Einweichen · 50 g
Rosinen, ungeschwefelt · 50 g
getrocknete Bananen, ungeschwefelt · 6 Eigelbe · Saft von
½ Zitrone · 200 g Honig · ½ Teel.
Naturvanille (Reformhaus)
2 Eßl. Mandellikör · 50 g Mandeln,
feingehackt · 30 g Sesamsamen
30 g Leinsamen, grobgeschrotet
2 Teel. Weinstein-Backpulver
6 Eiweiße · Salz · Butter zum
Einfetten · Vollkornbrösel zum
Ausstreuen · 32 Mandeln · 100 g
Honigschokolade (Reformhaus)
Bei 16 Stücken etwa 1020 Joule/
245 Kalorien · 10 g Eiweiß
9 g Fett · 32 g Kohlenhydrate
7 g Ballaststoffe pro Stück

Zeit zum Einweichen:
12–24 Stunden · Kochzeit: etwa
45 Minuten · Vorbereitungszeit:
etwa 45 Minuten · Backzeit:
60–70 Minuten

Die Bohnen in einen großen Topf geben, die Zitronenschale hinzufügen und alles etwa zweifingerhoch mit Wasser begossen über Nacht quellen lassen. • Am nächsten Tag die Bohnen aufkochen lassen. Die Temperatur herunterschalten und die Bohnen bei schwacher Hitze in etwa 45 Minuten gar werden lassen. • Die Bohnen danach auf einem Sieb abtropfen lassen und im Topf wieder etwas trockendämpfen. Die Zitronenschale dabei herausnehmen. Die Bohnen durch ein Sieb streichen und abkühlen lassen. • Die Rosinen und Bananen kurz unter heißem Wasser waschen, sehr gut abtrocknen und die Bananen in kleine Würfelchen schneiden. • Die Eigelbe mit dem Zitronensaft in einer Schüssel sehr schaumig schlagen und dabei nach und nach den Honig zufließen lassen, die Vanille und den Mandellikör zufügen und schlagen, bis die Masse sehr schaumig ist. • Die gehackten Mandeln mit dem Sesam, dem Leinsamenschrot und dem Backpulver unter die Rosinen und die getrockneten Bananen mischen. • Zusammen mit den passierten Bohnen unter den Teig heben. • Den Backofen auf 200° vorheizen. • Die Eiweiße mit 1 Prise Salz zu schnittfestem Schnee schlagen, auf die Eigelbcreme gleiten lassen und locker, aber gründlich unter den Teig heben. • Eine Springform von 26 cm ⌀ mit Butter einfetten und mit Vollkornbröseln ausstreuen. • Den Teig hineinfüllen, glattstreichen und die Form auf die untere Schiene des heißen Ofens schieben. Die Bohnentorte in 60–70 Minuten hellbraun bakken. Die Stäbchenprobe (siehe Seite 155) machen, dann in der Form ein wenig ausdampfen lassen. Den Rand danach lösen und den Kuchen auf einem Kuchendraht kalt werden lassen. • Die Mandeln mit kochendem Wasser übergießen, 1–2 Minuten darin liegen lassen, kalt abschrecken und enthäuten. Die Kerne nun sehr gut trockentupfen. • Die Honigschokolade zerbröckeln und in einem nicht zu heißen Wasserbad schmelzen. Unter Rühren etwas abkühlen lassen und auf der Tortenoberfläche glatt verstreichen, wobei die Schokolade an den Rändern in Zapfen herunterlaufen kann. • Kurz bevor diese Schicht völlig fest wird, die Mandeln dekorativ auf der Tortenmitte verteilen. • Die Torte erst anschneiden, wenn die Glasur vollkommen fest geworden ist.

Mein Tip: Diese Torte läßt sich sehr gut einfrieren, jedoch sollten Sie die Verzierung aus Schokoladenguß und Mandeln erst nach dem Auftauen anbringen. Die Schokolade bekommt beim Auftauen leicht kleine weiße Flecken. Wenn Sie ein paar Kalorien sparen möchten, können Sie auf die Schokolade ganz verzichten. Bestreichen Sie dann die Oberfläche vor dem Backen mit etwas Eigelb, das Sie mit wenig Sahne verquirlt haben.

Rehrücken

Festlich durch Marzipan und Schokolade

300 g Mandeln · 250 g Honig
1 Eßl. Cognac · 250 g Honigschokolade (Reformhaus)
125 g Butter · 6 Eigelbe
6 Eiweiße · 1 Prise Salz
60 g Weizen, feingemahlen
50 g Buchweizen, grob-
geschrotet · Butter zum Einfetten
Vollkornbrösel zum Ausstreuen

Bei 15 Stücken etwa 1640 Joule/
390 Kalorien · 8 g Eiweiß
26 g Fett · 31 g Kohlenhydrate
8 g Ballaststoffe pro Stück

Vorbereitungszeit: etwa
1¼ Stunden · Backzeit: etwa
1 Stunde

Die Mandeln mit kochendem
Wasser übergießen,
1−2 Minuten darin liegen lassen,
kalt abschrecken und die braunen Häutchen ablösen. Die Mandeln gut trocknen lassen. • Etwa
100 g davon in Stifte schneiden.
• Die »Abfallstücke« mit weiteren Mandeln auf 100 g auffüllen
und im Mixer so fein wie möglich
zerkleinern. Dabei 50 g Honig
und den Cognac hinzufügen und
alles zu Marzipan verarbeiten. In
Alufolie wickeln und beiseite
legen. • Die restlichen Mandeln
durch die Mandelmühle drehen.
• 100 g Schokolade zerbröckeln,
schmelzen und wieder etwas
abkühlen lassen. • Die Butter
schaumig rühren und dabei den
restlichen Honig, die Eigelbe und
die Schokolade dazugeben.
• Den Backofen auf 180° vorheizen. • Die Eiweiße mit dem
Salz schnittfest schlagen und auf
den Teig gleiten lassen. • Die
gemahlenen Mandeln, das Weizenmehl und den Buchweizen-
schrot hinzufügen und alles
locker unterheben. • Eine Reh-
rückenform einfetten und mit
Bröseln ausstreuen. • Den Teig
darin glattstreichen und auf der
unteren Schiene des heißen
Ofens etwa 1 Stunde backen.
• Den Kuchen in der Form ausdampfen lassen und auf einen
Kuchendraht stürzen. • Das Marzipan zur Rolle formen, in die
»obere Mitte« des Rehrückens
legen und nur leicht andrücken. •
Die restliche Schokolade
schmelzen, leicht abkühlen lassen und gleichmäßig über den
Rehrücken verteilen. Den Rehrücken mit den Mandelstiften
spicken. • Den Guß bis zum
Anschneiden unbedingt völlig
fest werden lassen.

Amerikanischer Apfelkuchen mit Pecannüssen

Fruchtig-nussige Füllung unter knusprigem Teig

Für den Teig: 250 g Weizen, sehr fein gemahlen · 80 g Dinkel, sehr fein gemahlen · 1 Prise Salz
150 g gut gekühlte Butter
1 Teel. Naturvanille (Reformhaus) · 1 Eigelb
1 Ei · 2 Eßl. Honig
1—2 Eßl. eiskaltes Wasser
Weizen, feingemahlen, zum Ausrollen

Für Füllung und Verzierung:
50 g Rosinen, ungeschwefelt
30 g Orangeat · 300 g säuerliche Äpfel · Saft von ½ Zitrone
50 g Butter · 100 g Honig
200 g geschälte Pecannüsse
1 Becher Sahne (200 g)
2 Eßl. Rum oder Cognac · 1 Eigelb
Bei 16 Stücken etwa 1565 Joule/
370 Kalorien · 6 g Eiweiß
26 g Fett · 27 g Kohlenhydrate
3 g Ballaststoffe pro Stück

Vorbereitungszeit: etwa 1 Stunde · Kühlzeit: mindestens
3—4 Stunden · Backzeit: etwa
1 Stunde

Das Weizen- und Dinkelmehl mit dem Salz mischen und auf die Arbeitsfläche geben. Die kalte Butter in winzige Stückchen teilen, hinzufügen und alles mit zwei Messern hacken, bis eine gleichmäßig krümelige Masse entstanden ist. • In die Mitte dieser Krümel eine Mulde drücken und die Naturvanille zusammen mit dem Eigelb, dem Ei und dem Honig hineingeben. Alle Zutaten sehr schnell zu einem glatten Teig verkneten und dabei tropfenweise das Wasser hinzugeben. Den Teig zu einer Kugel formen und in Folie eingewickelt mindestens 3—4 Stunden, besser aber noch über Nacht, im Kühlschrank ruhen lassen. • Anschließend ein Stück Alufolie auf die Arbeitsfläche legen, leicht mit Mehl bestäuben und den Teig darauf dünn ausrollen. Den Boden einer Springform von 26 cm Ø darauflegen und den Teig samt Folie rundherum als »Kuchendeckel« ausschneiden. In der Mitte ein kleines Loch als »Kamin« ausstechen. • Den übrigen Teig bis auf einen kleinen Rest zum Verzieren auf dem Boden der geschlossenen Springform mit den Fingerspitzen ausdrücken und dabei einen 3—4 cm hohen Rand formen. • Den Boden mehrfach mit einer Gabel einstechen, damit sich beim Backen keine Blasen bilden. • Den Backofen auf 200° vorheizen. • Für die Füllung die Rosinen in einem Sieb unter heißem Wasser waschen und sehr gut trockenreiben. Das Orangeat sehr fein würfeln. • Die Äpfel gründlich waschen, vierteln, entkernen und auf der Rohkostreibe grob raspeln. • Diese sofort mit dem Zitronensaft vermischen, damit sie nicht braun werden, und danach mit den Rosinen und dem Orangeat vermengen. • Die Butter bei schwacher Hitze schmelzen lassen und den Honig darin erwärmen. • Inzwischen die Pecannüsse grobhacken und unter den Honig mischen. • Die Sahne darunterrühren und alles kurz leicht köcheln lassen. Den Topf vom Herd nehmen, die Rosinen mit dem Orangeat und den Äpfeln hineingeben und die Nußmasse mit dem Rum oder Cognac aromatisieren. Die Füllung in die ausgekleidete Springform geben. • Den Teigdeckel mit Hilfe der Alufolie auf die Torte legen, die Folie abziehen und den Teigdeckel mit dem Tortenrand sorgfältig zusammendrükken. • Aus dem Teigrest Verzierungen formen und auf den Teig legen. • Das Eigelb verquirlen und auf der Oberfläche verstreichen. Den Apfelkuchen auf der mittleren Schiene des heißen Ofens etwa 1 Stunde backen. • Den Kuchen in der Form kurz ausdampfen lassen, dann mit einem breiten Messer zum Erkalten auf einen Kuchendraht schieben.

<u>Mein Tip:</u> Anstelle von Pecannüssen können Sie diesen Kuchen auch sehr gut mit Walnüssen zubereiten.

Österreichische Haferflockentorte

Schmeckt auch mit ungezuckertem Hagebuttenmark

100 g Rosinen, ungeschwefelt
3 Eßl. Cognac oder Rum · 100 g
Butter · 2 Eigelbe · 150 g Honig
200 g zarte Hafer-Vollkornflocken · 200 g kernige Hafer-
Vollkornflocken · ¼ l Milch
abgeriebene Schale von
½ unbehandelten Zitrone
1½ Päckchen Weinstein-
Backpulver · 2 Eiweiße · 1 Prise
Salz · Butter zum Einfetten
Vollkornbrösel zum Ausstreuen
½ l Sahne · rote Johannisbeeren
zum Verzieren · ½ Glas Johannisbeermus ohne Zuckerzusatz
(knapp 200 g, Reformhaus)
2−3 Eßl. kernige Hafer-
Vollkornflocken · 30 g
Pistazien, frisch gehackt
Bei 12 Stücken etwa 1930 Joule/
460 Kalorien · 8 g Eiweiß
25 g Fett · 49 g Kohlenhydrate
3 g Ballaststoffe pro Stück

Vorbereitungszeit: etwa 30 Minuten · Backzeit: etwa 1 Stunde
Kühlzeit: 12−24 Stunden

Die Rosinen in einem Sieb unter heißem Wasser waschen und in einem Tuch gut trockenreiben. In ein Schälchen geben, mit dem Cognac oder Rum begießen und zugedeckt quellen lassen. • In der Zwischenzeit die Butter sehr schaumig rühren, und dabei nach und nach die Eigelbe und den Honig dazugeben. • Die zarten mit den kernigen Haferflocken mischen und zusammen mit der Milch zu der Buttermasse geben. • Den Teig nun sehr schaumig rühren. • Den Backofen auf 180° vorheizen. • Die abgeriebene Zitronenschale und die Rosinen mit dem Cognac oder Rum sowie das Backpulver sorgfältig unter den Teig mischen. • Die Eiweiße mit dem Salz zu schnittfestem Schnee schlagen und diesen sehr locker, aber gründlich unter den Haferflockenteig heben. • Eine Springform von 26 cm ∅ mit Butter einfetten und gründlich mit Vollkornbröseln ausstreuen. • Den Teig hineinfüllen, die Oberfläche glattstreichen

und den Kuchen auf der unteren Schiene des heißen Ofens etwa 1 Stunde backen. • Die Stäbchenprobe (siehe Seite 155) machen, den Kuchen ein paar Minuten in der Form ausdampfen lassen, dann auf einen Kuchendraht stürzen und am besten über Nacht auskühlen lassen. • Den Kuchen erst kurz vor dem Servieren einmal waagerecht durchschneiden. • Die Sahne sehr steif schlagen, etwa ein Drittel davon in einen Spritzbeutel mit großer Sterntülle geben und in den Kühlschrank legen. • Die Johannisbeeren waschen, abtropfen lassen und von den Stielen zupfen. • Die restliche Sahnemenge halbieren und das Johannisbeermus locker unter eine Hälfte heben. • Diese Masse auf dem unteren Tortenboden glatt verstreichen. • Den zweiten Boden auflegen, nur sehr leicht andrücken und die Torte rundherum mit der restlichen Sahne bestreichen. • Den Rand und die Mitte der Torte mit den Haferflocken bestreuen.

• Auf der Oberfläche 12 Stücke markieren und jedes mit einem Kreis aus Sahne verzieren.
• Diese vorsichtig mit den Pistazien bestreuen und mit den Johannisbeeren belegen.

Mein Tip: Achten Sie bei der Teigzubereitung unbedingt darauf, daß sich das Backpulver sehr gut mit den anderen Zutaten vermischt, damit der Teig auch wirklich gleichmäßig aufgeht. Dazu stäuben Sie es am besten mit einem feinen Tee- oder Puderzuckersieb über den Teig, wobei Sie es auch mit 1 bis 2 Teelöffeln Weizenmehl mischen können. Es ist aber auch möglich, ein paar zarte Haferflocken zurückzuhalten, um sie dann später mit dem Backpulver unter den Teig zu arbeiten.

Frankfurter Kranz

Wird mit Hirse-Buttercreme gefüllt

Für den Teig: 220 g Butter · 200 g Honig · 5 Eigelbe · 1 Prise Salz abgeriebene Schale von 1 unbehandelten Zitrone · 2 Eßl. Rum · 175 g Weizen, feingemahlen · 40 g Hafer, feingemahlen 1 Teel. Weinstein-Backpulver 5 Eiweiße · Butter zum Einfetten Vollkornbrösel zum Ausstreuen **Für die Füllung und Verzierung:** ⅜ l Wasser · 70 g Hirse, feingemahlen · ⅛ l Milch · 100 g Honig ½ Teel. Naturvanille (Reformhaus) · 1 Eigelb · 1 Eiweiß 1 Prise Salz · 200 g Butter 100 g Mandeln, feingehackt 3 Eßl. kernige Hafer-Vollkornflocken · Öl zum Bestreichen 2–3 Eßl. Rum · 12 Mandeln Bei 12 Stücken etwa 2340 Joule/ 555 Kalorien · 9 g Eiweiß 39 g Fett · 41 g Kohlenhydrate 3 g Ballaststoffe pro Stück

Vorbereitungszeit: etwa 1½ Stunden · Backzeit: etwa 1 Stunde Kühlzeiten: etwa 1 Stunde

Für den Teig die Butter sehr schaumig rühren und dabei nach und nach den Honig, die Eigelbe, das Salz, die abgeriebene Zitronenschale und den Rum hinzufügen. • Den Backofen auf 180° vorheizen. • Das Weizenmehl mit dem gemahlenen Hafer und dem Backpulver mischen und auf den Teig streuen. • Die Eiweiße zu schnittfestem Schnee schlagen, auf das Mehl gleiten lassen und alles locker, aber gründlich untermischen. • Eine Kranzkuchenform von 24 cm Ø mit Butter einfetten und mit Vollkornbröseln ausstreuen. • Den Teig darin auf der unteren Schiene des heißen Ofens etwa 1 Stunde backen. • Die Stäbchenprobe (siehe Seite 155) machen, den Kuchen in der Form kurz ausdampfen lassen, dann zum Erkalten auf einen Kuchendraht stürzen. • Für die Buttercreme das Wasser aufkochen und die Hirse unter ständigem Rühren mit einem Schneebesen hineinstreuen. • Unter weiterem Rühren durch-

kochen lassen, die Milch untermischen und den Brei bei ganz schwacher Hitze oder bei abgeschalteter Herdplatte zugedeckt etwa 45 Minuten quellen lassen. • Vom Honig etwa 1 Eßlöffel abnehmen. Den Rest mit der Vanille und dem Eigelb sowie etwas Hirsebrei verquirlen und diese Mischung kräftig unter den Hirseflammeri rühren. Noch ein wenig ziehen, aber nicht mehr kochen lassen. • Das Eiweiß mit dem Salz schnittfest schlagen, locker unter den Flammeri heben und diesen zugedeckt neben dem Herd etwa 15 Minuten ruhen lassen. • Den Topf in ein kaltes Wasserbad stellen und den Flammeri erkalten lassen. Dabei gelegentlich durchrühren, damit er keine Haut bekommt. • Inzwischen 30 g Butter in der Pfanne erhitzen, den restlichen Honig, die gehackten Mandeln und die Haferflocken dazugeben und alles unter Rühren goldgelb karamelisieren lassen. • Ein Stück Alufolie mit Öl bestreichen, die Karamelmasse darauf

verstreichen und erkalten lassen. • Danach in eine Plastiktüte geben und mit dem Nudelholz fein zerbröseln. • Die restliche Butter sehr schaumig rühren und dabei löffelweise den kalten Hirseflammeri hinzufügen. Die Buttercreme mit dem Rum abschmecken und im Kühlschrank fest, aber nicht hart werden lassen. • Den Kranzkuchen zweimal waagerecht durchschneiden. • Etwa 3 Eßlöffel Buttercreme in einen Spritzbeutel mit Sterntülle geben, von dem Rest etwa ein Viertel auf den unteren Kuchenkranz verstreichen. Den zweiten auflegen, ebenfalls mit Buttercreme bedecken und das letzte Kuchendrittel darauflegen. Die restliche Creme gleichmäßig auf der Oberfläche und den Rändern des Kuchens verstreichen. • Den Frankfurter Kranz rundherum mit dem Krokant bestreuen. • Auf der Oberfläche 12 Stücke markieren, jedes mit einem Cremetupfen bespritzen und diese mit den Mandeln belegen.

Marzipan-Teekuchen

Kann zusätzlich mit Mandeln verziert werden

200 g geschälte Mandeln · 150 g Honig · 200 g weiche Butter
5 Eier · 1 Prise Salz · ½ Teel. Naturvanille (Reformhaus)
5 Eßl. Orangenlikör · Saft und abgeriebene Schale von 1 unbehandelten Orange · 200 g Weizen, feingemahlen · 100 g Dinkel, feingemahlen · 1 Teel. Weinstein-Backpulver · 50 g Mandeln, frisch gemahlen · Butter zum Einfetten · Vollkornbrösel zum Ausstreuen · 150 g Orangenmarmelade ohne Zucker · 150 g Honigschokolade (Reformhaus)
Bei 20 Stücken etwa 1320 Joule/315 Kalorien · 7 g Eiweiß
19 g Fett · 28 g Kohlenhydrate
3 g Ballaststoffe pro Stück

Vorbereitungszeit: etwa 1 Stunde
Backzeit: etwa 55 Minuten · Zeit zum Auskühlen: etwa 12 Stunden

Die Mandeln im Mixer sehr fein zerkleinern und dabei etwa 100 g Honig zugießen. • Etwa 150 g von diesem Marzipan zugedeckt beiseite stellen. • Die Butter mit den Eiern, dem restlichen Marzipan und Honig schaumig rühren. Das Salz, die Vanille, 2 Eßlöffel Orangenlikör, die Schale der ganzen und den Saft der halben Orange hinzufügen. • Den Backofen auf 180° vorheizen. • Das Mehl mit dem Backpulver und den Mandeln unter den Teig rühren. • Eine Kastenform von 30 cm Länge einfetten, mit Vollkornbröseln ausstreuen, den Teig einfüllen und auf der unteren Schiene des heißen Ofens etwa 55 Minuten backen. • Die Stäbchenprobe (siehe Seite 155) machen, und den Kuchen auf einem Kuchendraht gut auskühlen lassen. • Den Kuchen dann dreimal waagerecht durchschneiden. • Den restlichen Orangensaft mit dem restlichen Orangenlikör mischen und alle Schnittflächen damit beträufeln. • Die Marmelade glattrühren und den unteren Boden mit der Hälfte davon bestreichen. Die zweite Kuchenplatte darauflegen, das restliche Marzipan darauf verteilen und die dritte Kuchenscheibe darauf leicht andrücken. Diese mit der restlichen Marmelade und mit der letzten Kuchenschicht bedecken. • Die Schokolade im warmen Wasserbad schmelzen. Etwas abkühlen lassen und auf dem Kuchen verteilen.

Mohn-Mandelkuchen mit Weintrauben

Einfach in der Zubereitung, raffiniert im Geschmack

250 g Butter · 8 Eigelbe · 250 g Honig · 2 Glas (je 2 cl) Cognac oder Grappa · 1 Vanilleschote 1 Teel. Zimtpulver
1 Prise gemahlene Muskatblüte (Macis) · 500 g möglichst kernlose Weintrauben
8 Eiweiße · 1 Prise Salz
150 g Mandeln, frisch gemahlen
200 g Mohn, frisch gemahlen
40 g Weizen, feingemahlen
1 Teel. Weinstein-Backpulver
Butter zum Einfetten
Vollkornbrösel zum Ausstreuen
nach Wunsch 1—2 Teel.
Puderzucker zum Verzieren
Bei 12 Stücken etwa 2080 Joule/
495 Kalorien · 11 g Eiweiß
35 g Fett · 30 g Kohlenhydrate
2 g Ballaststoffe pro Stück

Vorbereitungszeit: etwa
30 Minuten · Backzeit: etwa
85 Minuten

Die Butter in Flöckchen teilen und schaumig rühren. Dabei nach und nach im Wechsel die Eigelbe mit dem Honig und dem Cognac oder Grappa darunter-mischen. • Die Vanilleschote der Länge nach aufschlitzen, das Mark mit einem kleinen Messer herausschaben und zusammen mit dem Zimtpulver und der gemahlenen Muskatblüte zum Teig geben. Diesen so lange rühren, bis eine sehr schaumige Creme entstanden ist. • Die Weintrauben unter kaltem oder lauwarmem Wasser gründlich waschen, die Beeren von den Stielen zupfen und sehr gut abtrocknen. • Den Backofen auf 180° vorheizen. • Die Eiweiße mit dem Salz zu schnittfestem Schnee schlagen und diesen knapp zur Hälfte vorsichtig unter die Butter-Eigelbcreme rühren.
• Den restlichen Eischnee dar-aufgleiten lassen. • Die gemah-lenen Mandeln mit dem gemah-lenen Mohn, dem Weizenmehl und dem Weinstein-Backpulver mischen, über den Eischnee streuen und alles sehr locker, aber doch gründlich unter den Teig heben. • Eine Springform von 26 cm ⌀ mit Butter einfetten und mit Vollkornbröseln aus-streuen. • Etwa drei Viertel des Teiges hineinfüllen und die Oberfläche glattstreichen. • Die Weinbeeren gleichmäßig darauf verteilen und mit dem restlichen Teig bedecken. Die Oberfläche erneut glattstreichen und den Kuchen sofort auf die untere Schiene des heißen Ofens schieben. • Den Kuchen etwa 45 Minuten backen lassen, dann die Temperatur auf 150° herun-terschalten und den Kuchen in weiteren 30—35 Minuten fertig-garen. • Sollte die Oberseite dabei zu stark dunkeln, kann sie mit einem Blatt Pergamentpapier oder Alufolie abgedeckt werden. • Nach Ende der angegebenen Zeit sollten Sie die Stäbchen-probe machen: Ein Holzstäb-chen in den Kuchen stechen, wieder herausziehen und fest-stellen, ob noch feuchte Teig-reste daran haften. Ist dieses der Fall, den Kuchen noch ein paar Minuten nachgaren lassen.
• Den Backofen anschließend abschalten und den Kuchen wei-tere 5—10 Minuten ziehen las-sen. • Nun die Springform aus dem Ofen nehmen, mit einem Tuch bedecken und den Spring-formrand erst nach 10—15 Minu-ten abnehmen. Den Mohn-Man-delkuchen zum Auskühlen auf einen Kuchendraht schieben und an einen zugfreien Platz stellen. • Erst vor dem Servieren nach Wunsch hauchdünn mit dem Puderzucker bestäuben.

Mein Tip: Für diesen sehr zarten Kuchen sollten Sie möglichst nur kernlose Weintrauben verwen-den, denn durch die recht lange Backzeit könnten die Kerne sonst ein wenig bitter schmek-ken; außerdem stören sie in dem feinen Teig. Bekommen Sie jedoch nur Weintrauben mit Ker-nen, sollten Sie die Kerne mit einem Holzspießchen heraus-lösen. Natürlich können Sie auch auf andere Früchte, wie ent-steinte Kirschen oder kleine Birnenschnitze, ausweichen.

Rhabarberkuchen mit Makronendecke

Ganz frisch schmeckt er am besten

125 g Butter · 200 g Honig · 2 Eier
1 Prise Salz · ½ Teel. Zimtpulver
abgeriebene Schale von
½ unbehandelten Zitrone · 100 g
Weizen, feingemahlen · 50 g
Dinkel, feingemahlen · 1 Teel.
Weinstein-Backpulver · Butter
zum Einfetten · 50 g Vollkornbrösel · 50 g Haselnüsse, feingehackt oder frisch gemahlen
500 g Rhabarber · 3 Eiweiße
100 g Haselnüsse, grobgehackt
Bei 16 Stücken etwa 920 Joule/
220 Kalorien · 4 g Eiweiß
14 g Fett · 20 g Kohlenhydrate
3 g Ballaststoffe pro Stück

Vorbereitungszeit: etwa 30 Minuten · Backzeit: etwa 35 Minuten

Für den Teig die Butter in
Flöckchen teilen und schaumig rühren. Dabei nach und nach
abwechselnd die Hälfte des
Honigs und die Eier hinzufügen.
Mit Salz, dem Zimtpulver und der
abgeriebenen Zitronenschale
aromatisieren. Den Teig rühren,
bis er cremig und weißschaumig
ist. ● Das Weizen- und Dinkelmehl mit dem Weinstein-Backpulver mischen, über den Teig
stäuben und sorgfältig darunterrühren. ● Den Backofen auf 180°
vorheizen. ● Eine Springform von
28 cm Ø mit Butter einfetten und
mit einem Teil der Vollkornbrösel
gründlich ausstreuen. ● Die restlichen Brösel mit den feingehackten oder gemahlenen
Haselnüssen mischen. ● Den
Teig in die vorbereitete Form
geben, die Oberfläche glattstreichen und die Brösel-Nuß-
Mischung darauf verteilen. ● Den
Rhabarber unter kaltem Wasser
waschen und abtrocknen. Die
Stangen dann von den Blatt- und
Wurzelansätzen befreien, dabei
eventuell vorhandene grobe
Außenfasern der Länge nach
abziehen und die Stangen in
1—2 cm lange Stücke schneiden. Sehr dicke Stangen dabei
vorher der Länge nach halbieren
oder vierteln. ● Die Eiweiße zu
schnittfestem Schnee schlagen
und erst dann nach und nach
unter weiterem Schlagen den
restlichen Honig einfließen lassen. So lange weiterarbeiten, bis
die Masse fest und glänzend ist.
● Die grobgehackten Haselnüsse
zusammen mit den Rhabarber-
stücken auf den Eischnee gleiten
lassen und alles möglichst locker
unterheben. Diese Masse auf
dem Teig verstreichen und den
Kuchen sofort auf die mittlere
Schiene des heißen Ofens
schieben. ● Etwa 35 Minuten
backen lassen, bis die Oberfläche leicht gebräunt und der Teig
gar ist. Dabei kann die Backzeit —
je nach Saftigkeit des Rhabar-
bers ein wenig variieren. Es ist
deshalb nötig, in jedem Fall die
Stäbchenprobe (siehe Seite 155)
zu machen. Wenn die Backzeit
verlängert werden muß, kann die
Oberfläche mit Pergamentpapier
oder Alufolie abgedeckt werden.
● Den Kuchen nach dem Backen
ein paar Minuten in der Form
ausdampfen lassen, dann zum
Erkalten mit Hilfe einer Palette
oder eines breiten Messers auf
einen Kuchendraht schieben.

Mein Tip: Die Vollkornbrösel-
Nuß-Schicht zwischen dem Teig
und der Rhabarber-Makronen-
masse verhindert das starke
Durchweichen des zarten
Bodens und verstärkt zusätzlich
das würzig-nussige Aroma des
Kuchens. Möchten Sie dieses
einmal etwas verändern, ersetzen Sie die Vollkornbrösel durch
kernige Hafer-Vollkornflocken,
die Sie vorher noch ein wenig in
einer trockenen Pfanne anrösten
können. Selbstverständlich lassen sich die Haselnüsse — in der
Bröselschicht wie in der Makro-
nenmasse — durch Walnüsse,
Mandeln oder auch Kokosraspeln
sehr gut austauschen. Und statt
mit Rhabarber schmeckt dieser
Kuchen auch mit säuerlichen
Beeren ganz ausgezeichnet.

Backobsttorte mit Mandelcreme

Schmeckt nicht nur im Winter

250 g gemischtes Trockenobst, ungeschwefelt · 30 g Rosinen, ungeschwefelt · Saft von 2 und abgeriebene Schale von 1 unbehandelten Orange · 3 Glas (je 2 cl) Cognac · ⅛ l Wasser 150 g Weizen, feingemahlen 50 g Buchweizen, feingemahlen 50 g Hirse, feingemahlen 1 Prise Salz · 1 Teel. Zimtpulver 125 g gekühlte Butter · 1 Ei 80 g Honig · 2–3 Eßl. eiskaltes Wasser · Butter zum Einfetten Vollkornbrösel zum Ausstreuen 2 Eigelbe · 2 Eßl. Orangenlikör 150 g Crème fraîche · 2 Eiweiße 200 g Mandeln, frisch gemahlen Bei 16 Stücken etwa 1300 Joule/ 310 Kalorien · 6 g Eiweiß 18 g Fett · 28 g Kohlenhydrate 4 g Ballaststoffe pro Stück

Einweichzeit: 4–6 Stunden Vorbereitungszeit: etwa 45 Minuten · Backzeit: 40–50 Minuten

Das Trockenobst und die Rosinen in einem Sieb unter heißem Wasser waschen und in einem Tuch sehr gut trockentupfen. Größere Trockenfrüchte dann etwas zerkleinern. ● Alle Früchte in einer Schüssel mischen, den Orangensaft und die abgeriebene Orangenschale zusammen mit dem Cognac und dem Wasser daruntermischen und alles zugedeckt 4–6 Stunden (oder auch über Nacht) ruhen lassen, damit die Trockenfrüchte quellen können. ● Für den Teig das Weizen-, Buchweizen- und Hirsemehl mit dem Salz und 1 Prise Zimtpulver mischen und auf die Arbeitsfläche geben. ● Die Butter in kleine Flöckchen teilen, über das Mehlgemisch streuen und die Zutaten mit zwei Messern hacken, bis sich alles bröselig miteinander vermischt hat. ● In die Mitte eine Mulde drücken und das Ei mit 30 g Honig hineingeben. Alles sehr schnell mit gekühlten Händen (vorher kaltes Wasser darüberlaufen lassen und gut

abtrocknen) zu einem glatten Teig verkneten, dabei tropfenweise das eiskalte Wasser dazugeben. Den Teig zur Kugel formen, in Folie wickeln und für mindestens 30 Minuten in den Kühlschrank legen. ● Den Backofen auf 200° vorheizen. ● Eine Springform von 26 cm ∅ mit Butter einfetten und mit Vollkornbröseln ausstreuen. ● Die Form mit dem Teig auskleiden, dabei einen etwa 3 cm hohen Rand formen. Den Boden mehrfach mit einer Gabel einstechen, damit sich beim Backen keine Blasen bilden können. ● Die eingeweichten Früchte auf einem Sieb abtropfen lassen und die Flüssigkeit dabei auffangen. ● Die Eigelbe mit dieser Flüssigkeit, dem restlichen Honig und dem Orangenlikör schaumig schlagen. Dabei die Crème fraîche und das restliche Zimtpulver untermischen. ● Die Eiweiße zu schnittfestem Schnee schlagen und auf die Eigelbcreme gleiten lassen. Die Mandeln darüberstreuen und alles locker unterhe-

ben. ● Die Früchte auf dem Teigboden verteilen, die Mandelcreme daraufgeben, glattstreichen und den Kuchen sofort auf die untere Schiene des heißen Ofens schieben. Etwa 25 Minuten backen lassen, dann die Temperatur auf 180° herunterschalten und den Kuchen in weiteren 15–25 Minuten gar werden lassen. ● Sollte die Oberfläche dabei zu schnell braun werden, ein Blatt Pergamentpapier oder Alufolie darüberlegen. ● Den Kuchen in der Form etwas ausdampfen und zum Erkalten auf ein Gitter gleiten lassen.

Mein Tip: Selbstverständlich können Sie diese Torte anstelle von gemischten Trockenfrüchten auch mit einer Obstsorte, wie zum Beispiel nur getrockneten Aprikosen, Äpfeln oder Backpflaumen zubereiten. In diesem Fall sollten Sie aber auch den Cognac durch eine entsprechende Spirituose (Aprikosenschnaps, Calvados oder Slibowitz) ersetzen.

Marzipan-Vanilletorte

Kann auch mit Hasel- oder Walnüssen zubereitet werden

250 g Mandeln · 50 g Honigschokolade (Reformhaus)
200 g Honig · 2 Eßl. Vanillelikör
100 g Butter · 6 Eigelbe · Mark
von 1 Vanilleschote · 6 Eiweiße
1 Prise Salz · 100 g Weizen,
feingemahlen · 70 g Dinkel, feingemahlen · ½ Teel. Weinstein-
Backpulver · 40 g Zitronat, fein-
gewürfelt · Butter zum Einfetten
Vollkornbrösel zum Ausstreuen

Bei 16 Stücken etwa 1215 Joule/
290 Kalorien · 7 g Eiweiß
18 g Fett · 24 g Kohlenhydrate
8 g Ballaststoffe pro Stück

Vorbereitungszeit: etwa 1 Stunde
Backzeit: etwa 50 Minuten · Zeit
zum Auskühlen: etwa 5 Stunden

Die Mandeln mit kochendheißem Wasser überbrühen,
die braunen Häutchen entfernen
und die Mandeln sehr gut trocknen lassen. • Die Schokolade
sehr fein hacken oder grobraspeln. • 50 g Mandeln ebenfalls
sehr fein hacken, den Rest im
Mixer oder in der Küchenmaschine fein zerkleinern. Dabei
100 g Honig und den Vanillelikör
hinzugeben und so lange arbeiten, bis ein glattes Marzipan entstanden ist. • Die Butter schaumig rühren und dabei abwechselnd die Eigelbe, das Marzipan,
den restlichen Honig und das
ausgeschabte Vanillemark dazugeben. So lange rühren, bis der
Teig weißschaumig und cremig
ist. • Den Backofen auf 180° vorheizen. • Die Eiweiße mit Salz zu
schnittfestem Schnee schlagen
und auf den Teig gleiten lassen.
• Das Weizen- und Dinkelmehl
mit dem Backpulver mischen
und mit den gehackten Mandeln,
der Schokolade und dem Zitronat hinzufügen und alles locker,
aber sorgfältig unterheben.
• Eine Margaretenform mit Butter
einfetten und mit Vollkornbröseln
ausstreuen. • Den Teig darin
glattstreichen und auf der unteren Schiene des heißen Ofens
etwa 50 Minuten backen. • Die
Stäbchenprobe (siehe Seite
155) machen, den Kuchen in der
Form kurz ausdampfen lassen,
dann zum Erkalten auf einen
Kuchendraht stürzen.

Mein Tip: Sie können den abgekühlten Kuchen auch mit 200 g
geschmolzener Schokolade
überziehen.

Schokoladentorte Altwiener Art

Sie kann auch mit Mandeln verziert werden

150 g Mandeln · 400 g Honigschokolade (Reformhaus)
200 g weiche Butter · 180 g
Honig · 8 Eigelbe · 150 g Weizen,
feingemahlen · 50 g Buchweizen,
feingemahlen · 30 g Hirse, feingemahlen · ½ Teel. Weinstein-
Backpulver · 8 Eiweiße · 1 Prise
Salz · Butter zum Einfetten
1 Glas Aprikosenkonfitüre ohne
Zuckerzusatz (450 g , Reformhaus) · ¼ l Sahne · ½ Teel. Naturvanille (Reformhaus) · nach
Wunsch etwas Kakaopulver zum
Bestäuben

Bei 16 Stücken etwa 2150 Joule/
510 Kalorien · 8 g Eiweiß
30 g Fett · 52 g Kohlenhydrate
7 g Ballaststoffe pro Stück

Vorbereitungszeit: etwa 1 Stunde
Backzeit: 50—60 Minuten · Zeit
zum Auskühlen: 12—24 Stunden

Die Mandeln mit kochendem
Wasser überbrühen, ein paar
Sekunden darin liegen lassen
und kalt abschrecken. Die braunen Häutchen dann mit den Fingerspitzen von den Kernen
schieben. Die Mandeln auf
einem Küchentuch sehr gut
trocknen lassen, dann zweimal
durch die Mandelmühle drehen.
• 200 g Schokolade zerbröckeln
und im heißen, aber nicht
kochenden Wasserbad schmelzen lassen. • Die Butter schaumig rühren und dabei nach und
nach 150 g Honig im Wechsel
mit den Eigelben hinzufügen.
Die Masse so lange rühren, bis
sie weißschaumig und sehr cremig ist. • Die geschmolzene
Schokolade hinzufügen und lok-
ker untermischen. • Das Weizenmehl mit dem Buchweizen- und
Hirsemehl sowie dem Backpulver mischen und auf den Teig
stäuben. • Den Backofen auf
180° vorheizen. • Die Eiweiße
mit dem Salz zu schnittfestem
Schnee schlagen und auf Teig
und Mehl gleiten lassen. • Reichlich 100 g der gemahlenen Mandeln darüberstreuen und alles
locker, aber sorgfältig unterheben. • Eine Springform von
26 cm Ø mit Butter einfetten und
mit den restlichen Mandeln ausstreuen. • Den Teig hineinfüllen,
die Oberfläche glattstreichen
und den Kuchen sofort auf der
unteren Schiene des heißen
Ofens 50—60 Minuten backen
lassen. • Die Stäbchenprobe
(siehe Seite 155) machen, den
Kuchen in der Form ausdampfen
lassen, dann auf einen Kuchendraht stürzen und möglichst bis
zum nächsten Tag auskühlen
lassen. • Die Aprikosenkonfitüre
bei schwächster Hitze (oder im
warmen, aber keinesfalls
kochenden Wasserbad) glattrühren und wieder leicht abkühlen
lassen. • Die Schokoladentorte
einmal waagerecht durchschneiden, etwa ein Drittel der Konfitüre auf dem unteren Teigboden
verstreichen und den zweiten
Boden wieder auflegen. • Die
restliche Konfitüre auf der Oberfläche und dem Rand der Torte
verstreichen und diese Schicht
etwas antrocknen lassen. • Die
restliche Schokolade mit einem
scharfen Messer in breite Streifen hobeln. Etwa ein Drittel
davon feinhacken. • Die Sahne
mit dem restlichen Honig steif
schlagen und mit der Naturvanille aromatisieren. Von der
Sahne etwa 2 Eßlöffel abnehmen
und in einen Spritzbeutel füllen.
• Die Torte mit der restlichen
Sahne überziehen. Den Tortenrand mit der gehackten Schokolade bestreuen. • Die Oberfläche
der Torte rundherum mit der
Sahne im Spritzbeutel verzieren.
Die gehobelte Schokolade in der
Tortenmitte verteilen und nach
Wunsch mit etwas Kakaopulver
bestäuben.

Käsekuchen amerikanische Art

Kinderleicht und unproblematisch

Honig-Nuß-Torte auf Bündner Art

Einer der besten Gründe, mal nicht auf die Linie zu achten

200 g Müsli-Kekse mit Fruchtzucker · 100 g Ahornsirup 60 g weiche Butter · Butter zum Einfetten · 400 g Doppelrahm-Frischkäse · 150 g Crème fraîche 5 Eigelbe · abgeriebene Schale von ½ unbehandelten Zitrone Saft von 1 Zitrone · ½ Teel. Naturvanille (Reformhaus) 5 Eiweiße · 1 Prise Salz
Bei 12 Stücken etwa 1325 Joule/ 315 Kalorien · 8 g Eiweiß 24 g Fett · 16 g Kohlenhydrate 0 g Ballaststoffe pro Stück

Vorbereitungszeit: etwa 35 Minuten · Backzeit: etwa 1 Stunde

Die Müsli-Kekse etwas zerbrechen, in eine Plastiktüte geben und mit der Teigrolle sehr fein zerbröseln. Die Brösel in eine Schüssel geben. 30 g Ahornsirup und die in kleine Flöckchen geteilte Butter hinzufügen und alles zu einem glatten Teig verkneten. • Eine Springform von 24 cm ⌀ mit Butter ein-

fetten, den Teig hineingeben und glattdrücken. • Den Backofen auf 180° vorheizen. • Den Doppelrahm-Frischkäse mit der Crème fraîche und den Eigelben in eine Schüssel geben. Den restlichen Ahornsirup zusammen mit der abgeriebenen Zitronenschale, dem Zitronensaft und der Naturvanille hinzufügen und alles sehr schaumig schlagen. • Die Eiweiße mit Salz zu schnittfestem Schnee schlagen, auf die Käsecreme gleiten lassen und locker darunterheben. • Die Masse in die Kuchenform füllen, glattstreichen und den Kuchen sofort auf der mittleren Schiene des heißen Ofens etwa 1 Stunde backen. Wenn die Oberfläche zu schnell bräunt, mit Pergamentpapier abdecken. • Den Kuchen in der Form ausdampfen und zum Erkalten auf einen Kuchendraht gleiten lassen.

<u>Mein Tip:</u> Zusätzlich können Sie mit dem Eischnee ein paar Rosinen unter die Creme heben.

Für den Teig: 250 g Weizen, feingemahlen · 100 g Buchweizen, feingemahlen · 50 g Mais, feingemahlen · 1 Prise Salz · 50 g Mandeln, frisch gemahlen · 2 Prisen Naturvanille (Reformhaus) 1 Ei · 1 Eigelb · 3 Eßl. Kirschwasser · 250 g gekühlte Butter Butter zum Einfetten · Vollkornbrösel zum Ausstreuen · Weizen, feingemahlen zum Ausrollen
Für die Füllung und Verzierung: 200 g Haselnüsse, grobgehackt 200 g Walnüsse, grobgehackt 30 g Butter · 150 g Honig · 200 g Sahne · ½ Teel. Zimtpulver · 1 Prise Salz · 3 Eßl. Kirschwasser · 100 g Honigschokolade (Reformhaus), fein zerbröckelt · 2 Eigelbe · 1 Ei
Bei 16 Stücken etwa 2305 Joule/ 550 Kalorien · 10 g Eiweiß 41 g Fett · 32 g Kohlenhydrate 7 g Ballaststoffe pro Stück

Vorbereitungszeit: etwa 45 Minuten · Kühlzeit: etwa 30 Minuten Backzeit: 50–60 Minuten

Für den Teig alle Zutaten verkneten, zu einer Kugel formen und 30 Minuten kühlen. • Eine Springform von 26 cm ⌀ einfetten und ausstreuen. • Die Nüsse in einer Pfanne leicht rösten und wieder erkalten lassen. • Die Butter mit dem Honig in einem Topf schmelzen, vom Herd nehmen und mit der Sahne, dem Zimt, dem Salz und dem Kirschwasser verrühren. Die Nüsse mit der Schokolade und den Eigelben daruntermischen. • Den Backofen auf 200° vorheizen. • Die Form mit etwa drei Viertel des Teiges auskleiden, dabei einen etwa 2 cm hohen Rand formen. Die Füllung hineingeben und den restlichen Teig auf der bemehlten Arbeitsfläche zu einem Deckel ausrollen. Diesen auf die Füllung legen, mit einem scharfen Messer gitterförmig einritzen und mit dem verquirlten Ei bestreichen. Den Kuchen auf der mittleren Schiene des Ofens 50–60 Minuten backen und auf einem Kuchendraht erkalten lassen.

Reistorte mit Mandeln und Aprikosen

Schmeckt auch noch am nächsten Tag

150 g Weizen, feingemahlen
100 g Hirse, feingemahlen
50 g Mandeln, frisch gemahlen
Salz · 1 Ei · 150 g Honig
185 g gekühlte Butter · ⅜ l Milch
125 g Rundkorn-Naturreis
abgeriebene Schale von
½ unbehandelten Zitrone · 500 g
frische Aprikosen · 3 Eigelbe
1 Glas (2 cl) Likör aus
Aprikosenkernen (Amaretto di
Saronno Originale) · 200 g
Mandeln, grobgehackt · Weizen,
feingemahlen, zum Ausrollen
Butter zum Einfetten
Vollkornbrösel zum Ausstreuen
Hülsenfrüchte zum Blindbacken
3 Eiweiße

Bei 12 Stücken etwa 1865 Joule/
445 Kalorien · 11 g Eiweiß
28 g Fett · 41 g Kohlenhydrate
5 g Ballaststoffe pro Stück

Vorbereitungszeit: etwa 1 Stunde
Kühlzeit: etwa 1 Stunde · Backzeit
insgesamt: etwa 70 Minuten

Das Weizen- und Hirsemehl mit den gemahlenen Mandeln und 1 Prise Salz mischen, auf die Arbeitsfläche geben und in die Mitte eine Mulde drücken. Das Ei und 50 g Honig hineingeben und 125 g Butter in kleinen Flöckchen auf dem Mehlrand verteilen. Aus diesen Zutaten einen glatten Mürbeteig kneten, diesen zu einer Kugel formen und zugedeckt oder in Folie verpackt im Kühlschrank etwa 1 Stunde ruhen lassen. • Die Milch mit 1 Prise Salz in einem Topf aufkochen, den Reis mit der Zitronenschale hineinstreuen und unter Rühren aufkochen lassen. Die Temperatur auf schwächste Stufe schalten und den Reis in etwa 30 Minuten ausquellen lassen. • Den Reis danach vom Herd nehmen, in eine Schüssel geben und unter gelegentlichem Umrühren in einem kalten Wasserbad abkühlen lassen. • In der Zwischenzeit die Aprikosen unter kaltem Wasser waschen, abtrocknen und entsteinen (nach Wunsch kön-

nen sie auch vorher enthäutet werden). • Die restliche Butter schaumig rühren und dabei nach und nach die Eigelbe und den restlichen Honig hinzufügen. • Wenn die Masse sehr schaumig ist, den Aprikosenkernlikör und die gehackten Mandeln darunterrühren. Diese Mischung locker unter den abgekühlten Reis ziehen. Die Schüssel zugedeckt beiseite stellen. • Den Teig auf der schwach bemehlten Arbeitsfläche dünn ausrollen. • Den Backofen auf 200° vorheizen. • Eine Springform von 28 cm ∅ mit Butter einfetten, mit Vollkornbröseln ausstreuen und mit dem Teig auskleiden. Dabei einen 3—4 cm hohen Rand formen. • Den Boden mehrfach mit einer Gabel einstechen, damit er sich beim Backen nicht wölben kann. • Ein Blatt Pergament- oder Backtrennpapier auf den Teig in die Form legen und darauf die trockenen Hülsenfrüchte schütten. • Den Boden auf die untere Schiene des heißen Ofens stellen und in etwa

20 Minuten vorbacken. • Inzwischen die Eiweiße zu schnittfestem Schnee schlagen und sehr locker unter die Reismasse heben. • Den Teigboden aus dem Ofen nehmen und die Hülsenfrüchte mit dem Papier entfernen. • Etwa die Hälfte der Reismasse in die Form geben und die Aprikosenhälften mit den Schnittflächen nach unten darauflegen. Mit der restlichen Reismasse bedecken und die Torte erneut auf die untere Schiene des heißen Ofens schieben. • 50 Minuten backen und in der Form etwas ausdampfen lassen. • Den Springformrand lösen und die Torte zum Erkalten auf einen Kuchendraht schieben.

Mein Tip: Die trockenen Hülsenfrüchte sorgen beim »Blindbakken« des Bodens dafür, daß der Teig am Rand nicht tieferrutscht. Wenn Sie die Hülsenfrüchte nach dem Backen gut auskühlen lassen und luftig und trocken lagern, können Sie sie wieder zum »Blindbacken« verwenden.

Hefeschnecken mit Bananen und Ananas

Fruchtige Variante eines altbekannten Gebäcks

350 g Weizen, feingemahlen
50 g Hirse, feingemahlen · 100 g
Dinkel, feingemahlen · 1 Würfel
Hefe · ¼ l lauwarme Milch
1 Eigelb · 60 g Honig · 1 Prise
Salz · 80 g weiche Butter · 50 g
Rosinen, ungeschwefelt · 100 g
getrocknete Bananen,
ungeschwefelt · 4 Eßl. weißer
Rum · 1 kleine Ananas von etwa
800 g · Butter zum Einfetten
Weizen, feingemahlen, zum
Ausrollen · 40 g Kokosraspeln
1 Ei · 2 Eßl. Sahne
Bei 20 Stück etwa 865 Joule/
205 g Kalorien · 5 g Eiweiß
7 g Fett · 31 g Kohlenhydrate
3 g Ballaststoffe pro Stück

Vorbereitungszeit: etwa 45 Minuten · Zeit zum Gehenlassen:
mindestens 60 Minuten · Backzeit: 15–20 Minuten

Das Weizen-, Hirse- und Dinkelmehl in einer Schüssel miteinander mischen, in die Mitte eine Mulde drücken und die Hefe hineinbröckeln. Mit etwas Milch und wenig Mehl vom Rand zum Vorteig verrühren und mit einem Tuch bedeckt etwa 15 Minuten an einem warmen, zugfreien Platz gehen lassen, bis der Vorteig Blasen bildet und deutlich höher geworden ist.
• Die restliche Milch zusammen mit dem Eigelb, dem Honig und dem Salz hinzufügen. • 50 g Butter in kleine Flöckchen teilen, auf den Mehlrand setzen und alles zu einem glatten, elastischen Teig verarbeiten. Diesen schlagen, bis er sich vom Schüsselrand löst und Blasen wirft. Erneut mit einem Tuch bedecken und so lange gehen lassen, bis er sein Volumen verdoppelt hat (mindestens 30 Minuten). • In der Zwischenzeit die Rosinen in einem Sieb unter heißem Wasser waschen und in einem Tuch sehr gut abtrocknen. • Die getrockneten Bananen in kleine Würfelchen schneiden, zusammen mit dem weißen Rum unter die Rosinen mischen und zugedeckt quellen lassen, bis der Teig ausgerollt ist. • Die Ananas von der Blattkrone und dem Stengelansatz befreien, sorgfältig abschälen und den harten Kern in der Mitte entfernen. Das Fruchtfleisch in sehr kleine Schnitzchen teilen. • Ein Backblech mit Butter einfetten. • Den Hefeteig zusammendrücken, nochmals gründlich durchkneten und auf der schwach bemehlten Arbeitsfläche zu einem etwa 30 mal 40 cm großen Rechteck ausrollen. • Die restliche Butter schmelzen und darauf verstreichen. • Die eingeweichten Rosinen und Bananen mit dem Ananasfruchtfleisch und den Kokosraspeln mischen und gleichmäßig auf dem Teig verteilen. • Diesen von der längeren Seite her locker aufrollen und mit einem sehr scharfen Messer in etwa 2 cm breite Scheiben aufschneiden. Mit genügend Abstand auf das Blech legen und noch einmal etwa 15 Minuten gehen lassen.
• Den Backofen auf 200° vorheizen. • Das Ei mit der Sahne verquirlen, die Hefeschnecken damit bestreichen und auf der mittleren Schiene des heißen Ofens etwa 15–20 Minuten backen lassen. Zum Erkalten auf einen Kuchendraht legen und möglichst frisch servieren.

Mein Tip: Achten Sie bei Hefeteig stets darauf, daß alle Zutaten zimmerwarm sind, damit die Hefe problemlos aufgehen kann. Nehmen Sie darum Milch, Butter und Eier früh genug aus dem Kühlschrank und stellen Sie das Mehl für kurze Zeit in die Nähe der Heizung oder in den auf knapp 50° erwärmten und wieder abgeschalteten Backofen, wenn es aus einer kalten Vorratskammer kommt. Übrigens lassen sich diese Hefeschnecken hervorragend »auf Vorrat« backen: Frieren Sie sie noch ofenfrisch ein, wozu sie natürlich in Alufolie (möglichst einzeln) verpackt und beschriftet werden müssen. Vor dem Servieren brauchen Sie sie nur noch einmal im heißen Ofen kurz aufzubacken.

Berliner Ballen

Frisch schmecken sie am besten

400 g Weizen, feingemahlen
100 g Buchweizen, feingemahlen
1 Würfel Hefe · ¼ l lauwarme
Milch · 125 g Honig · 1 Ei
2 Eigelbe · 1 Prise Salz
abgeriebene Schale von
½ unbehandelten Zitrone
2 Eßl. Rum · 60 g weiche Butter
Weizen, feingemahlen, zum
Ausrollen und Formen · 200 g
Konfitüre ohne Zuckerzusatz
(Reformhaus) · mindestens
500 g Butterschmalz oder
geschmacksneutrales Pflanzenöl
zum Fritieren

Bei 26 Stück etwa 635 Joule/
150 Kalorien · 3 g Eiweiß
5 g Fett · 22 g Kohlenhydrate
1 g Ballaststoffe pro Stück

Zubereitungszeit: etwa 1½ Stunden · Zeit zum Gehenlassen: mindestens 1½ Stunden

Das Weizen- und Buchweizenmehl in einer Schüssel mischen, in die Mitte eine Mulde drücken und die Hefe hinein-bröckeln. Mit etwas Milch und wenig Mehl vom Rand zum Vorteig verrühren und, mit einem Tuch bedeckt, an einem warmen, zugfreien Platz mindestens 15 Minuten gehen lassen. Der Vorteig muß dann deutlich aufgegangen sein und Blasen werfen. • Die restliche Milch und den Honig zusammen mit dem Ei, den Eigelben, dem Salz, der abgeriebenen Zitronenschale und dem Rum hinzufügen. • Die weiche Butter in kleine Flöckchen teilen und ebenfalls dazugeben. • Alle Zutaten mit einem Holzlöffel sehr gründlich verrühren und schlagen, bis der Teig elastisch ist und Blasen wirft. • Etwas Mehl darüberstäuben und, wieder mit einem Tuch bedeckt, für etwa 1 weitere Stunde zum Gehenlassen an einen warmen Platz stellen. • Wenn der Teig sein Volumen verdoppelt hat und seine Oberfläche »wollig« aussieht, ihn kräftig zusammendrücken und auf der mit Mehl bestäubten Arbeitsfläche durchkneten.

• Den Teig dann halbieren und eine Hälfte davon auf der erneut bemehlten Fläche knapp ½ cm dick ausrollen. Mit einem runden Ausstechförmchen von etwa 6 cm Ø dicht nebeneinander Kreise markieren und jeweils einen Konfitüreklecks in die Mitte geben. • Die zweite Teighälfte ebenfalls ausrollen und über die erste decken. Leicht andrücken, so daß man die Konfitürenhäufchen erkennen kann. • Nun mit dem Ausstechförmchen beide Teigschichten durchtrennen und die Krapfen auf ein mit Mehl bestäubtes Backbrett oder -blech legen. • Ein letztes Mal gehen lassen, bis sie schön rund geworden sind. Das dauert je nach Raumtemperatur 15—30 Minuten. • Das Fett in einem schmalen Topf auf 175—180° erhitzen und die Berliner Ballen portionsweise hineingeben. Dabei dürfen jeweils nur so viele Stücke hineingelegt werden, daß sie sich nicht berühren und mühelos wenden lassen. • Sobald die Ballen an der Unterseite eine kräftigbraune Farbe bekommen haben, werden sie mit einem Schaumlöffel umgedreht und auf der zweiten Seite ebenfalls gebräunt. • Die Ballen dann mit dem Schaumlöffel herausheben und auf einer dicken Lage Haushaltspapier abfetten und auf einem Kuchendraht auskühlen lassen.

Mein Tip: Etwas einfacher und schneller lassen sich die Berliner Ballen zubereiten, wenn sie erst nach dem Fritieren gefüllt werden. Rollen Sie dazu den Teig etwa doppelt so dick aus und lassen Sie die ausgestochenen Stücke aufgehen, bis sie rund geworden sind. Nun werden sie – wie oben angegeben – schwimmend ausgebacken und abgefettet. Die Konfitüre muß nun etwas glattgerührt werden, um mit Hilfe der Gebäck- oder Garnierspritze in das Innere der Ballen gespritzt werden zu können. Nach Wunsch anschließend mit Puderzucker bestäuben.

Rosinenkrapfen mit Äpfeln

Nicht nur zum Fasching oder zu Silvester ein Genuß

400 g Weizen, feingemahlen
100 g Dinkel, feingemahlen
1 Würfel Hefe · ¼ l lauwarme
Milch · 100 g (4 Eßl.)
Apfeldicksaft · 1 Ei · 2 Eigelbe
1 Prise Salz · ½ Teel.
Naturvanille (Reformhaus) · 60 g
weiche Butter · 100 g Rosinen,
ungeschwefelt · 2 Eßl. Calvados
oder Cognac · mindestens 500 g
Butterschmalz oder
geschmacksneutrales Pflanzenöl
zum Fritieren · 2 große Äpfel
Bei 30 Stück etwa 505 Joule/
120 Kalorien · 3 g Eiweiß
5 g Fett · 15 g Kohlenhydrate
2 g Ballaststoffe pro Stück

Zubereitungszeit: etwa 1 Stunde
Zeit zum Gehenlassen: mindestens 45 Minuten

Das Weizen- und Dinkelmehl in einer Schüssel mischen, in die Mitte eine Mulde drücken und die Hefe hineinbröckeln. Mit etwas Milch und wenig Mehl vom Rand zum Vorteig verrühren und, mit einem Tuch bedeckt, etwa 15 Minuten an einem warmen Platz gehen lassen. • Die restliche Milch zusammen mit dem Apfeldicksaft, dem Ei, den Eigelben, dem Salz und der Vanille hinzugeben. Die Butter in Flöckchen teilen, darübergeben und alles zu einem glatten Teig verarbeiten. Diesen schlagen, bis er sich vom Schüsselrand löst und Blasen wirft. • Wieder mit einem Tuch bedeckt mindestens 30 Minuten gehen lassen, bis er sein Volumen verdoppelt hat. • In der Zwischenzeit die Rosinen in einem Sieb unter heißem Wasser waschen, in einem Tuch trockenreiben und mit dem Calvados oder Cognac begossen, zugedeckt quellen lassen. • Das Fritierfett in einem nicht zu breiten Topf auf 160–170° erhitzen. • Die Äpfel schälen, von den Kerngehäusen befreien und auf der Rohkostreibe grobraspeln. • Den Teig durchkneten und die Rosinen mit der Quellflüssigkeit und mit den Äpfeln daruntermischen. • Zwei Eßlöffel in das heiße Fett tauchen und damit kleine Klößchen abstechen. Diese jeweils portionsweise in das heiße Fett gleiten lassen, unter Wenden goldbraun bakken, auf Haushaltspapier gut abfetten und auf einem Kuchendraht abkühlen lassen.

Marmorkuchen mit Schokolade und Mandeln

Auch noch nach einigen Tagen schmeckt dieser Kuchen ausgezeichnet

150 g Mandeln · 200 g Honig
1 Teel. Rosenwasser (Apotheke)
50 g Honigschokolade (Reformhaus) · 250 g weiche Butter
½ Teel. Naturvanille (Reformhaus)
6 Eigelbe · 150 g Weizen,
feingemahlen · 80 g Dinkel,
feingemahlen · 1 Teel. Weinstein-
Backpulver · 6 Eiweiße · 1 Prise
Salz · 2 Teel. Caroben
2 Eßl. Cognac oder Weinbrand
80 g Mandeln, sehr fein gehackt
Butter zum Einfetten · Vollkornbrösel zum Ausstreuen
Bei 20 Stücken etwa 1165 Joule/
275 Kalorien · 6 g Eiweiß
19 g Fett · 19 g Kohlenhydrate
3 g Ballaststoffe pro Stück

Vorbereitungszeit: etwa 45 Minuten · Backzeit: etwa 70 Minuten

Die Mandeln in ein kleines
Schälchen geben, mit
kochendem Wasser überbrühen
und ein paar Minuten darin liegen lassen. • Dann mit kaltem
Wasser abschrecken und die
braunen Häutchen mit den Fingerspitzen von den Kernen
schieben. Die Mandeln auf
einem Küchentuch gut trocknen
lassen. • Anschließend die Mandeln im Mixer oder in der
Küchenmaschine so fein wie
möglich pürieren und dabei etwa
100 g Honig und das Rosenwasser dazufließen lassen. Die
Masse so lange weiterschlagen,
bis sie glatt und in der Konsistenz wie Marzipan geworden
ist. • Die Schokolade auf der groben Rohkostreibe raspeln oder
mit einem Messer in kleine
Späne schaben und beiseite
stellen. • Die Butter in kleine
Flöckchen teilen und in eine
Rührschüssel geben. Die Naturvanille zufügen und beides
schaumig rühren. • Dabei im
Wechsel nach und nach den
restlichen Honig und die Eigelbe
daruntermischen. Die Marzipanmasse dazugeben und gut
durchrühren. Den Teig nun so
lange weiterrühren, bis er weißschaumig und schön luftig ist.

• Das Weizenmehl mit dem
gemahlenen Dinkel und dem
Weinstein-Backpulver mischen
und locker, aber sorgfältig unter
den Teig rühren. • Den Backofen
auf 180—200° vorheizen. • Die
Eiweiße mit dem Salz zu schnittfestem Schnee schlagen und
vorsichtig unter den Teig heben.
• Etwa ein Drittel des Teiges in
eine kleine Schüssel geben und
das Caroben zusammen mit dem
Cognac oder Weinbrand daruntermischen. Zum Schluß die
Schokoladenstücke einrühren.
• Den hellen Teig mit den
gehackten Mandeln verrühren.
• Eine Gugelhupf- oder Kranz-
form sorgfältig mit Butter einfetten und mit Vollkornbröseln ausstreuen. • Die Hälfte des hellen
Teiges hineingeben und glattstreichen. • Den dunklen Teig
darauf verteilen und mit dem
restlichen hellen Teig abdecken.
• Nun mit einer Gabel spiralförmig so durch alle Teigschichten
fahren, daß sie sich in einem
hübschen Marmormuster miteinander vermischen. • Den

Kuchen auf die untere Schiene
des vorgeheizten Ofens schieben und etwa 70 Minuten backen
lassen. • Die Stäbchenprobe
(siehe Seite 155) machen, den
Marmorkuchen in der Form kurz
ausdampfen lassen, auf einen
Kuchendraht stürzen, die Form
abheben und den Kuchen am
besten über Nacht abkühlen
lassen.

Mein Tip: Dieser Marmorkuchen
sieht so appetitlich aus, daß er
eigentlich keine Verzierung mehr
braucht. Wollen Sie ihm aber
trotzdem etwas »Farbe« geben,
können Sie ihn hauchdünn mit
Puder- oder auch Traubenzucker
bestäuben. Oder bestreichen
Sie ihn einmal mit glattgerührter
Aprikosenkonfitüre oder mit sehr
gut verschlagenem Eiweiß und
bestreuen Sie ihn anschließend
mit blättrig geschnittenen, leicht
gerösteten Mandeln.

Aprikosenschnecke mit Mandeln

Der Quarkteig hat ganz frisch sein bestes Aroma

Für die Füllung:
100 g getrocknete Aprikosen,
ungeschwefelt · 50 g Rosinen,
ungeschwefelt · 2 Glas (je 2 cl)
heller Portwein · 350 g Mandeln
150 g Honig · 1 Eßl. Rosenwasser
(Apotheke) · 2 Eier
Für den Teig: 250 g Magerquark
1 Prise Salz · 3 Eßl. Honig
⅛ l Milch · abgeriebene Schale
von ½ unbehandelten Zitrone
1 Ei · ⅛ l geschmacksneutrales
Pflanzenöl · 400 g Weizen,
feingemahlen · 200 g Hirse,
feingemahlen · 3 Teel. Weinstein-
Backpulver
Außerdem: Weizen, feinge-
mahlen, zum Ausrollen · Butter
zum Einfetten · etwas Milch
zum Bestreichen · 40 g Mandeln,
blättrig geschnitten · 3 Eßl. Honig
Bei 16 Stücken etwa 1950 Joule/
465 Kalorien · 13 g Eiweiß
24 g Fett · 48 g Kohlenhydrate
6 g Ballaststoffe pro Stück

Zeit zum Quellen: etwa 1 Stunde
Vorbereitungszeit: etwa 1 Stunde
Backzeit: 40−45 Minuten

Die Aprikosen und die Rosinen in einem Sieb kurz unter
heißem Wasser abspülen und in
einem Küchentuch oder in Haushaltspapier sehr gut trocknen.
• Die Aprikosen in kleine Würfel
schneiden und mit den Rosinen
in ein Schälchen geben. Den
Portwein daruntermischen und
die Früchte zugedeckt etwa
1 Stunde quellen lassen. • Inzwischen die Mandeln in einem
Töpfchen mit kochendem Wasser überbrühen, ein paar Minuten darin liegen lassen, dann kalt
abschrecken und die braunen
Häutchen von den Kernen schieben. • Die Mandeln auf einem
Küchentuch sehr gut trocknen
lassen und anschließend im
Mixer oder in der Küchenmaschine so fein wie möglich zerkleinern. Dabei nach und nach
den Honig dazugießen. • Die
Masse so lange verarbeiten, bis
sie zu einem glatten Marzipan

geworden ist. • Erst dann das
Rosenwasser und die Eier daruntermischen. • Für den Teig
den Quark in eine Schüssel
geben und mit dem Salz, dem
Honig und der Milch glatt verrühren. Die abgeriebene Zitronenschale und das Ei daruntermischen und nach und nach das Öl
darunterrühren. Wenn sich alles
sehr gut miteinander vermischt
hat, etwa die Hälfte des Weizen-
mehls darunterrühren. • Das
restliche Weizenmehl mit der
gemahlenen Hirse und dem
Weinstein-Backpulver mischen,
auf die Arbeitsfläche geben und
den Quarkteig in die Mitte gleiten
lassen. • Von außen nach innen
alles zu einem glatten Teig verkneten. • Den Backofen auf
180−200° vorheizen. • Die
Arbeitsfläche mit etwas feingemahlenem Weizen bestäuben
und den Teig darauf zu einem
knapp 1 cm dicken Rechteck
ausrollen. • Die gequollenen
Aprikosen und Rosinen mitsamt
dem Portwein unter die Marzi-
panmischung geben und diese

so auf dem Teig verteilen, daß
rundherum ein 1−2 cm breiter
Rand frei bleibt. • Den Teig von
einer Längsseite her aufrollen
und den Teigrand gut andrücken.
• Ein Backblech einfetten und die
Teigrolle — mit dem Teigrand
nach unten — schneckenförmig
darauflegen. • Die Oberfläche
mit etwas Milch bestreichen und
die Aprikosenschnecke auf der
mittleren Schiene des heißen
Ofens in 40−45 Minuten goldgelb backen. • In der Zwischenzeit die Mandelblättchen unter
Wenden in einer trockenen
Pfanne leicht rösten. • Die Aprikosenschnecke aus dem Ofen
nehmen und noch heiß mit dem
Honig bestreichen. Die Mandelblättchen darüberstreuen und
den Kuchen auskühlen lassen.

Mein Tip: Wird Quarkteig mit
Vollkornmehl zubereitet, wird er
nicht so schnell zäh, wie es bei
der Verwendung von Auszugsmehl der Fall ist.

Kartoffelbiskuits mit Mandeln und Schokolade

Noch ofenfrisch sind sie besonders köstlich zum Kaffee

1 kg mehligkochende Kartoffeln
Butter zum Einfetten
Vollkornbrösel zum Ausstreuen
5 Eigelbe · abgeriebene Schale
von ½ unbehandelten und Saft
von 1 Orange · 100 g Honig
1 Prise Salz · 60 g Mandeln, sehr
fein gehackt · 5 Eiweiße · 40 g
Mandelblättchen · 50 g Honigschokolade (Reformhaus)
Bei 10 Stück etwa 990 Joule/
235 Kalorien · 7 g Eiweiß
10 g Fett · 29 g Kohlenhydrate
5 g Ballaststoffe pro Stück

Vorbereitungszeit: etwa 1½ Stunden · Backzeit: 25–30 Minuten

Die Kartoffeln sehr gründlich waschen oder abbürsten und als Pellkartoffeln kochen. • In der Zwischenzeit 10 kleine Briocheförmchen oder Tortelettformen mit hohem Rand von 6 cm ⌀ dick mit Butter einfetten und mit Bröseln ausstreuen. • Die Kartoffeln abgießen und ausdampfen lassen. • Den Backofen auf 180° vorheizen. • Die Kartoffeln schälen und durch die Presse drükken. • Die Eigelbe mit der Orangenschale und dem -saft verquirlen und zusammen mit dem Honig, dem Salz und den Mandeln unter die Kartoffelmasse mischen. • Die Eiweiße zu schnittfestem Schnee schlagen und locker unter den Teig heben. Die vorbereiteten Förmchen nur zu knapp drei Viertel mit dem Teig füllen. Die Mandelblättchen auf den Teig streuen und die Förmchen auf einem Kuchengitter auf die mittlere Schiene des heißen Ofens schieben. Die Biskuits in 25–30 Minuten goldgelb backen. • Inzwischen die Schokolade reiben. • Die Biskuits aus den Förmchen lösen, auf ein Kuchengitter setzen und sofort mit der Schokolade bestreuen, damit diese am Teig »kleben« und ein wenig schmelzen kann. Die Biskuits abkühlen lassen und möglichst ganz frisch servieren.

Mein Tip: Die Kartoffeln müssen vor dem Durchpressen wirklich trocken sein, damit der Teig nicht zu feucht wird.

Süßer Kartoffelstrudel mit Früchten und Sonnenblumenkernen

Gehaltvoll, köstlich und außerdem preiswert

350 g Weizen, sehr fein gemahlen · 1 Teel. Salz · 1 Teel. Essig · 4 Eßl. Sonnenblumenöl · ⅛ l lauwarmes Wasser · 250 g Kartoffeln · 80 g getrocknete Äpfel, ungeschwefelt · 60 g Rosinen, ungeschwefelt · 2 Eßl. Rum · 120 g Butter · 30 g Vollkornbrösel · 1 Prise Salz · 3 Eigelbe · 4 Eßl. Honig · 3 Eßl. Crème fraîche · Weizen, fein gemahlen, zum Ausrollen · Butter zum Einfetten · 40 g Sonnenblumenkerne

Bei 12 Stücken etwa 1340 Joule/ 320 Kalorien · 6 g Eiweiß · 16 g Fett · 35 g Kohlenhydrate · 4 g Ballaststoffe pro Stück

Vorbereitungszeit: etwa 1 Stunde · Zeit zum Quellen: 45–60 Minuten · Backzeit: 40–45 Minuten

Das Mehl sieben und etwa 30 g der übrigbleibenden Kleie in einem Schälchen beiseite stellen. • Das restliche Mehl mit der Kleie und dem Salz in einer Schüssel mischen, in die Mitte eine Mulde drücken und den Essig, das Öl und das Wasser hineingeben. Von der Mitte aus die Zutaten zuerst verrühren, dann in mindestens 10–15 Minuten zu einem vollkommen glatten, homogenen Teig verkneten. Diesen in eine Plastiktüte geben und unter einem heißen, trockenen Topf (siehe Seite 88) 45–60 Minuten ruhen lassen, damit das Mehl quellen kann. • In der Zwischenzeit die Kartoffeln unter kaltem Wasser gründlich abwaschen und als Pellkartoffeln kochen. • Die Äpfel und die Rosinen in einem Sieb unter heißem Wasser abspülen und sehr gut abtrocknen. Die Äpfel würfeln und mit den Rosinen und dem Rum in einem Schälchen mischen. Zugedeckt ziehen lassen. • 30 g Butter in einer Pfanne erhitzen und die Vollkornbrösel darin unter Rühren anrösten. Auf einen Teller geben und abkühlen lassen. • 50 g Butter mit dem Salz, den Eigelben, 3 Eßlöffeln Honig und der Crème fraîche schaumig rühren. • Die Kartoffeln abgießen, noch heiß schälen, sofort durch die Presse drücken und unter die Creme mischen. • Den Backofen auf 200° vorheizen. • Den Teig so dünn wie möglich ausrollen und auf einem leicht bemehlten Tuch hauchdünn ausziehen. Das geht am besten, wenn Sie mit den ausgestreckten Händen unter den Teig fahren und diesen von der Mitte aus vorsichtig zum Rand ziehen. • Die restliche Butter schmelzen, aber nicht heiß werden lassen und den Teig mit einem Teil davon bepinseln. • Die abgesiebte Weizenkleie darüberstreuen und die Kartoffelmasse darauf verstreichen, dabei jedoch die Ränder frei lassen. • Die eingeweichten Äpfel und Rosinen darüber verteilen und mit der Brösel-Mischung bestreuen. • Die Teigränder über die Füllung schlagen und den Strudel mit Hilfe des Tuches aufrollen. • Auf ein gefettetes Backblech legen, mit den Sonnenblumenkernen bestreuen und auf der unteren Schiene des heißen Ofens 40–45 Minuten backen lassen. • Dabei die Oberfläche häufig mit der restlichen Butter bepinseln. • Den fertigen Strudel aus dem Ofen nehmen, mit dem restlichen Honig bestreichen und noch warm servieren.

<u>Mein Tip:</u> Wer nicht besonders geübt im Ausziehen von Strudelteig ist, kann die Teigmenge halbieren und auf diese Weise zwei kleinere Strudel backen, denn Strudelteig aus dem vollen Korn kann leichter reißen als einer, der mit Auszugsmehl zubereitet wurde. Der Grund: Vollkornmehl enthält mehr Kleie und weniger Stärke. Darum sollten Sie auch immer etwas Essig unter den Teig mischen, das macht ihn elastischer. Und achten Sie stets darauf, daß der Teig nicht trocken wird. Wenn Sie ihn nicht in einer Plastiktüte ruhen lassen möchten, sollten Sie die Oberfläche mit Öl bestreichen, damit sie keine Risse bekommt.

Gebäck für festliche Anlässe

Wer sich gesünder ernähren will, braucht natürlich auch bei besonderen Anlässen nicht auf reizvolle Kuchen-Schlemmereien zu verzichten, denn Vollkornmehle lassen sich ganz ausgezeichnet zu feinem Festtagsgebäck verarbeiten. Die dunkle Flockentorte aus Roggen- und Weizenmehl beweist es ebenso wie die Buchweizentorte mit Preiselbeer-Sahne, die Kastanien-Sahnetorte mit Sauerkirschen, die Buttercremetorte Fürst-Pückler-Art oder die zarte Biskuitkuppel mit Erdbeer-Sahne. Ganz besonders erlesen ist die Honig-Eistorte mit Walnüssen, die sich bestens vorbereiten läßt. Und noch exquisiter ist die üppige dreistöckige Hochzeitstorte, die aus Reis, dem Glücksbringer für alle jungen Paare, gebacken und mit Weincreme und natürlich selbstgemachtem Marzipan reich gefüllt und verziert wird. Selbstverständlich fehlen auch die klassischen Weihnachtskuchen wie Früchtebrot und Butterstollen nicht, wobei der Stollen durch exotische Früchte sogar eine neue aparte Note bekommt.

Biskuittorte mit Ananas-Sahne

Sie sollte unbedingt frisch serviert werden

Für den Teig: 5 große Eier · 200 g Honig · 5 Eßl. heißes Wasser 200 g Weizen, feingemahlen ½ Teel. Weinstein-Backpulver 40 g Walnüsse, feingehackt 30 g Butter · Butter zum Einfetten Vollkornbrösel zum Ausstreuen **Für die Füllung und Verzierung:** 1 kleine Ananas (etwa 800 g) 2 Glas (je 2 cl) Rum · ½ l Sahne 2 Eßl. Ahornsirup · 60 g Walnüsse, feingehackt 16 Walnüsse zum Verzieren Bei 16 Stücken etwa 1340 Joule/ 320 Kalorien · 6 g Eiweiß 20 g Fett · 28 g Kohlenhydrate 2 g Ballaststoffe pro Stück

Vorbereitungszeit: etwa 1 Stunde
Backzeit: etwa 30 Minuten

Die Eier mit dem Honig und dem heißen Wasser in eine Schüssel geben und mit dem elektrischen Handrührgerät mindestens 15 Minuten schlagen. Die Masse muß dickflüssig und sehr schaumig sein. • Den Backofen auf 180° vorheizen. • Das Weizenmehl mit dem Backpulver und den Walnüssen auf den Teig gleiten lassen und mit einem Schneebesen locker, aber gründlich, unterheben. • Die Butter schmelzen lassen und noch heiß unter die Masse ziehen. • Eine Springform von 24 cm Ø mit Butter einfetten und mit Vollkornbröseln ausstreuen. • Den Teig darin auf der unteren Schiene des heißen Ofens etwa 30 Minuten backen. • Die Stäbchenprobe (siehe Seite 155) machen, den Kuchen in der Form kurz ausdampfen lassen, auf einen Kuchendraht stürzen und bis zum nächsten Tag auskühlen lassen. • Die Ananas sorgfältig schälen, den harten Kern in der Mitte entfernen und etwa ein Viertel des Fruchtfleisches zum Verzieren der Torte in gleichmäßige Stücke schneiden. Die restliche Frucht fein zerkleinern. • Die Torte einmal waagerecht durchschneiden und beide Hälften mit dem Rum beträufeln.

• Die Sahne steif schlagen, mit dem Ahornsirup süßen und etwa drei Viertel davon mit dem Ananasfruchtfleisch und den Walnüssen mischen. • Den Tortenboden damit bestreichen, die Torte zusammensetzen und rundherum mit der restlichen Sahne (etwa 3 Eßlöffel davon zurücklassen) überziehen. Auf der Oberfläche 16 Stücke markieren, die übrige Sahne in Tupfen aufspritzen und mit Ananasstückchen und Walnußhälften dekorieren. Die Torte möglichst sofort servieren, damit sich die Sahne durch die Ananasstücke nicht absetzen kann.

Mein Tip: Sie können diese Torte zur Abwechslung auch mit Caroben und Schokolade zubereiten: Mischen Sie dazu 1–2 Teelöffel Caroben zusammen mit dem Weinstein-Backpulver unter den Teig und bestreuen Sie den Rand der fertig verzierten Torte zum Schluß mit etwas feingeraspelter Honigschokolade aus dem Reformhaus. Wenn der Teig noch etwas üppiger ausfallen darf, können Sie auch zusammen mit der Butter etwa 50 g Honigschokolade schmelzen lassen und zum Schluß locker unter den Biskuit heben. In diesem Fall empfiehlt es sich aber, ein wenig mehr Backpulver unter das Mehl zu mischen, damit die Torte schön gleichmäßig aufgehen kann. Selbstverständlich können Sie die Torte auch einmal mit anderen Früchten zubereiten. Dabei können Sie zwischen vollreifen frischen Beeren, Pfirsichen oder auch Exoten (je nach Marktangebot) wählen oder natürlich auch tiefgefrorenes oder (möglichst ohne Zucker konserviertes) Obst verwenden. Diese Früchte sollten aber in jedem Fall sehr gut abgetropft oder trockengetupft werden, damit die Sahne nicht wieder flüssig werden kann.

Nuß-Sahne-Schnitten mit Feigen

Ideal für alle Gelegenheiten, besonders wenn's mal schnell gehen muß

30 g getrocknete Feigen, ungeschwefelt

100 g Haselnüsse, feingemahlen

Butter zum Einfetten · 6 Eigelbe

4 Eßl. warmes Wasser · 150 g Honig · abgeriebene Schale von ½ unbehandelten Zitrone

6 Eiweiße · 1 Prise Salz

100 g Weizen, feingemahlen

¾ l Sahne · 1 Prise Naturvanille (Reformhaus) · 2 frische Feigen

2 Teel. Pistazien, feingehackt

Bei 10 Stücken etwa 1890 Joule/ 450 Kalorien · 9 g Eiweiß

34 g Fett · 25 g Kohlenhydrate

3 g Ballaststoffe pro Stück

Vorbereitungszeit: etwa 45 Minuten · Backzeit: 10—15 Minuten

Die Feigen heiß waschen, gut trockenreiben, sehr fein würfeln und mit den Haselnüssen mischen. • Ein Backblech mit Pergamentpapier auslegen, dieses am offenen Rand hochfalzen und einfetten. • Den Backofen auf 220° vorheizen. • Die Eigelbe mit dem Wasser, etwa 100 g Honig und der Zitronenschale sehr schaumig schlagen. • Die Eiweiße mit dem Salz schnittfest schlagen und auf die Eigelbcreme gleiten lassen. • Das Weizenmehl unter die Feigen-Nußmischung mengen und alles sehr locker, aber gründlich unter den Eischaum heben. • Diese Masse glatt auf dem Pergament verstreichen und auf der mittleren Schiene des heißen Ofens 10—15 Minuten backen. • Die Platte sofort auf ein mit Backtrennpapier belegtes Backbrett stürzen, das Pergamentpapier abziehen und den Biskuit erkalten lassen. • Inzwischen die Sahne mit dem restlichen Honig und der Vanille steif schlagen und etwa ein Viertel davon in einen Spritzbeutel mit Sterntülle geben. • Die frischen Feigen waschen, schälen und in kleine Stücke schneiden. • Die Biskuitplatte einmal längs durchschneiden und etwa die Hälfte der Sahne darauf verstreichen. • Die restliche Teigplatte einmal längs und fünfmal quer teilen, die Stücke auf die Sahne legen und die untere Platte durch diese Zwischenräume durchschneiden. • Die Schnitten mit der restlichen Sahne, Feigen und Pistazien verzieren.

Himbeertorte mit Weincreme

Ideal für die festliche Kaffeetafel

Für den Teig: 120 g Weizen, feingemahlen · 60 g Buchweizen, feingemahlen · 50 g geschälte Mandeln, frisch gemahlen
1 Prise Salz · ausgeschabtes Mark von ½ Vanilleschote
60 g saure Sahne · 60 g Honig
80 g Butter · Butter zum Einfetten
Vollkornbrösel zum Ausstreuen
Für Belag und Verzierung:
4 Blatt weiße Gelatine · 1 Ei
2 Eigelbe · 60 g Honig
1 Eßl. Zitronensaft · ⅛ l trockener Weißwein · ¼ l Sahne · 2 Eßl. Himbeergeist · 500 g Himbeeren nach Wunsch zusätzlich 1 Eßl. Honig · 2 Eßl. Pistazien, feingehackt
Bei 12 Stücken etwa 1245 Joule/295 Kalorien · 5 g Eiweiß
19 g Fett · 24 g Kohlenhydrate
5 g Ballaststoffe pro Stück

Vorbereitungszeit: etwa 1 Stunde
Backzeit: etwa 25 Minuten. Kühlzeit insgesamt: etwa 2¼ Stunden

Für den Teig das Weizen- und Buchweizenmehl mit den Mandeln, dem Salz und dem ausgeschabten Vanillemark mischen, auf die Arbeitsfläche geben und in die Mitte eine Mulde drücken. • Die saure Sahne mit dem Honig darin verquirlen und die Butter in Flöckchen auf dem Mehlrand verteilen. • Den Teig mit zwei Messern bröselig hacken, dann schnell zu einem glatten Teig verkneten. Den Teig zur Kugel formen und, in Folie verpackt, mindestens 1 Stunde im Kühlschrank ruhen lassen. • Den Backofen auf 200° vorheizen. Eine Obstkuchenform von 26 cm ⌀ mit gezacktem Rand sorgfältig mit Butter einfetten und mit Vollkornbröseln ausstreuen. Den Teig hineindrükken, den Boden mehrfach mit einer Gabel einstechen und auf der mittleren Schiene des heißen Ofens in 20–25 Minuten hellbraun backen • Den Boden auf einen Kuchendraht stürzen und mindestens 1 Stunde kühl stellen. • In der Zwischenzeit die

Gelatine nach Packungsaufschrift in kaltem Wasser einweichen und quellen lassen. • Das Ei mit den Eigelben, dem Honig, dem Zitronensaft und dem Weißwein in eine Metallschüssel geben und gut verquirlen. Die Schüssel in ein heißes Wasserbad stellen und die Masse schlagen, bis sie weißschaumig und dickcremig geworden ist. Sie darf dabei aber keinesfalls kochen, sonst gerinnt das Ei. Die Schüssel aus dem Wasserbad nehmen, die Gelatine gut ausdrücken und nach Aufschrift unter Rühren in der heißen Creme auflösen. • Die Creme in ein kaltes Wasserbad stellen und unter gelegentlichem Durchrühren erkalten lassen. • Inzwischen die Sahne sehr steif schlagen. • Sobald die Creme zu gelieren beginnt, die Hälfte der Schlagsahne locker darunterziehen und die Masse mit dem Himbeergeist aromatisieren. • Die Creme glatt auf dem Tortenboden verstreichen und zum völligen Erstarren in den Kühlschrank stellen. • Die

Himbeeren in kaltem Wasser schnell waschen und sehr gut abtropfen lassen oder trockentupfen. Die Früchte entkelchen und so dicht wie möglich auf die festgewordene Creme legen.
• Die restliche Sahne nach Wunsch mit etwas Honig süßen. In einen Spritzbeutel mit Sterntülle geben und die Torte damit verzieren, mit den gehackten Pistazien bestreuen und möglichst bald servieren.

Mein Tip: Wenn Sie ein stärkeres Fruchtaroma wünschen, können Sie die Weincreme kurz vor dem endgültigen Festwerden zusätzlich mit 150–200 g pürierten, durch ein Sieb gestrichenen und nach Wunsch mit etwas Honig gesüßten Himbeeren vermischen. Dann ist es aber ratsam, der Creme durch weitere 1–2 Blatt eventuell roter Gelatine mehr Stabilität zu geben.

Buchweizenschnitten mit Himbeer-Kiwi-Sahne

Sie sollten möglichst frisch serviert werden

Für den Teig: 5 Eigelbe · 200 g Honig · 3 Eßl. heißes Wasser 1 Prise Salz · 100 g Buchweizen, feingemahlen · 80 g Weizen, feingemahlen · ½ Teel. Weinstein-Backpulver · 5 Eiweiße · Butter zum Einfetten
Für Füllung und Verzierung: 300 g frische oder ungesüßte tiefgefrorene Himbeeren
2 Eßl. Honig · 2 Eßl. weißer Rum
1 Eßl. Honig- oder Vanillelikör
½ l Sahne · 4 Kiwis
Bei 10 Schnitten etwa
1520 Joule/360 Kalorien
7 g Eiweiß · 20 g Fett
38 g Kohlenhydrate · 3 g Ballaststoffe pro Stück

Vorbereitungszeit: etwa 45 Minuten · Backzeit: etwa 12 Minuten Kühlzeit: etwa 30 Minuten

Den Backofen auf 200° vorheizen. • Die Eigelbe mit dem Honig, dem Wasser und dem Salz in eine Schüssel geben und sehr schaumig schlagen. • Das

Buchweizenmehl mit dem Weizenmehl und dem Backpulver mischen. • Die Eiweiße zu schnittfestem Schnee schlagen und auf die Eigelbcreme gleiten lassen. • Die Mehlmischung darüberstreuen und alles locker, aber gründlich unterheben. • Ein Backblech mit Pergamentpapier belegen und dieses am vorderen Rand doppelt falzen, damit der Teig beim Backen nicht herunterlaufen kann. Das Papier mit weicher oder flüssiger Butter einfetten und den Teig darauf glatt verstreichen. • Das Blech sofort auf die mittlere Schiene des heißen Ofens schieben und den Biskuit in etwa 12 Minuten hellgelb werden lassen, er darf nicht fest und damit trocken werden (Garprobe siehe Seite 152). • Die Biskuitplatte unmittelbar nach dem Backen auf ein mit Backtrennpapier belegtes Backbrett stürzen, das Pergamentpapier mit kaltem Wasser bestreichen, sofort ablösen und den Biskuit abkühlen lassen. • In der Zwischenzeit die frischen

Himbeeren kalt waschen, trockentupfen und entkelchen, die tiefgefrorenen leicht antauen lassen. • Den Honig mit dem Rum und dem Honig- oder Vanillelikör unter Rühren nur so lange erwärmen, bis alles vermischt, aber nicht heiß ist. Diese Mischung über die Himbeeren gießen und zugedeckt etwa 25 Minuten ziehen lassen. • Die Früchte dann auf einem Sieb abtropfen lassen und die Flüssigkeit dabei auffangen; ein paar schöne Beeren zum Verzieren beiseite legen.
• Die Biskuitplatte einmal der Länge nach teilen. • Die Sahne steif schlagen, knapp drei Viertel davon abnehmen und in den Kühlschrank stellen. • Die restliche Sahne mit der aufgefangenen Flüssigkeit locker vermischen. • Die Kiwis schälen, in kleine Stücke schneiden und ebenfalls einige zum Verzieren beiseite legen. • Die restlichen Kiwistücke samt den Himbeeren unter die Sahne heben und diese Masse auf einer Teigplatte verstreichen. • Die zweite Teig-

platte einmal längs und 5 mal quer durchschneiden, auf die Sahneschicht legen und die untere Biskuitplatte durch diese Zwischenräume ebenfalls durchteilen. • Die so entstandenen Schnitten auf der Oberfläche mit etwas Sahne bestreichen, die restliche Sahne in kleinen Tupfen aufspritzen und mit Himbeeren und Kiwistücken verzieren. Möglichst sofort servieren.

Mein Tip: Nach diesem Rezept können Sie verschiedene Fruchtmischungen als Geschmacksträger für die Füllung und Verzierung verwenden. So eignen sich Erdbeeren und frische Ananas sehr gut, aber auch Pfirsiche und Brombeeren oder vollreife süße Birnen und Heidelbeeren ergeben gute Aromakombinationen. In den beiden letzten Fällen verfärbt sich die Sahne zwar recht stark, doch tut dieses dem köstlichen Aroma keinen Abbruch.

Buchweizentorte mit Preiselbeersahne

Ein Prachtstück für festliche Anlässe

250 g weiche Butter
250 g Honig · 2 Eßl. Cognac oder
Weinbrand · 6 Eigelbe · ½ Teel.
Naturvanille (Reformhaus)
6 Eiweiße · 1 Prise Salz
250 g Buchweizen, mittelfein
gemahlen · 250 g Mandeln, frisch
gemahlen · ½ Teel. Weinstein-
Backpulver · Butter zum
Einfetten · Vollkornbrösel zum
Ausstreuen · ⅜ l Sahne · 2 Glas
Preiselbeeren ohne Zucker
(Reformhaus) von 340 g
60 g Pistazien, feingehackt
Bei 16 Stücken etwa 1915 Joule/
455 Kalorien · 7 g Eiweiß
34 g Fett · 30 g Kohlenhydrate
4 g Ballaststoffe pro Stück

Vorbereitungszeit: etwa 1 Stunde
Backzeit: etwa 1 Stunde
Zeit zum Auskühlen und Durch-
ziehen: 12—24 Stunden

Die Butter in Flöckchen teilen,
in eine Rührschüssel geben
und mit einem Holzlöffel oder
den Quirlen des Handrührgerätes weißschaumig rühren.
• Dabei nach und nach etwa
200 g Honig, den Cognac oder
Weinbrand und die Eigelbe hinzufügen. So lange weiterschlagen, bis sich alles zu einer
schaumigen Masse verbunden
hat. • Die Naturvanille daruntermischen. • Den Backofen auf
180° vorheizen. • Die Eiweiße
mit dem Salz zu schnittfestem
Schnee schlagen und auf die
Eigelbcreme gleiten lassen.
• Das Buchweizenmehl mit den
Mandeln und dem Backpulver
mischen und darüberstreuen.
• Alles mit einem Holzlöffel oder
mit dem Schneebesen sehr lok-
ker, aber gründlich miteinander
vermischen. • Eine Springform
von 26 cm Ø mit Butter einfetten
und mit Vollkornbröseln ausstreuen. • Den Teig hineinfüllen,
die Oberfläche glattstreichen
und den Kuchen sofort auf die
untere Schiene des heißen
Ofens schieben. (Bei längerem
Stehen würde sich der Eischnee
wieder absetzen und der Teig
könnte beim Backen nicht
gleichmäßig und locker aufgehen.) • Den Kuchen etwa
1 Stunde backen, dann die Stäbchenprobe (siehe Seite 155)
machen und den Kuchen aus dem
Ofen nehmen. • In der Form kurz
ausdampfen lassen, dann auf
einen Kuchendraht stürzen und
möglichst bis zum nächsten Tag
auskühlen lassen. • Kurz vor
dem Servieren den Kuchen einmal waagerecht durchschneiden. • Die Sahne sehr steif
schlagen und mit dem restlichen
Honig süßen. • Die Preiselbeeren auf einem Sieb abtropfen
lassen (den Saft anderweitig verwenden) und gut drei Viertel der
Beeren unter etwa ein Drittel der
Sahne mischen. • Diese Masse
auf dem ersten Tortenboden verstreichen, den zweiten Boden
darauflegen und nur leicht
andrücken. • Von der nun noch
übrigen Sahne etwa ein Drittel in
einen Spritzbeutel mit Sterntülle
geben. Die restliche Sahne auf
dem Rand und der Oberfläche
der Torte glatt verstreichen. • Auf
der Oberfläche 16 Stücke markieren, jedes mit einem Sahne-
kreis bespritzen und die Mitte
davon mit den restlichen Preiselbeeren füllen. • Den Tortenrand
mit den Pistazien bestreuen und
die Torte bald servieren.

Mein Tip: Wenn Sie diese Torte
etwas weniger üppig und kalo-
rienreich zubereiten möchten,
können Sie auf die Sahne verzichten. In diesem Fall wird sie
nur mit Preiselbeerkonfitüre
gefüllt. Damit sie aber trotzdem
festlich dekoriert werden kann,
legen Sie eine zierlich ausge-
schnittene Papierschablone oder
ein paar dünne Papierstreifen in
einem gefälligen Muster auf die
Tortenoberfläche und stäuben
Sie nun hauchdünn etwas
Puderzucker darüber. Die Schablone oder die Papierstreifen
anschließend sehr vorsichtig —
ohne das Muster zu zerstören —
wieder abheben. Die so ange-
richtete Torte schmeckt auch
noch nach ein paar Tagen ganz
vorzüglich.

Dunkle Flockentorte mit Pfirsichen

Eine besondere Überraschung für Gäste

¹⁄₈ l Wasser · 1 Prise Salz
50 g Butter · 60 g Weizen, feingemahlen · 60 g Roggen, feingemahlen · 3—4 Eier · 1 Teel. Caroben · Butter zum Einfetten Weizen, feingemahlen, zum Bestäuben · 500 g vollreife Pfirsiche · Saft von ½ Zitrone 6 Eßl. Wasser · 4 Eßl. Honig 2 Eßl. Pfirsich- oder Mandellikör 3 Eßl. Kokosraspeln · ½ l Sahne

Bei 16 Stücken etwa 860 Joule/ 205 Kalorien · 4 g Eiweiß 16 g Fett · 12 g Kohlenhydrate 2 g Ballaststoffe pro Stück

Vorbereitungszeit: etwa 1½ Stunden · Backzeit insgesamt: etwa 60 Minuten

Das Wasser mit dem Salz und der in Flöckchen geteilten Butter in einem Topf aufkochen. Den Topf vom Herd nehmen und beide Mehlsorten auf einmal hineinschütten. • Den Topf wieder auf den Herd stellen und alles unter Rühren erhitzen, bis sich ein Kloß und am Topfboden eine helle Schicht bildet. • Den Teig in eine Schüssel geben und sofort ein Ei darunterrühren. • Den Teig abkühlen lassen, bis er nur noch etwa handwarm ist, dann nacheinander die restlichen Eier einzeln darunterarbeiten. Dabei das folgende Ei immer erst dann in die Schüssel geben, wenn sich das vorige völlig mit dem Teig verbunden hat. Zusammen mit dem vorletzten oder letzten Ei das Caroben unterrühren. • Den Backofen auf 220° vorheizen. • Einen Springformboden von 24 cm Ø mit Butter einfetten und mit Mehl bestäuben. Ein Drittel des Teiges glatt darauf verstreichen und auf der mittleren Schiene des heißen Ofens in etwa 20 Minuten hellbraun backen. Dabei plustert sich der Teig »flockenartig« auf. • Den Boden ablösen, auf einem Kuchendraht auskühlen lassen und auf diese Weise noch 2 weitere Böden backen. • Die Pfirsiche in einer Schüssel mit kochendem Wasser überbrühen. 1—2 Minuten darin liegen lassen, dann kalt abschrecken und die Haut von den Früchten ziehen. Die Pfirsiche halbieren, entsteinen und das Fruchtfleisch in gleichmäßige Schnitze teilen. • Den Zitronensaft mit dem Wasser, dem Honig und dem Likör in einem Topf zum Kochen bringen. • Die Pfirsichschnitze darin aufkochen, den Topf vom Herd nehmen und die Früchte noch 2—3 Minuten ziehen lassen. Diese dann herausnehmen, abtropfen und abkühlen lassen. • Den Kochsud wieder auf den Herd stellen und bei starker Hitze ohne Deckel einkochen lassen, bis nur noch etwa 2 Eßlöffel davon übriggeblieben sind. Diese Masse abkühlen lassen. • Die Kokosraspeln unter Rühren in einer trockenen Pfanne hellgelb rösten, auf einen Teller geben und erkalten lassen. • Die Sahne steif schlagen und mit der kalten Kochflüssigkeit süßen. • Knapp ein Drittel der Sahne in einen Spritzbeutel mit großer Sterntülle geben und zusammen mit 16 schönen Pfirsichschnitzen beiseite legen. • Die restlichen Früchte unter die übrige Sahne heben. • Die Hälfte davon auf einem Tortenboden gleichmäßig verteilen, den zweiten daraufsetzen und mit der restlichen Sahnemischung bestreichen. Auf dem letzten Boden zuerst 16 Stücke markieren und diesen Boden auf die bereits gefüllten Böden setzen. Jedes Stück mit einem dicken Sahnetupfen krönen, mit einem Pfirsichschnitz belegen und mit den Kokosraspeln bestreuen. • Die Torte sofort servieren, da der Brandteig schnell zäh wird.

Mein Tip: Wenn Sie einen Heißlufthero haben, können Sie die drei Böden natürlich gleichzeitig backen. Belegen Sie dazu 3 Bleche mit Pergamentpapier, zeichnen Sie Kreise von 26 cm Ø darauf und fetten und bemehlen Sie diese wie oben angegeben. Den Teig gleichmäßig in den Kreisen verstreichen und alles backen.

Haselnuß-Sahnetorte

Ungewöhnlich locker und saftig und schmeckt auch mit Walnüssen sehr gut

300 g Honigschokolade (Reformhaus) · 6 Eigelbe · 4 Eßl. warmes Wasser · 150 g Honig · ½ Teel. Naturvanille (Reformhaus)

250 g Haselnüsse, frisch gemahlen · 30 g Buchweizen, feingemahlen · 6 Eiweiße · Salz Butter zum Einfetten

½ l Sahne · 16 Haselnüsse

Bei 16 Stücken etwa 1525 Joule/ 365 Kalorien · 6 g Eiweiß

28 g Fett · 22 g Kohlenhydrate

8 g Ballaststoffe pro Stück

Vorbereitungszeit: etwa 1 Stunde Backzeit: etwa 45 Minuten · Zeit zum Auskühlen: etwa 3 Stunden

Von der Schokolade 100 g reiben. • Den Backofen auf 180° vorheizen. • Die Eigelbe mit dem Wasser schaumig schlagen und dabei nach und nach den Honig und die Naturvanille hinzugeben. So lange weiterarbeiten, bis die Masse dickschaumig und weißcremig ist. • Die gemahlenen Haselnüsse mit dem Buchweizenmehl und der geriebenen Schokolade mischen und auf den Teig geben. • Die Eiweiße mit Salz zu schnittfestem Schnee schlagen, ebenfalls auf den Teig geben und alles sehr locker, aber gründlich unterheben. • Eine Springform von 26 cm Ø am Boden einfetten, ein Drittel der Teigmasse darin glattstreichen und sofort auf der mittleren Schiene des heißen Ofens etwa 15 Minuten backen. • Den restlichen Biskuit inzwischen kühl stellen. • Den gebackenen Boden sofort auf einen Kuchendraht geben und auskühlen lassen. • Aus dem restlichen Teig zwei weitere Böden backen und erkalten lassen. • Die Sahne steif schlagen und 2−3 Eßlöffel davon in einen Spritzbeutel mit Sterntülle geben. • Die restliche Schokolade zerbröckeln und im heißen, jedoch nicht kochenden Wasserbad schmelzen lassen. • Die Haselnüsse auf einer Gabel hineintauchen, dann zum Trocknen der Schokolade auf Pergamentpapier legen. • Die Tortenböden mit der Sahne zusammensetzen, die Schokolade glatt auf Oberfläche und Rand der Torte verstreichen und trocknen lassen. • Auf der Oberfläche 16 Stücke markieren und mit Sahnetupfen und einer Schokonuß verzieren.

Kastanien-Sahnetorte mit Sauerkirschen

Diese Torte kann schon am Vortag zubereitet werden

1,5 kg Kastanien · ¾ l Milch
1 Prise Salz · abgeriebene
Schale von ½ unbehandelten
Zitrone · 1 Vanilleschote · 150 g
Honig · 3 Blatt weiße Gelatine
100 g Butter · 4 Eßl. Kirschwasser
1 Glas Sauerkirschen ohne
Zuckerzusatz (etwa 680 g
Fruchteinwaage, Reformhaus)
¾ l Sahne · 80 g Mandeln,
feinblättrig geschnitten

Bei 16 Stücken etwa 2170 Joule/
515 Kalorien · 7 g Eiweiß
26 g Fett · 61 g Kohlenhydrate
4 g Ballaststoffe pro Stück

Vorbereitungszeit insgesamt:
etwa 2 Stunden · Zeit zum Abkühlen: etwa 1 Stunde · Zeit zum
Festwerden: 12–24 Stunden

Den Backofen auf 200–200°
vorheizen. • Die Kastanien
mit einem sehr scharfen Messer
an ihrem spitzen Ende kreuzweise einschneiden, auf ein trok-
kenes Backblech legen und für
etwa 15 Minuten im Backofen
rösten, bis die braunen Schalen
aufplatzen. • Die Kastanien dann
aus dem Ofen nehmen und
außer den Schalen auch die dar-
unterliegenden pelzig-weißen
Häute abziehen. • Die Kastanien
etwas zerkleinern und zusammen mit der Milch, dem Salz und
der abgeriebenen Zitronenschale in einen Topf geben. Die
Vanilleschote der Länge nach
aufschlitzen, das Mark mit einem
Messer herausschaben und
zusammen mit der »leeren«
Schote und dem Honig zu den
Kastanien geben. Aufkochen
lassen und zugedeckt bei
schwacher Hitze leise köcheln
lassen, bis die Kastanien musig
weich geworden sind. • Inzwischen die Gelatine nach Pak-
kungsanleitung einweichen und
quellen lassen. • Die Vanilleschote entfernen und die Kastanien mitsamt der Kochflüssigkeit
durch ein Sieb passieren oder –
leicht abgekühlt – im Mixer
pürieren. • Die Butter unter Rühren in der noch warmen Masse
schmelzen lassen und diese
dabei etwas schaumig schlagen.
• Die Gelatine ausdrücken, im
heißen Wasserbad ganz auflösen und ebenfalls unter die
Kastanien mischen. Das Kirschwasser hinzufügen und die
Masse zum Erkalten in den Kühlschrank stellen. • Die Kirschen in
einem Sieb über einer Schüssel
gut abtropfen lassen (den Saft
anderweitig verwenden). • ½ l
Sahne steif schlagen und unter
die Kastanienmasse heben,
sobald diese zu gelieren beginnt.
• Eine Springform von 26 cm Ø
mit Pergamentpapier auskleiden.
Die Hälfte der Kastaniencreme
hineinfüllen, glattstreichen und
die Kirschen (bis auf 16 Stück)
darauf verteilen. Mit der restlichen Creme bedecken und die
Torte für 12–24 Stunden in den
Kühlschrank stellen. • Kurz vor
dem Servieren die Mandelblättchen in einer trockenen Pfanne
leicht rösten und abkühlen lassen. • Die restliche Sahne steif
schlagen. • Springform und Pergament von der Torte entfernen,
einen Teil der Sahne auf dem
Tortenrand glatt verstreichen
und mit den Mandeln bestreuen.
• Die restliche Sahne in einen
Spritzbeutel mit Sterntülle
geben. Auf der Tortenoberfläche
16 Stücke markieren und jedes
mit einem dicken Sahnetupfen
bespritzen. Diese jeweils mit
1 Kirsche belegen und die Torte
möglichst bald servieren oder
aber bis zum Anschneiden in
den Kühlschrank stellen.

<u>Mein Tip:</u> Damit die Kirschen für
die Verzierung bis zum nächsten
Tag nicht trocken werden und
dann etwas schrumpeln, sollten
Sie sie mit etwas Kirschsaft
bedecken und zugedeckt im
Kühlschrank aufbewahren.
Natürlich müssen sie vor dem
Auflegen sehr gut abgetropft
oder, noch besser, trockengetupft werden, damit sie die Sahnetupfer nicht verfärben.

Charlotte mit Weinschaumfüllung

Schmeckt zum Nachmittagskaffee und auch (mit einem Glas Sekt) als Dessert

Für den »Mantel«: 4 Eigelbe
3 Eßl. warmes Wasser · 60 g
Honig · ½ Teel. Naturvanille
(Reformhaus) · 4 Eiweiße · 1 Prise
Salz · 80 g Weizen, feingemahlen
40 g Buchweizen, feingemahlen
Butter zum Einfetten · 350 g
ungezuckertes Hagebuttenmark
oder Johannisbeermus
(Reformhaus)
Für Füllung und Verzierung:
6 Blatt weiße Gelatine · 3 Eigelbe
100 g Honig · abgeriebene
Schale von ½ unbehandelten
Zitrone · Saft von 1 Zitrone · ¼ l
trockener Weißwein · 2 Eßl.
Cognac oder Weinbrand · 1 Eßl.
Orangenlikör · 3 Eiweiße · 1 Prise
Salz · 2 Becher Sahne von je
200 g · 250 g blaue Weintrauben
1 Eßl. Pistazien, gehackt
Bei 12 Stücken etwa 1405 Joule/
335 Kalorien · 6 g Eiweiß
15 g Fett · 39 g Kohlenhydrate
2 g Ballaststoffe pro Stück

Vorbereitungszeit: etwa 1½
Stunden · Backzeit: etwa 12 Minuten. Kühlzeiten: 5–6 Stunden

Den Backofen auf 200° vorheizen. ● Die Eigelbe mit dem Wasser, dem Honig und der Vanille weißschaumig schlagen. ● Die Eiweiße mit dem Salz schnittfest schlagen und auf die Eigelbcreme gleiten lassen. ● Das Weizen- und Buchweizenmehl darüberstäuben und alles locker unterheben. ● Ein Backblech mit Backtrennpapier oder mit gefettetem Pergamentpapier belegen und dieses am offenen Rand hochfalzen, damit der Biskuit beim Backen nicht herunterläuft. ● Den Biskuit darauf glatt verstreichen, das Blech sofort auf die mittlere Schiene des heißen Ofens schieben und den Biskuit etwa 12 Minuten backen. ● Danach auf einen neuen Bogen Backtrennpapier oder auf ein Küchentuch stürzen, das Papier vom Teig abziehen (dazu notfalls mit etwas kaltem Wasser bestreichen) und den Biskuit mit dem

Hagebuttenmark oder dem Johannisbeermus bestreichen. ● Die Platte sofort mit Hilfe des Papiers oder des Tuches aufrollen und auskühlen lassen. ● Für die Füllung die Gelatine nach Packungsaufschrift in kaltem Wasser einweichen und quellen lassen. ● Die Eigelbe mit etwa 80 g Honig, der abgeriebenen Zitronenschale, dem Zitronensaft und dem Weißwein schaumig schlagen. ● Die Gelatine ausdrücken, in einem Töpfchen bei schwächster Hitze (oder im Wasserbad) schmelzen und unter häufigem Rühren wieder abkühlen lassen. ● Sobald sie dieselbe Temperatur wie die Eigelbmasse hat, etwas von dieser unter die Gelatine rühren und diese Mischung unter ständigem Schlagen in die Eigelb-Weincreme gießen. ● Den Cognac oder Weinbrand und den Orangenlikör daruntermischen und die Creme im Kühlschrank gelieren lassen. ● Die Eiweiße mit dem Salz zu schnittfestem Schnee und die Hälfte der Sahne

sehr steif schlagen. ● Beides locker, aber sorgfältig unter die Creme heben, sobald diese zu gelieren beginnt. ● Nochmals für ein paar Minuten in den Kühlschrank stellen, aber nicht völlig fest werden lassen. ● Inzwischen die Biskuitrolle in knapp 1 cm breite Scheiben schneiden und eine runde, glatte Schüssel damit auskleiden. ● Die Creme einfüllen, die Oberfläche glattstreichen und die Charlotte im Kühlschrank schnittfest werden lassen. ● Vor dem Servieren die restliche Sahne steif schlagen, mit dem restlichen Honig süßen und in einen Spritzbeutel mit Sterntülle geben. ● Die Weintrauben waschen, abtrocknen, die Beeren halbieren und entkernen. ● Die Charlotte auf eine Platte stürzen und rundherum dekorativ mit der Sahne, den Weinbeerenhälften und den Pistazien verzieren.

Mein Tip: Den übrigbleibenden Teil der Biskuitrolle können Sie auch »solo« servieren.

Kirschtorte nach Schwarzwälder Art

Dank konservierter Früchte beliebt zu jeder Jahreszeit

Für den Teig: 50 g Honigschokolade (Reformhaus) · 6 Eigelbe
4 Eßl. warmes Wasser
150 g Honig · 6 Eiweiße
1 Prise Salz · 100 g Weizen, feingemahlen · 50 g Buchweizen, feingemahlen · 1 Teel. Weinstein-Backpulver · 2 Teel. Caroben
100 g Mandeln, frisch gemahlen
Butter zum Einfetten · Vollkornbrösel zum Ausstreuen
Für Füllung und Verzierung:
1 großes Glas Sauerkirschen ohne Zucker von 680 g (Reformhaus) · ¾ l Sahne · 2 Eßl. Honig
½ Teel. Naturvanille (Reformhaus) · 3 Glas (je 2 cl) Kirschwasser · 150 g Honigschokolade (Reformhaus)

Bei 16 Stücken etwa 1560 Joule/
370 Kalorien · 7 g Eiweiß
24 g Fett · 30 g Kohlenhydrate
5 g Ballaststoffe pro Stück

Vorbereitungszeit: etwa 1½ Stunden · Backzeit: 50—60 Minuten
Kühlzeit: 12—24 Stunden

Die Schokolade feinreiben und beiseite stellen. • Den Backofen auf 180° vorheizen. • Die Eigelbe mit dem Wasser in eine Schüssel geben und schaumig schlagen. Dabei nach und nach den Honig hinzufließen lassen und so lange weiterschlagen, bis die Masse weißschaumig und cremig geworden ist. • Die Eiweiße mit dem Salz zu schnittfestem Schnee schlagen und auf die Eigelbcreme gleiten lassen.
• Das Weizenmehl mit dem gemahlenen Buchweizen, dem Weinstein-Backpulver und dem Caroben mischen und darüberstäuben. Die gemahlenen Mandeln und die geriebene Schokolade hinzufügen und alles locker, aber sehr sorgfältig unterheben.
• Eine Springform von 26 cm ∅ mit Pergamentpapier auslegen, dieses nur am Boden einfetten, damit der Teig gleichmäßig aufgeht, und mit Vollkornbröseln bestreuen. • Die Biskuitmasse hineingeben, glattstreichen und auf der unteren Schiene des vorgeheizten Ofens 50—60 Minuten

backen. • Den Kuchen in der Form kurz ausdampfen lassen, dann den Springformrand ablösen und den Biskuit auf einen Kuchendraht stürzen. • Das Pergamentpapier abziehen (dazu notfalls mit etwas Wasser anfeuchten) und den Kuchen möglichst über Nacht auskühlen lassen. • Am nächsten Tag die Sauerkirschen auf einem Sieb sehr gut abtropfen lassen, und den Saft anderweitig verwenden.
• Den Biskuitboden waagerecht zweimal durchschneiden. • Die Sahne sehr steif schlagen und mit dem Honig und der Naturvanille aromatisieren. • Etwa 3 Eßlöffel davon in einen Spritzbeutel mit Sterntülle geben und in den Kühlschrank legen. • Von den Kirschen 16 besonders schöne Früchte beiseite legen und die restlichen locker unter knapp ein Drittel der geschlagenen Sahne heben. • Die Biskuitböden mit dem Kirschwasser beträufeln und einen davon mit der Kirsch-Sahne bestreichen.
• Den zweiten Boden daraufle

gen und knapp die Hälfte der restlichen Sahne darauf verteilen. • Die dritte Teigplatte auflegen und die Torte rundherum mit der restlichen Sahne bestreichen. • Die Torte in den Kühlschrank stellen. • Die Schokolade grobraspeln oder mit einem Messer in kleine Locken schaben. Die Torte rundherum damit bestreuen. • Auf der Oberfläche 16 Stücke markieren und jedes mit einem dicken Sahnetupfen bespritzen. Jeweils 1 Sauerkirsche darauflegen und die Torte möglichst sofort servieren. Später färben die Schokolade und die Kirschen leicht auf die Sahne ab.

Buttercremetorte Fürst-Pückler-Art

Macht etwas Arbeit, aber diese Mühe lohnt sich

Für den hellen Biskut: 6 Eier
2 Eßl. warmes Wasser · 1 Prise
Salz · ½ Teel. Naturvanille
(Reformhaus) · 100 g Honig
150 g Weizen, feingemahlen
Butter zum Einfetten
Für den dunklen Biskuit: 6 Eier
3 Eßl. warmes Wasser · 1 Prise
Salz · 100 g Honig · 150 g
Weizen, feingemahlen · 70 g
Honigschokolade (Reformhaus)
Butter zum Einfetten
Für Füllung und Verzierung:
300 g Butter · 3 Eiweiße · 1 Prise
Salz · 100 g Honig · 1 Ei · 3 Eßl.
Sojamilch · 6 Eßl. Erdbeerkonfitüre mit Honig oder Fruchtzucker (Reformhaus) · 30 g Honig-
schokolade (Reformhaus)
80 g Mandeln, blättrig geschnitten · 6 Erdbeeren
Bei 12 Stücken etwa 2300 Joule/
550 Kalorien · 13 g Eiweiß
35 g Fett · 47 g Kohlenhydrate
6 g Ballaststoffe pro Stück

Vorbereitungszeit: etwa
2 Stunden · Backzeit: pro Boden
20–30 Minuten

Für den hellen Biskuit die Eier
mit dem Wasser, dem Salz und
der Vanille schaumig schlagen. Dabei den Honig zugießen
und weiterschlagen, bis die
Masse dickschaumig und cremig
ist. • Den Backofen auf 200° vorheizen. • Das Mehl locker, aber
gründlich darunterheben. • Eine
Springform von 26 cm Ø mit Pergamentpapier auslegen und dieses nur am Boden einfetten, damit
der Biskuit gleichmäßig aufgehen
kann. • Den Teig darin auf der mittleren Schiene des heißen Ofens
20–30 Minuten backen. • Den
Biskuit auf einem Kuchendraht
möglichst über Nacht auskühlen
lassen. • Für den dunklen Biskuit
die Masse ebenso zubereiten.
Dazu die Schokolade im Wasserbad schmelzen und leicht abgekühlt mit dem Mehl unterheben.
• Diese Masse genauso backen
und auskühlen lassen. • Am nächsten Tag beide Biskuitböden ein-

mal waagerecht durchschneiden
und jede Teigplatte mit Hilfe von
Schablonen in vier gleichmäßig
kleiner werdende Ringe schneiden, die später wieder ineinan-
dergesetzt werden. • Für die
Creme die Butter rühren, bis sie
weißschaumig ist. • Die Eiweiße
mit dem Salz zu schnittfestem
Schnee schlagen und dann nach
und nach unter ständigem Weiterschlagen etwa 80 g Honig hinzufließen lassen. • Das Ei mit dem
restlichen Honig in eine Schüssel
geben und mit dem elektrischen
Handrührgerät etwa ½ Minute bei
höchster Geschwindigkeit schlagen. • Die Sojamilch hinzufügen
und 2–3 Minuten weiterschlagen, bis eine luftige weiße
Schaummasse entstanden ist.
• Diese zusammen mit dem
Eischnee locker, aber sorgfältig
unter die schaumige Butter
mischen. • Etwa ein Drittel dieser
Creme in den Kühlschrank stellen. • Die Erdbeerkonfitüre durch
ein Sieb streichen, dann unter die
Buttercreme mischen und ein
paar Minuten kühlen. • Abwech-

selnd helle und dunkle Bis-
kuitringe zum Boden zusammensetzen, mit etwas Erdbeerbutter-
creme bestreichen und die nächsten Ringe in der Farbe versetzt
auflegen. • Auch diese mit Erd-
beerbuttercreme bestreichen
und auf diese Weise die Torte
zusammensetzen. • Von der restlichen hellen Buttercreme zwei
Drittel abnehmen und diese glatt
auf Oberfläche und Rand der
Torte verstreichen. • Die Torte in
den Kühlschrank stellen. • Die
Schokolade bei schwacher Hitze
schmelzen, nach leichtem
Abkühlen unter die restliche Buttercreme mischen und in einen
Spritzbeutel mit Sterntülle geben.
• Die Mandelblättchen in einer
trockenen Pfanne goldgelb rösten
und den Tortenrand damit
bestreuen. • Auf der Tortenoberfläche 12 Stücke markieren und
jedes mit einem Tupfen aus Scho-
koladenbuttercreme bespritzen
und mit einer Erdbeerhälfte belegen. Die Torte sofort servieren
oder bis zum Anschneiden in den
Kühlschrank stellen.

Biskuitkuppel mit Erdbeer-Sahne

Kleiner Aufwand – große Wirkung

Für den Teig: 6 Eigelbe · 4 Eßl.
warmes Wasser · 150 g Honig

6 Eiweiße · 1 Prise Salz

150 g Weizen, feingemahlen

100 g Mandeln, frisch gemahlen

Butter zum Einfetten

Für Füllung und Verzierung:
750 g Erdbeeren · 4 Eßl.
Maraschinolikör · 3 Eßl. Erdbeerkonfitüre mit Honig oder Fruchtzucker (Reformhaus) · ¾ l Sahne

2 Eßl. Ahornsirup · ½ Teel. Naturvanille (Reformhaus)

1 Eßl. Pistazien, gehackt

Bei 12 Stücken etwa 1760 Joule/
420 Kalorien · 8 g Eiweiß

28 g Fett · 32 g Kohlenhydrate

4 g Ballaststoffe pro Stück

Vorbereitungszeit: etwa 45 Minuten · Backzeit: etwa 35 Minuten

Den Backofen auf 180° vorheizen. • Die Eigelbe mit dem
Wasser und dem Honig schlagen, bis die Masse weiß und dickschaumig ist. • Die Eiweiße mit
dem Salz schnittfest schlagen
und auf die Eigelbcreme gleiten
lassen. • Mehl und Mandeln lok-
ker darunterheben. • Eine
Springform von 24 cm Ø mit Pergamentpapier auslegen und nur
am Boden einfetten, damit der
Teig gleichmäßig aufgehen kann.
• Die Biskuitmasse einfüllen und
auf der mittleren Schiene des
heißen Ofens etwa 35 Minuten
backen. • Kurz ausdampfen lassen, auf einen Kuchendraht stürzen, das Papier abziehen und
den Boden auskühlen lassen.
• Die Erdbeeren waschen, gut
trocknen, entstielen und etwa
zwei Drittel davon in Stückchen
schneiden. • Den Biskuitboden
waagerecht in drei Scheiben
schneiden und zwei davon mit
dem Maraschino beträufeln.
• Einen Boden mit der Konfitüre
bestreichen und den zweiten auflegen. • Die Sahne steif schlagen
und mit dem Ahornsirup und der
Vanille aromatisieren. Gut die
Hälfte davon mit den Erdbeer-
stückchen mischen und kuppel-
förmig auf die Torte häufen. • Den
nicht getränkten Boden bis zur
Mitte einschneiden, damit sich
eine Kuppel formen läßt, auf die
Erdbeer-Sahne legen und nur am
Rand andrücken. • Die übrige
Sahne mit dem Spritzbeutel oder
einem Löffel daraufhäufen und
mit den übrigen Erdbeeren und
den Pistazien verzieren.

Hochzeitstorte mit Reis, Weincreme und Marzipan

Der Glücksbringer Reis in seiner süßesten und elegantesten Form

Für den Teig; 1 l Milch · 1 Prise Salz · abgeriebene Schale von ½ unbehandelten Zitrone · 250 g Rundkorn-Naturreis · 150 g Butter · 200 g Honig · 6 Eier 1 Teel. Muskatblüte (Macis), gemahlen · 1 Prise Zimtpulver 100 g Weizen, feingemahlen 1 Prise Weinstein-Backpulver 250 g Mandeln, sehr fein gehackt Für die Füllung: 10 Blatt weiße Gelatine · 140 g Butter · 6 Eigelbe Saft von 2 Zitronen · ⅛ l trockener Weißwein · abgeriebene Schale von 1 unbeh. Zitrone 200 g Honig · 2 Eßl. Cognac oder Armagnac · ½ l Sahne · Salz Für die Verzierung: 850 g Mandeln · 500 g Honig · 2−3 Eßl. Rosenwasser (Apotheke) · ein paar Tropfen Spinat- und Rote-Bete-Saft zum Einfärben Bei 40 Stücken etwa 1655 Joule/ 395 Kalorien · 9 g Eiweiß 28 g Fett · 30 g Kohlenhydrate 4 g Ballaststoffe pro Stück

Zubereitungszeit: etwa 5 Stunden · Backzeit: insgesamt etwa 1½ Stunden · Kühlzeiten: etwa 3 Stunden

Die Milch mit dem Salz und der Zitronenschale zum Kochen bringen, den Reis darin unter Rühren aufkochen, dann bei schwacher Hitze zugedeckt etwa 45 Minuten quellen und auf einem Sieb abtropfen lassen. • Die Butter schaumig rühren, dabei nach und nach den Honig, die Eier und die Gewürze dazugeben. • Das Weizenmehl mit dem Backpulver mischen und zusammen mit dem Reis und den Mandeln darunterrühren. • Den Backofen auf 200° vorheizen. Springformen von 28, 22 und 16 cm Ø mit Backtrennpapier auslegen und in jeder Form jeweils 3 Böden in 15−20 Minuten backen. Dabei empfiehlt es sich, jeweils 2 Formen gleichzeitig in den Ofen zu schieben. • Die Böden einzeln auf Kuchengittern auskühlen lassen. • Für die Füllung die Gelatine nach

Aufschrift einweichen. Die Butter bei schwacher Hitze schmelzen und wieder auf Handwärme abkühlen lassen. Die Eigelbe mit dem Zitronensaft, dem Wein, der Zitronenschale und dem Honig verquirlen und im heißen, aber nicht kochenden Wasserbad dickschaumig aufschlagen. • Die Gelatine ausdrücken, in der Creme auflösen und die Butter darunterschlagen. • Die Schüssel in ein kaltes Wasserbad stellen und die Creme kalt schlagen. Mit dem Cognac oder Armagnac abschmecken und in den Kühlschrank stellen. • Kurz vor dem Gelieren die Sahne steif schlagen und locker unter die Creme ziehen. • Die Böden damit bestreichen, zur dreistöckigen Torte zusammensetzen und kühl stellen. • Die Mandeln mit kochendheißem Wasser überbrühen, häuten, abtrocknen und mit dem Honig und dem Rosenwasser im Mixer zu Marzipan verarbeiten. • Einen kleinen Teil davon mit Spinatsaft hellgrün einfärben, einen zweiten Teil mit

Rote-Bete-Saft rosa färben. Das ungefärbte Marzipan zwischen Backtrennpapier dünn ausrollen, in Form der Tortenoberfläche und -stufen ausschneiden und die Torte damit bedecken. • Etwas vom rosa eingefärbten Marzipan auf Backtrennpapier zu 6 sehr dünnen Strängen rollen, je 2 davon miteinander verschlingen und um die einzelnen Stufen legen. Den Rest dünn ausrollen und unterschiedlich kleine runde Scheibchen ausstechen. Diese um einen winzig geformten Marzipankegel legen, leicht andrücken und die »Blattränder« vorsichtig nach außen biegen. Die Rosen auf die Tortenoberfläche legen, aus der grünlichen Masse »Laubblätter« ausschneiden und anlegen.

Mein Tip: Die Marzipandecke und auch die Verzierungen haften besser, wenn man sie mit etwas verquirltem Eiweiß »anklebt«. Übrigens können Sie Hochzeitstorten diesen Stils auch aus Buchweizen-Biskuit (Rezept siehe Seite 54) backen.

Honig-Eistorte mit Walnüssen

Zarter Schmelz mit feinem Nußaroma

Für den Boden: 4 Eiweiße
1 Prise Salz · 125 g Honig
1 Teel. Zitronensaft
150 g Walnüsse, frisch gemahlen
1 Teel. Caroben
Außerdem: 200 g Walnüsse
2 Eier · 2 Eigelbe · 1 Prise Salz
100 g Honig · ¼ Teel. Naturvanille
(Reformhaus). 1 Teel. Zimtpulver
4 Eßl. Cognac oder Weinbrand
2 Eßl. Crème de Cacao (klarer
Kakaolikör) · ¾ l Sahne · 50 g
Honigschokolade (Reformhaus)
Bei 16 Stücken etwa 1615 Joule/
385 Kalorien · 7 g Eiweiß
31 g Fett · 18 g Kohlenhydrate
3 g Ballaststoffe pro Stück

Vorbereitungszeit: etwa
2 Stunden · Backzeit: etwa
4 Stunden Zeit zum Gefrieren:
etwa 6 Stunden

Den Backofen auf 100° vorheizen. • Ein Backblech mit Pergamentpapier belegen und mit Hilfe des Springformbodens einen Kreis von 24 cm Ø markieren. • Die Eiweiße mit dem Salz zu schnittfestem Schnee schlagen, dann unter weiterem Schlagen nach und nach den Honig hinzufließen lassen und weiterschlagen, bis die Masse stark glänzend und dickcremig ist. Zum Schluß den Zitronensaft darunterschlagen und die gemahlenen Walnüsse zusammen mit dem Caroben locker, aber sorgfältig unter den Schnee ziehen. • Die Masse in einen Spritzbeutel mit großer glatter Tülle geben und damit spiralförmig als Boden in den markierten Kreis spritzen. • Das Blech auf die mittlere Schiene des vorgeheizten Ofens schieben und den Boden in etwa 4 Stunden mehr trocknen als backen lassen. • Dabei die Backofentür möglichst mit Hilfe eines Holzlöffels (kein Plastik!) einen Spalt breit offen lassen, damit die verdunstende Feuchtigkeit abziehen kann. • Den Boden danach sofort vom Blech nehmen, das Pergamentpapier abziehen (notfalls zum Lösen mit etwas kaltem Wasser bestreichen). • Den Boden auf einem Kuchendraht auskühlen und nachtrocknen lassen. • Von den Walnüssen 16 besonders schöne Hälften abnehmen und beiseite legen. Die restlichen Nüsse sehr fein hacken. • Die Eier zusammen mit den Eigelben und dem Salz in eine Metallschüssel geben und verquirlen. • Die Schüssel in ein heißes Wasserbad stellen und unter ständigem Schlagen nach und nach den Honig hinzufließen lassen. • Dabei die Naturvanille und das Zimtpulver daruntermischen und die Masse schlagen, bis sie dickcremig ist. Dabei darf das Wasser jedoch niemals aufkochen, sonst gerinnt das Ei. • Die Schüssel anschließend aus dem heißen Wasserbad nehmen und in ein kaltes stellen. • Die Creme mit dem Cognac oder Weinbrand und dem Crème de Cacao mischen und weiterschlagen, bis sie völlig abgekühlt ist. Andernfalls könnte sie sich später beim Gefrieren wieder absetzen. • ½ l Sahne steif schlagen und zusammen mit den feingehackten Walnüssen unter die Creme heben. • Einen Springformrand um den Nußbaiser-Boden schließen und die Creme glatt darin verstreichen. • Die Torte in das Gefrierfach stellen und in etwa 6 Stunden fest werden lassen. • Kurz vor Ablauf dieser Zeit die Schokolade in einem kleinen Töpfchen bei schwacher Hitze schmelzen und die Walnußhälften hineingeben. • Diese dann mit einer Gabel auf einen engmaschigen Kuchendraht legen und die Schokoladenschicht trocknen lassen. • Die restliche Sahne steif schlagen und in einen Spritzbeutel mit Sterntülle geben. • Den Springformrand von der Torte abnehmen und auf der Oberfläche 16 Stücke markieren. Jedes Stück mit einer Sahnespirale verzieren und je 1 Walnußhälfte auf deren Ende setzen.

Weihnachtliches Früchtebrot

Bis zum Anschneiden muß es etwa 1 Woche ruhen

300 g getrocknete Birnen, ungeschwefelt · 150 g getrocknete, entsteinte Pflaumen, ungeschwefelt · je 100 g getrocknete Äpfel und Aprikosen, ungeschwefelt · 80 g Rosinen, ungeschwefelt · ⅛ l kräftiger Rotwein · ⅜ l warmes Wasser 150 g getrocknete Feigen, ungeschwefelt · 150 g Mandeln 100 g Haselnüsse · 30 g Zitronat 50 g Orangeat · je 400 g Weizen und Roggen, feingemahlen 1 Würfel Hefe · 1–2 Teel. Zimtpulver · je 1 Prise Anis, Piment und Fenchel, frisch gemahlen 2 Eßl. Honig · 1 Prise Salz · Saft und abgeriebene Schale von 1 unbehandelten Orange Weizen, feingemahlen, zum Bestäuben und Formen · Butter zum Einfetten und Bestreichen

Pro 100 g etwa 1505 Joule/ 355 Kalorien · 8 g Eiweiß 9 g Fett · 58 g Kohlenhydrate 8 g Ballaststoffe

Zeit zum Einweichen: 3–4 Stunden · Vorbereitungszeit: etwa 1 Stunde · Zeit zum Gehenlassen: mindestens 2 Stunden Backzeit: etwa 1½ Stunden

Die getrockneten Früchte unter heißem Wasser waschen, abtrocknen und würfeln. In eine Schüssel geben, den Rotwein und das warme Wasser dazugießen und alles zugedeckt 3–4 Stunden quellen lassen. • Die Feigen heiß waschen, gut abtrocknen, entstielen und feinwürfeln. • Die Mandeln mit kochendem Wasser übergießen, kalt abschrecken und die braunen Häutchen von den Kernen schieben. Die Mandeln auf einem Küchentuch sehr gut trocknen lassen. • 50 g der Mandeln der Länge nach halbieren und beiseite legen. • Die restlichen Mandeln zusammen mit den Haselnüssen grobhakken. • Das Zitronat und das Orangeat sehr fein würfeln. • Das Weizen- und Roggenmehl in einer Schüssel mischen, in die

Mitte eine Mulde drücken und die Hefe hineinbröckeln. • Die Trockengewürze über die Hefe streuen und mit etwas Einweichwasser und wenig Mehl vom Rand zum Vorteig verrühren. • Ein Tuch darüberdecken und den Vorteig an einem warmen, zugfreien Platz gehen lassen, bis er deutlich aufgegangen ist und Blasen wirft. • Die eingeweichten Früchte auf einem Sieb abtropfen lassen, das Einweichwasser dabei auffangen und mit Wasser auf ¼ l auffüllen. Sollte es zu kalt geworden sein, wieder leicht erwärmen, bis es handwarm ist. • Den Honig zusammen mit dem Salz, dem Orangensaft und der -schale sowie dem Einweichwasser zum Vorteig geben und alles zu einem glatten, elastischen Teig verkneten. Dabei, wenn nötig, noch etwas Wasser dazugeben. • Den Teig schlagen, bis er sich vom Schüsselrand löst und Blasen wirft. • Die eingeweichten Früchte zusammen mit den Feigen, den Haselnüssen und Mandeln, dem Zitro-

nat und dem Orangeat hinzufügen und alles sehr sorgfältig unter den Teig kneten. • Diesen mit etwas Mehl bestäuben und an einem warmen Platz gehen lassen, bis er sein Volumen verdoppelt hat. Das dauert je nach Raumwärme 1 bis 1½ Stunden. • Den Backofen auf 180° vorheizen. • Die Arbeitsfläche dünn mit Mehl bestäuben. Den Teig darauf durchkneten, zu zwei länglichen Laiben formen und mit den halbierten Mandeln belegen. • Ein Backblech mit Butter einfetten, die Früchtebrote mit Abstand voneinander darauflegen und nochmals etwa 15 Minuten gehen lassen. • Die Brote auf die untere Schiene des heißen Ofens schieben und etwa 1½ Stunden backen lassen. Dabei mehrfach mit etwas Butter bestreichen. • Die Brote nach dem Backen nochmals mit Butter bestreichen, auf einem Kuchendraht auskühlen und bis zum Verzehr 1 Woche ruhen lassen.

Butterstollen mit exotischen Früchten

Traditionelles Weihnachtsgebäck in neuer Aufmachung

500 g Weizen, feingemahlen
1 Würfel Hefe · ¼ l lauwarme
Milch · 100 g Honig
250 g weiche Butter · 2 Eier
½ Teel. Salz · 1 Vanilleschote
abgeriebene Schale von
½ unbehandelten Zitrone
je 1 Prise Kardamom und
Koriander, frisch gemahlen oder
sehr fein zerstoßen · je 2 Prisen
Muskatblüte und Zimtpulver
150 g getrocknete Feigen, ungeschwefelt · 200 g getrocknete
Datteln, ungeschwefelt
50 g getrocknete Bananen
80 g getrocknete Papayas
30 g Sesamsamen · 50 g
Pistazien, grobgehackt · Weizen,
feingemahlen, zum Ausrollen
und Formen · Butter zum
Einfetten · etwa 100 g Butter zum
Bestreichen

Pro 100 g etwa 1545 Joule/
370 Kalorien · 6 g Eiweiß
20 g Fett · 43 g Kohlenhydrate
5 g Ballaststoffe

Vorbereitungszeit: etwa 45 Minuten · Zeit zum Gehenlassen:
mindestens 1½ Stunden
Backzeit: etwa 1 Stunde

Das Mehl in eine Schüssel
geben, in die Mitte eine
Mulde drücken und die Hefe hineinbröckeln. Etwas Milch und
etwas Honig hinzufügen und die
Hefe damit und mit wenig Mehl
vom Rand zum Vorteig verrühren. Ein Tuch darüberdecken
und den Vorteig in 15–20 Minuten gehen lassen, bis er deutlich
aufgegangen ist und Blasen
wirft. ● Die Butter in Flöckchen
teilen und zusammen mit der
restlichen Milch, dem restlichen
Honig, den Eiern und dem Salz
zum Vorteig geben. ● Die Vanilleschote der Länge nach aufschneiden und das Mark herausschaben. Dieses mitsamt dem
Kardamom, dem Koriander, der
Muskatblüte und dem Zimtpulver
in die Schüssel geben und alles
zu einem glatten Teig verarbeiten. Den Teig nun schlagen, bis
er sich vom Schüsselrand löst

und Blasen wirft. ● Erneut mit
einem Tuch bedecken und mindestens 30 Minuten gehen lassen, bis er sein Volumen verdoppelt hat und seine Oberfläche
»wollig« aussieht. ● In der Zwischenzeit die Feigen entstielen,
die Datteln entsteinen und beides ebenso wie die Bananen
und die Papayas sehr fein würfeln. Die Früchte mit den Sesamsamen und den Pistazien
mischen. ● Den aufgegangenen
Hefeteig gut zusammendrücken
und auf der leicht mit Mehl
bestäubten Arbeitsfläche durchkneten. ● Die Fruchtmischung
darunterarbeiten und den Teig
zu einem dicken Oval ausrollen.
Dabei sollten die Längsseiten
etwas wulstig sein. ● Den Teig
nun so der Länge nach überein-
anderklappen, daß sich die Wül-
ste etwas überdecken. Mit den
flachen Handkanten den Teig in
Längsrichtung noch leicht
zusammendrücken. ● Ein Backblech mit Butter einfetten und
den Stollen darauf ein letztes Mal
in 20–30 Minuten aufgehen las-

sen. ● Den Backofen auf 200°
vorheizen. ● Den gut aufgegangenen Stollen auf die untere
Schiene schieben und etwa
1 Stunde backen lassen. ● Die
Butter schmelzen und den noch
heißen Stollen so lange damit
bestreichen, bis er kein Fett
mehr aufnehmen kann.

Mein Tip: Ausgeschabte Vanille-
schoten sollten Sie nicht wegwerfen, denn auch die Schoten
sind äußerst aromatisch. Geben
Sie sie in ein kleines, möglichst
dunkles Fläschchen und füllen
Sie sie mit Alkohol (entweder
aus der Apotheke oder mit
Cognac, Rum oder einem einfachen Korn) auf. Das Fläschchen
nun gut verschließen und mindestens 1 Woche durchziehen lassen. Diese Essenz können Sie
dann tröpfchen- oder teelöffel-
weise verwenden und stets mit
neuen »leeren« Schoten und
Alkohol wieder erneuern. Dabei
sollten Sie die Alkoholsorten
jedoch nicht miteinander
mischen.

Verlockende Obstkuchen

Selbst diejenigen, die sich lieber zu einer deftigen Brotzeit als zu Kaffee und Kuchen einladen lassen, sind herzlich gerne Gast, sobald die ersten Erdbeeren und Kirschen auf Torten zu finden sind oder wenn es Apfel-, Pflaumen- oder Zwetschgenkuchen gibt. Aber damit ist die Bandbreite der Obstkuchen-Rezepte natürlich noch lange nicht erschöpft. Probieren Sie einmal den saftigen Aprikosen-Käsekuchen mit Mandeln, die Stachelbeer-Marzipan-Torte, die Brombeertorte mit Joghurtcreme, die Pecannuß-Orangentorte, die Bananentorte mit Ananas und Nüssen oder die Walnuß-Birnen-Wähe. Vergessen Sie aber auch nicht Pfirsich-Pumpernickel-Pie, Apfelstrudel auf bäuerliche Art, Stachelbeertorte mit Gerste und Haselnüssen und, und, und . . .

Für jede Jahreszeit und jede Obst-Saison finden Sie passende Rezepte, die alle eines gemeinsam haben: das volle Aroma des ganzen Korns und der sonnengereiften Früchte, harmonisch verbunden durch Eier, Honig, Sahne, Butter, Nüsse und andere wertvolle Zutaten.

Kokosnuß-Apfelkuchen mit Datteln

Gelungene Kombination aus heimischen und exotischen Früchten

Für den Teig: 100 g Butter
125 g Honig · 1 Ei
1 Eigelb · 2 Prisen Naturvanille
(Reformhaus) · 1 Prise Salz
200 g Weizen, feingemahlen
30 g Buchweizen, feingemahlen
100 g Kokosraspeln
Außerdem: 100 g Vollkornkekse
mit Honig · Butter zum Einfetten
Für die Füllung:
150 g getrocknete Datteln,
ungeschwefelt · 750 g säuerliche
Äpfel · Saft von 1 Zitrone
4 Eigelbe · 100 g Honig
2 Eßl. Rum · 4 Eiweiße
1 Prise Salz · ⅛ l Sahne
100 g Kokosraspeln
Bei 12 Stücken etwa 2000 Joule/
475 Kalorien · 8 g Eiweiß
26 g Fett · 52 g Kohlenhydrate
7 g Ballaststoffe pro Stück

Vorbereitungszeit: etwa
1 Stunde
Kühlzeit: etwa 45 Minuten
Backzeit: etwa 1 Stunde

Die Butter mit dem Honig, dem Ei, dem Eigelb, der Vanille und dem Salz sehr schaumig rühren. • Das Weizen- und Buchweizenmehl zusammen mit den Kokosraspeln dazugeben und soweit wie möglich unterrühren, danach alles schnell durchkneten. • Den Teig zur Kugel formen und in Folie eingewickelt etwa 45 Minuten im Kühlschrank ruhen lassen. • Den Backofen auf 200° vorheizen. • Die Vollkornkekse zerbröckeln, in eine Plastiktüte geben und mit dem Nudelholz sehr fein zerbröseln. • Eine Springform von 28 cm Ø mit Butter einfetten und mit einem Teil der Brösel ausstreuen, die restlichen Brösel beiseite stellen. • Den Teig in der Springform ausrollen oder flachdrücken und dabei einen etwa 3 cm hohen Rand formen. Diesen mit einem Alufolienstreifen abstützen, den Teigboden mehrmals mit einer Gabel einstechen und den Kuchen auf der mittleren Schiene des heißen Ofens 10–15 Minuten vorbacken. • In der Zwischenzeit die Datteln entsteinen und sehr fein würfeln.

• Die Äpfel waschen, ungeschält entkernen und in Achtel teilen. Diese sofort mit etwas Zitronensaft beträufeln, damit sie nicht braun werden. • Die Eigelbe mit dem Honig, dem restlichen Zitronensaft und dem Rum sehr schaumig schlagen. • Die Eiweiße mit dem Salz schnittfest und die Sahne sehr steif schlagen. • Den Eischnee und die Sahne auf die Eigelb-Honig-Creme gleiten lassen, die Kokosraspeln und die restlichen Vollkornbrösel dazugeben und alles sehr locker unterheben. • Den vorgebackenen Boden aus dem Ofen nehmen und die Alufolie entfernen. • Die Äpfel dicht nebeneinander auf den Boden legen, die Datteln darüberstreuen und die Schaummasse gleichmäßig darauf verstreichen. • Den Kuchen sofort wieder auf die mittlere Schiene des heißen Ofens schieben und weitere 40–50 Minuten backen. • Sollte die Oberfläche dabei zu schnell

bräunen, wird sie mit Alufolie oder Pergamentpapier abgedeckt. • Den fertigen Kuchen in der Form ein paar Minuten ausdampfen lassen, dann zum Erkalten auf einen Kuchendraht schieben.

Mein Tip: Achten Sie beim Guß darauf, daß die Eigelbcreme sehr schaumig, der Eischnee wirklich schnittfest und die Sahne steif ist und mischen Sie alles sehr schnell und locker miteinander, damit die Masse sofort in der Ofenhitze ein Gerüst bilden und sich nicht absetzen kann. Statt einer Springform können Sie auch eine Pieform mit hohem Rand verwenden und den Kuchen dann gleich in der Form servieren, denn auch warm schmeckt er sehr gut.

Versunkene Apfeltorte

Bekanntes mit neuem Aroma

150 g Butter · 100 g Honig
1 Prise Salz
½ Teel. Zimtpulver · 2 Eier
125 g Weizen, feingemahlen
50 g Mais, feingemahlen
1½ Teel. Weinstein-Backpulver
50 g Leinsamen · 100 g Mandeln, feingemahlen · Butter zum Einfetten · Vollkornbrösel zum Ausstreuen · 1 kg säuerliche Äpfel · Saft von 1 Zitrone
50 g Rosinen, ungeschwefelt
40 g Mandeln, in Stifte geschnitten
Bei 12 Stücken etwa 1370 Joule/ 325 Kalorien · 6 g Eiweiß
20 g Fett · 30 g Kohlenhydrate
3 g Ballaststoffe pro Stück

Vorbereitungszeit: etwa 45 Minuten · Backzeit: etwa 50 Minuten

Die Butter mit dem Honig, dem Salz und dem Zimtpulver sehr schaumig rühren und dabei nach und nach die Eier zufügen. • Das Weizen- und Maismehl mit dem Weinstein-Backpulver vermischen und zusammen mit dem Leinsamen und den gemahlenen Mandeln unter den Teig rühren. • Den Backofen auf 180° vorheizen. • Eine Springform von 28 cm Ø mit Butter sorgfältig einfetten und mit Vollkornbröseln ausstreuen. • Den Teig hineinfüllen und die Oberfläche glattstreichen. • Die Äpfel schälen, halbieren und entkernen. Die Oberflächen der Früchte mehrmals dicht nebeneinander keilförmig ein-, aber nicht durchschneiden und sofort mit Zitronensaft bestreichen. • Die Apfelhälften nun kreisförmig auf den Teig legen und nur leicht andrükken. • Die Rosinen in einem Sieb unter heißem Wasser waschen, in einem Tuch trockenreiben und zusammen mit den Mandelstiften auf die Äpfel streuen. • Den Kuchen auf der unteren Schiene des heißen Ofens etwa 50 Minuten backen, dann in der Form kurz ausdampfen und auf einem Kuchendraht erkalten lassen.

Mein Tip: Sind die Äpfel sehr sauer, können Sie den Kuchen während der letzten Backminuten ein- bis zweimal mit etwas flüssigem Honig bestreichen und diesen ganz leicht karamelisieren lassen. In jedem Fall schmeckt Crème fraîche oder Schlagsahne gut dazu.

Aprikosen-Himbeertorte

Sehr schnell zubereitet

150 g Weizen, feingemahlen
50 g Hirse, feingemahlen · 50 g
Mandeln, frisch gemahlen
1 Prise Salz · 1 Ei · abgeriebene
Schale von ½ unbehandelten
Zitrone · 5 Eßl. Honig · 100 g kalte
Butter · Butter zum Einfetten
Vollkornbrösel zum Ausstreuen
3 Blatt weiße Gelatine
300 g frische oder ungesüßte
tiefgefrorene Himbeeren · 750 g
vollreife Aprikosen · ⅛ l Wasser
⅛ l trockener Weißwein
⅛ l Sahne · 1 Eßl. Pistazien,
feingehackt
Bei 12 Stücken etwa 1120 Joule/
265 Kalorien · 5 g Eiweiß
14 g Fett · 27 g Kohlenhydrate
5 g Ballaststoffe pro Stück

Vorbereitungszeit: etwa 45 Minuten · Kühlzeit: etwa 30 Minuten
Backzeit: 20–25 Minuten

Das Weizen- und Hirsemehl
mit den Mandeln und dem
Salz mischen und in die Mitte
eine Mulde drücken. Das Ei hineingeben, die Zitronenschale
und 3 Eßlöffel Honig hinzufügen.
Die Butter in Flöckchen teilen
und auf den Mehlrand streuen.
• Alle Zutaten mit zwei Messern
hacken, bis sie sich bröselig vermischt haben, dann sehr schnell
zu einem glatten Teig kneten.
Diesen zur Kugel formen, in
Folie wickeln und für etwa
30 Minuten in den Kühlschrank
legen. • Eine Obstkuchenform
von 26 cm ⌀ mit Butter einfetten
und mit Vollkornbröseln ausstreuen. • Den Backofen auf
200° vorheizen. • Den Teig hineingeben, flachdrücken und den
Boden mehrfach mit einer Gabel
einstechen, damit er beim Bakken keine Blasen werfen kann.
• Den Kuchen auf die mittlere
Schiene des heißen Ofens
schieben und in 20–25 Minuten
gar, aber nicht zu dunkel backen.
• Unmittelbar danach auf einen
Kuchendraht stürzen und auskühlen lassen; später löst er sich
nicht mehr gut aus der Form.
• Die Gelatine in wenig kaltem
Wasser einweichen. • Die Himbeeren unter kaltem Wasser
schnell abspülen, sehr gut trok-
kentupfen und erst dann entkelchen, tiefgefrorene Himbeeren
auftauen lassen. • Die Aprikosen
waschen, mit kochendem Wasser übergießen und 1–2 Minuten darin ziehen lassen. Dann
kalt abschrecken, häuten, halbieren und entkernen. Die Frucht-
hälften in gleichmäßige Schnitze
teilen. • Abwechselnd Kreise aus
dachziegelartig übereinanderge-
legten Aprikosenschnitzen und
Himbeeren auf den erkalteten
Tortenboden legen und dabei 12
besonders schöne Himbeeren
für die Verzierung beiseite legen.
• Das Wasser mit dem Weißwein
und dem restlichen Honig erwärmen, jedoch nicht kochen lassen, die gut ausgedrückte Gelatine darin unter Rühren auflösen.
Die Masse abkühlen lassen, bis
sie gerade zu gelieren beginnt.
• Dieses Gelee dann über die
Früchte gießen, glatt verstreichen und darauf achten, daß
nichts davon über den Teigrand
läuft. Den Guß fest werden lassen. • Vor dem Servieren die
Sahne steif schlagen und in
einen Spritzbeutel mit Sterntülle
geben. • Auf der Tortenoberfläche 12 Stücke markieren und auf
jedes einen dicken Sahnetupfen
spritzen. Diese mit den restlichen Himbeeren und den
gehackten Pistazien verzieren
und die Torte möglichst rasch
servieren.

Mein Tip: Aus dem gleichen Teig
können Sie 6 Torteletts von
12 cm ⌀ backen. Zum Belegen
werden 3 gehäutete Aprikosen
halbiert und mit den Schnittflächen nach unten auf die Torteletts gesetzt. Etwa 150 g Himbeeren rundherum anordnen
und mit der Hälfte des oben
angegebenen Gusses überziehen. Mit Sahne und Pistazien
verzieren oder die Sahne auch
getrennt dazu reichen.

Biskuitrolle mit Erdbeer-Sahne

Schmeckt mit Walderdbeeren besonders gut

Für den Teig: 5 Eigelbe · 5 Eßl. warmes Wasser · 125 g Honig
5 Eiweiße · 1 Prise Salz
80 g Weizen, feingemahlen
30 g Dinkel, feingemahlen
30 g Buchweizen, feingemahlen
2 Prisen Weinstein-Backpulver
Für die Füllung: 300 g vollreife Erdbeeren · ½ l Sahne · 1 Teel. Maraschinolikör
Bei 12 Stücken etwa 1020 Joule/ 240 Kalorien · 5 g Eiweiß
16 g Fett · 19 g Kohlenhydrate
1 g Ballaststoffe pro Stück

Vorbereitungszeit: etwa 1 Stunde
Backzeit: 10–12 Minuten

Den Backofen auf 220° vorheizen. • Ein Backblech mit Backtrennpapier belegen und dieses am offenen Blechrand hochfalzen. • Die Eigelbe mit dem Wasser und etwa 100 g Honig dickschaumig und cremig schlagen. • Die Eiweiße mit dem Salz schnittfest schlagen und auf die Eigelbcreme gleiten lassen. • Die Mehlsorten mit dem Backpulver vermischen, auf den Eischnee geben und alles locker unterheben. • Den Teig auf dem Papier glatt verstreichen und auf der mittleren Schiene des heißen Ofens 10–12 Minuten backen. • In der Zwischenzeit einen Bogen Backtrennpapier auf die Arbeitsfläche legen. • Den Biskuit daraufstürzen, das Papier mit kaltem Wasser bestreichen und sofort ablösen. Nun das Backblech wieder auf die Platte stürzen und diese auskühlen lassen. Da die Feuchtigkeit nicht entweichen kann, bleibt der Biskuit weich und läßt sich auch später noch rollen. • Die Erdbeeren unter kaltem Wasser abspülen und sehr gut trockentupfen. 12 besonders schöne Früchte beiseite legen, die anderen entkelchen und halbieren. • Die Sahne steif schlagen, mit dem restlichen Honig süßen und mit dem Maraschinolikör aromatisieren. Etwa 3 Eßlöffel davon in einen Spritzbeutel mit Sterntülle geben. • Die restliche Sahne mit den Erdbeerhälften locker vermischen, auf der Biskuitplatte verstreichen und diese von einer Längsseite her aufrollen. • Auf der Oberfläche 12 Stücke markieren und jedes davon mit einem Sahnetupfer krönen und mit 1 Erdbeere belegen.

Stachelbeer-Marzipantorte

Die feine Süße des Marzipans harmoniert gut mit der fruchtigen Säure der Beeren

Für den Teig: 100 g Weizen, feingemahlen · 50 g Dinkel oder Buchweizen, feingemahlen
100 g Mandeln, frisch gemahlen
1 Prise Salz · 1 Prise Zimtpulver
1 Eigelb · 100 g Honig
100 g gekühlte Butter
Außerdem: 150 g Mandeln
500 g Stachelbeeren
150 g Honig · 3 Eßl. Rum · Butter zum Einfetten · Vollkornbrösel zum Ausstreuen · 3 Eiweiße
1 Prise Salz · 1 Prise Zimtpulver
abgeriebene Schale von ¼ unbehandelten Zitrone · 2 Eigelbe
2 Eßl. Ahornsirup · 3 Eßl. kernige Hafer- Vollkornflocken
Bei 12 Stücken etwa 1525 Joule/
365 Kalorien · 8 g Eiweiß
20 g Fett · 36 g Kohlenhydrate
5 g Ballaststoffe pro Stück

Vorbereitungszeit: etwa 1 Stunde
Kühlzeit: etwa 45 Minuten
Backzeit: etwa 65 Minuten

Das Weizen- und Dinkel- oder Buchweizenmehl mit den Mandeln, dem Salz und dem Zimtpulver mischen und auf die Arbeitsfläche häufen. In die Mitte eine Mulde drücken und das Eigelb mit dem Honig darin etwas verrühren. • Die Butter in kleinen Flöckchen auf dem Mehlrand verteilen und alle Zutaten sehr schnell zu einem glatten Teig verkneten. Diesen zur Kugel formen und in Folie gewickelt für etwa 45 Minuten in den Kühlschrank legen. • In der Zwischenzeit die Mandeln mit kochendem Wasser überbrühen, kalt abschrecken und die braunen Häutchen von den Kernen lösen. Die Mandeln auf einem Küchentuch sehr gut trocknen lassen. • Die Stachelbeeren in kaltem Wasser waschen und gründlich trockentupfen. Die Blüten- und Stengelansätze mit einer Schere entfernen und die Beeren mehrfach mit einer Nadel einstechen, damit sie beim Backen nicht zu sehr aufplatzen.
• Die Mandeln zweimal durch die

Mandelmühle drehen oder in der Küchenmaschine sehr fein zerkleinern und mit dem Honig und dem Rum zu einer glatten Marzipanmasse verrühren. • Den Backofen auf 200° vorheizen.
• Eine Springform von 26 cm ∅ mit Butter einfetten und mit Vollkornbröseln ausstreuen. • Den Teig darin mit den Händen flach andrücken, dabei einen etwa 3 cm hohen Rand formen und den Boden mehrfach mit einer Gabel einstechen. • Den Boden auf der mittleren Schiene des heißen Ofens etwa 15 Minuten vorbacken. • Inzwischen die Eiweiße mit dem Salz zu schnittfestem Schnee schlagen und mit dem Zimtpulver sowie der abgeriebenen Zitronenschale aromatisieren. • Die Eigelbe mit dem Ahornsirup verquirlen und zusammen mit den Haferflocken locker unter den Eischnee heben. Die Marzipanmasse nach und nach daruntermischen.
• Den Boden aus dem Ofen nehmen, die Temperatur auf 180° herunterschalten und die Tür

einen Augenblick lang offen lassen. • Die Marzipan-Eiermasse auf dem leicht abgekühlten Boden verstreichen und die Stachelbeeren gleichmäßig darauf verteilen. • Den Kuchen erneut in den Ofen schieben und weitere 50 Minuten backen. Sollte die Oberfläche dabei zu stark bräunen, kann sie mit Alufolie abgedeckt werden. • Den Kuchen in der Form kurz ausdampfen lassen, dann zum Abkühlen auf einen Kuchendraht geben.

Mein Tip: Um zu verhindern, daß beim Vorbacken von Mürbeteigböden (nicht nur in diesem Rezept) der Teigrand herunterrutscht, können Sie die Böden »blindbacken«. Kleiden Sie dazu den in der Form ausgedrückten Teig mit einem Blatt Pergamentpapier aus und füllen Sie die Form dann mit Hülsenfrüchten (getrockneten Erbsen, Linsen, Bohnen) oder Reis aus, die Sie nach dem Blindbacken mit dem Papier wieder entfernen.

Johannisbeertorte auf schwäbische Art

Die fruchtige Torte in zarter Einschneehülle sollte unbedingt ganz frisch serviert werden

Für den Teig: 180 g Weizen, fein-gemahlen · 50 g zarte Hafer-Vollkornflocken mit Keim · 30 g Haselnüsse, frisch gemahlen

1 Prise Salz · 2 Prisen Zimtpulver

1 Ei · 50 g Honig · abgeriebene Schale von ½ unbehandelten Zitrone · 100 g Butter · Butter zum Einfetten · Vollkornbrösel zum Ausstreuen

Für die Füllung: 500 g rote Johannisbeeren · 5 Eiweiße

1 Prise Salz · 1 Teel. Zitronensaft

4 Eßl. Honig · 100g Haselnüsse, frisch gemahlen · 30 g zarte Hafer-Vollkornflocken mit Keim

2 Prisen Zimtpulver

Bei 12 Stücken etwa 1140 Joule/270 Kalorien · 7 g Eiweiß

15 g Fett · 27 g Kohlenhydrate

7 g Ballaststoffe pro Stück

Vorbereitungszeit: etwa 45 Minuten · Kühlzeit: etwa 30 Minuten
Backzeit: etwa 40 Minuten

Das Weizenmehl mit den Haferflocken, den Nüssen, dem Salz und dem Zimtpulver mischen. • Das Ei mit dem Honig, der Zitronenschale und der Butter gut verrühren. Diese Mischung unter das Mehlgemenge arbeiten, wobei erst gerührt, dann geknetet wird. • Den Teig in Folie wickeln und für etwa 30 Minuten in den Kühlschrank legen. • Den Backofen auf 200° vorheizen. • Eine Springform von 26 cm ⌀ mit Butter einfetten und mit Vollkornbröseln ausstreuen. • Den Teig darin flach ausdrücken, dabei einen etwa 3 cm hohen Rand formen, und den Boden mehrfach mit einer Gabel einstechen. • Den Boden auf der mittleren Schiene des heißen Ofens etwa 10 Minuten vorbacken. • Inzwischen die Johannisbeeren kurz waschen, die Beeren mit einer Gabel von den Stielen streifen und abtrocknen. • Die Eiweiße mit dem Salz und dem Zitronensaft schnittfest schlagen und den Honig unterheben. • Die Haselnüsse mit den Haferflocken und dem Zimtpulver mischen und mit den Johannisbeeren unter den Eischnee ziehen. • Diese Masse auf dem Teigboden verteilen und die Torte auf der unteren Schiene des Ofens weitere 30 Minuten backen. • Die Torte in der Form kurz ausdampfen, dann auf einem Kuchendraht erkalten lassen.

Birnentorte mit Walnüssen

Entwickelt nach 1—2 Tagen ihr bestes Aroma

150 g Nackthafer · 200 g Walnüsse · 140 g Butter · 3 Eier · 1 Prise Salz · 100 g Birnendicksaft · Saft und abgeriebene Schale von 1 unbehandelten Zitrone · 4 Eßl. Birnengeist · 1 Teel. Zimtpulver · 1 Prise Nelken, gemahlen · 50 g Dinkel, feingemahlen · 100 g Weizen, feingemahlen · 1 Teel. Weinstein-Backpulver · Butter zum Einfetten · Vollkornbrösel zum Ausstreuen · 500 g vollreife Birnen · 3 Eßl. Crème fraîche

Bei 12 Stücken etwa 1420 Joule/ 340 Kalorien · 7 g Eiweiß 24 g Fett · 23 g Kohlenhydrate 4 g Ballaststoffe pro Stück

Vorbereitungszeit: etwa 1 Stunde
Backzeit: 45—55 Minuten
Ruhezeit: möglichst 1—2 Tage

Den Nackthafer in eine trockene Pfanne geben und unter ständigem Rühren leicht rösten. Dann auf einem großen Teller abkühlen lassen und mittelfein mahlen. • Eine Hälfte der Walnüsse grob- und die andere Hälfte feinhacken. • Von der Butter 100 g in einem Töpfchen bei schwacher Hitze schmelzen lassen, dann vom Herd nehmen. • Die Eier mit dem Salz sehr schaumig schlagen und dabei 60 g Birnendicksaft, den Saft und die abgeriebene Schale der Zitrone sowie 2 Eßlöffel Birnengeist, die Hälfte des Zimtpulvers und die Nelken daruntermischen. • Den gemahlenen Nackthafer mit dem Dinkel- und Weizenmehl mischen, das Backpulver und die feingehackten Walnüsse daruntermengen und alles unter den Teig rühren. • Eine Springform von 26 cm ⌀ mit Butter einfetten und mit Vollkornbröseln ausstreuen. • Den Teig hineinfüllen und mit einem angefeuchteten Teigschaber glatt verstreichen. Die Form beiseite stellen, damit der Teig quellen kann, während der Belag zubereitet wird. • Den Backofen auf 200° vorheizen. • Die Birnen waschen, vom Kerngehäuse befreien und in gleichmäßige Schnitze teilen. Diese kreisförmig auf den Teig legen, wobei sie sich dachziegelartig überlappen sollten. • Die restliche Butter in einem Töpfchen schmelzen lassen und wieder vom Herd nehmen. • Den restlichen Birnendicksaft zusammen mit der Crème fraîche und dem restlichen Birnengeist darunterrühren und alles mit dem restlichen Zimtpulver aromatisieren. Die grobgehackten Walnüsse hinzugeben, gut verrühren und diese Masse mit zwei Teelöffeln so über die Birnen verteilen, daß sie nicht ganz bedeckt werden. • Den Kuchen auf der unteren Schiene des heißen Ofens in 45—55 Minuten knusprig braun backen. Die Oberfläche eventuell mit Alufolie abdecken. • Den Kuchen in der Form ausdampfen lassen, dann zum Erkalten auf einen Kuchendraht geben. Bis zum Anschneiden möglichst (unter einer Kuchenhaube) 1—2 Tage ruhen und durchziehen lassen.

Mein Tip: Wenn Sie sich nicht vor ein paar zusätzlichen Joule/ Kalorien fürchten, sollten Sie diese äußerst würzige Birnentorte beim Servieren mit ein paar Schlagsahnetupfen krönen oder auch etwas gut gekühlte, nach Wunsch mit ein wenig Naturvanille aromatisierte, Crème fraîche dazu reichen. Auch Honigeis schmeckt gut dazu. Nehmen Sie dafür die Hälfte der Eismasse von Seite 63 und lassen Sie diese in einer Kastenform oder in einer Schüssel nicht ganz steif gefrieren, so daß Sie das Eis noch mit einem Löffel in großen Locken abschaben können. Wollen Sie das Eis »auf Vorrat« zubereiten, ist es ratsam, es 1—2 Stunden vor dem Servieren aus dem Gefrierfach zu nehmen und in den Kühlschrank zu stellen, damit es nicht ganz so hart auf den Tisch kommt.

Pflaumentorte mit Haselnüssen und Sesam

Schmeckt auch mit Zwetschgen oder Reineclauden ausgezeichnet

im Bild rechts

100 g Sesamsamen · 100 g
Magerquark · 2 Eßl. Milch
1 Prise Salz · abgeriebene
Schale von ½ unbehandelten
Zitrone · 150 g Honig · 3 Eigelbe
4 Eßl. Öl · 150 g Weizen,
feingemahlen · 60 g Hirse,
feingemahlen · 2 Teel. Weinstein-
Backpulver · 1 kg Pflaumen
3 Eiweiße · 1 Teel. Zitronensaft
1 Teel. Zimtpulver · 150 g Haselnüsse, frisch gemahlen
1 Eßl. Slibowitz · Butter zum
Einfetten · Vollkornbrösel zum
Ausstreuen · 2 Eßl. Ahornsirup

Bei 12 Stücken etwa 1465 Joule/
350 Kalorien · 9 g Eiweiß
17 g Fett · 40 g Kohlenhydrate
11 g Ballaststoffe pro Stück

Vorbereitungszeit: etwa 1 Stunde
Backzeit: 40–50 Minuten

Die Sesamsamen in einer
trockenen Pfanne unter Rühren leicht rösten, dann auf einem
Teller abkühlen lassen. • Den
Magerquark mit der Milch in eine
Schüssel geben, das Salz, die
abgeriebene Zitronenschale und
60 g Honig hinzufügen. Alles
sehr gut miteinander verrühren
und dabei 1 Eigelb und das Öl
daruntermischen. • Das Weizen-
und Hirsemehl mit dem Weinstein-Backpulver und 60 g gerösteten Sesamsamen mischen
und etwa die Hälfte davon unter
den Teig rühren. • Die restliche
Mehlmischung auf die Arbeitsfläche geben, in die Mitte eine
Mulde drücken und den Teig hineingeben. Von außen nach innen
alles zu einem glatten, homogenen Teig verkneten und diesen
zugedeckt ruhen lassen, bis der
Belag zubereitet ist. • Dazu die
Pflaumen in kaltem Wasser
waschen und sorgfältig abtrocknen. Die Früchte dann entstielen, halbieren und entsteinen
und die Pflaumenhälften jeweils
an einer Seite etwas einschneiden, damit sie sich beim Backen
nicht zusammenziehen können.
• Die Eiweiße mit dem Zitronensaft zu schnittfestem Schnee

schlagen, und dabei den restlichen Honig dazugeben. So
lange weiterschlagen, bis die
Masse stark glänzt und sehr fest
ist. • Das Zimtpulver zusammen
mit den gemahlenen Haselnüssen und den restlichen Sesamsamen locker darunterheben.
• Die restlichen Eigelbe mit dem
Slibowitz verquirlen und unter
die Schaummasse ziehen. • Den
Backofen auf 200° vorheizen.
• Eine Springform von 26 cm ⌀
mit Butter einfetten und mit Vollkornbröseln ausstreuen. Den
Teig hineingeben und flachdrük-
ken. • Die Haselnuß-Sesam-
masse darauf verstreichen und
die Pflaumen kreisförmig darauflegen. • Den Kuchen auf die
untere Schiene des Ofens schieben und 40–50 Minuten backen.
• Den Kuchen aus dem Ofen
nehmen und noch heiß mit dem
Ahornsirup bestreichen. • Den
Kuchen in der Form etwas ausdampfen lassen und zum Erkalten auf einen Kuchendraht
schieben. Erst nach dem Abkühlen anschneiden.

Variante:
Pflaumentorte mit
Honig-Kokos-Glasur
im Bild links
Den Teig wie im links beschriebenen Rezept zubereiten und
ein paar Minuten ruhen lassen,
damit das Mehl quellen kann.
Den Teig anschließend in die
vorbereitete Form geben, glattdrücken und mit einer Mischung
aus 20 g Hafer-Vollkornflocken
und 20 g (nach Wunsch leicht
gerösteten) Kokosraspeln
bestreuen. Die Pflaumen dicht
nebeneinander darauflegen und
den Kuchen etwa 30–40 Minuten backen. 100 g Honig mit
2–3 Eßlöffeln Slibowitz und etwa
30 g Kokosraspeln verrühren.
Diese Mischung auf den heißen
Kuchen streichen, den Herd
ausschalten und die Glasur in
etwa 5 Minuten nur ganz leicht
karamelisieren lassen. Den
Kuchen in der Form kurz ausdampfen und auf einem Kuchendraht auskühlen lassen.

Apfelkuchen mit Sahneglasur

Schmeckt auch mit Birnen, Reineclauden oder Aprikosen

350 g Weizen, feingemahlen
100 g Hirse, feingemahlen
50 g Buchweizen, feingemahlen
1 Würfel Hefe · 200 ml lauwarme
Milch · 100 g Apfeldicksaft
1 Ei · 1 Prise Salz · abgeriebene
Schale von ½ unbehandelten
Zitrone · 1 Teel. Zimtpulver
60 g weiche Butter · Butter zum
Einfetten · Vollkornbrösel zum
Ausstreuen · 80 g Korinthen,
ungeschwefelt · 1 kg säuerliche
Äpfel · Saft von 1—2 Zitronen
100 g Mandelstifte · 50 g Crème
fraîche · ⅛ l Sahne
Bei 20 Stücken etwa 980 Joule/
235 Kalorien · 5 g Eiweiß
11 g Fett · 28 g Kohlenhydrate
3 g Ballaststoffe pro Stück

Vorbereitungszeit: etwa 50 Minuten · Zeit zum Gehenlassen:
mindestens 1 Stunde · Backzeit:
etwa 40—50 Minuten

Alle Mehlsorten in einer
Schüssel mischen, in die
Mitte eine Mulde drücken und
die Hefe hineinbröckeln. Mit
etwas Milch und wenig Mehl vom
Rand zum Vorteig rühren und
etwa 15 Minuten gehen lassen.
• Die restliche Milch mit der
Hälfte des Apfeldicksaftes, dem
Ei, dem Salz, der Zitronenschale
und der Hälfte des Zimtpulvers
dazugeben und die Butter in kleinen Flöckchen auf den Rand setzen. • Alle Zutaten zu einem glatten Teig verarbeiten und diesen
schlagen, bis er sich vom Schüsselrand löst und Blasen wirft.
Erneut mit einem Tuch bedeckt
mindestens 30 Minuten gehen
lassen, bis er sein Volumen deutlich vergrößert hat. • Ein Backblech einfetten und mit Vollkornbröseln bestreuen. • Den Hefeteig durchkneten, auf dem Blech
ausrollen und kurz gehen lassen.
• Den Backofen auf 200—220°
vorheizen. • Die Korinthen heiß
waschen und gut trockenreiben.
• Die Äpfel schälen, vierteln, entkernen und in kleine Schnitze teilen. Sofort mit dem Zitronensaft
mischen. Mit den Korinthen und
den Mandeln auf den Hefeteig
verteilen und auf der mittleren
Schiene des heißen Ofens 30 bis
40 Minuten backen. • Die Crème
fraîche mit dem restlichen Zimtpulver, dem restlichen Apfeldicksaft und der Sahne verquirlen, auf
dem Kuchen verteilen und in 5 bis
10 Minuten leicht bräunen lassen.

Kirschkuchen mit Cashewnüssen und Streuseln

Fleischige, vollreife Kirschen schmecken am besten

Aprikosen-Käsekuchen mit Mandeln

Einfach in der Zubereitung, aufwendig in der Wirkung

Für den Teig: 400 g Weizen, feingemahlen · 100 g Hirse, feingemahlen · 1 Würfel Hefe 200 ml lauwarme Milch 50 g Honig · 1 Ei · 1 Prise Salz ½ Teel. Naturvanille (Reformhaus) · 50 g weiche Butter 60 g Cashewnüsse, sehr fein gehackt · Butter zum Einfetten Vollkornbrösel zum Bestreuen Für den Belag: 1,5 kg Süßkirschen · 200 g Butter · 150 g Honig · 1 Prise Salz · 1 Eigelb 300 g Weizen, feingemahlen 60 g Hirse, feingemahlen ½ Teel. Muskatblüte, gemahlen 40 g Vollkornbrösel · 100 g Cashewnüsse, grobgehackt

Bei 20 Stücken etwa 1650 Joule/ 395 Kalorien · 8 g Eiweiß 17 g Fett · 51 g Kohlenhydrate 5 g Ballaststoffe pro Stück

Vorbereitungszeit: etwa 1½ Stunden · Zeit zum Gehenlassen: mindestens 1 Stunde · Backzeit: 35–40 Minuten

Den Hefeteig wie im links beschriebenen Rezept zubereiten und dabei die Cashewnüsse zusammen mit den Gewürzen daruntermischen.
• Den Teig nach dem zweiten Aufgehen auf einem gefetteten und mit Bröseln bestreuten Blech ausrollen und nochmals gehen lassen. • Den Backofen auf 200–220° vorheizen. • Die Kirschen waschen, abtrocknen, entstielen und entsteinen. • Die Butter mit dem Honig, dem Salz und dem Eigelb verrühren. • Das Weizen- und Hirsemehl mit der Muskatblüte mischen, einen Teil davon unter die Buttermischung rühren, den Rest bröselig untermengen. • Den Hefeteig mit den Vollkornbröseln bestreuen. • Die Kirschen mit den Cashewnüssen mischen, darüber verteilen und mit den Streuseln bestreuen.
• Das Blech sofort auf die mittlere Schiene des heißen Ofens schieben und den Kuchen 35–40 Minuten backen. • Den Kirschkuchen nach dem Erkalten in Stücke schneiden.

400 g Weizen, feingemahlen 100 g Hirse, feingemahlen 1 Würfel Hefe · 200 ml lauwarme Milch · 150 g Honig · 3 Eier 1 Prise Salz · abgeriebene Schale von ½ unbehandelten Orange · 60 g Butter 50 g Orangeat, sehr fein gehackt Butter zum Einfetten Vollkornbrösel zum Bestreuen 1,5 kg frische Aprikosen 75 g Mandeln · 400 g Doppelrahm-Frischkäse · Saft von 2 Orangen · 1 Eßl. Aprikosenschnaps

Bei 20 Stücken etwa 1240 Joule/ 295 Kalorien · 8 g Eiweiß 13 g Fett · 35 g Kohlenhydrate 4 g Ballaststoffe pro Stück

Vorbereitungszeit: etwa 1 Stunde · Zeit zum Gehenlassen: mindestens 1 Stunde · Backzeit: 45–50 Minuten

Den Hefeteig wie auf der linken Seite beschrieben zubereiten. Dabei 100 g Honig und 1 Ei zurückbehalten und das Orangeat erst vor dem zweiten Aufgehen daruntermischen. •
Ein Backblech einfetten und mit Bröseln bestreuen. • Den Teig nochmals durchkneten, auf dem Blech ausrollen und gehen lassen. • Den Backofen auf 200° vorheizen. • Die Aprikosen waschen, abtrocknen, halbieren und entsteinen. • Die Mandeln mit kochendheißem Wasser übergießen, Mandeln häuten, gut trocknen lassen und halbieren. • Den Frischkäse mit dem restlichen Ei und 50 g Honig verschlagen und mit dem Saft von 1 Orange und dem Aprikosenschnaps abschmecken. • Auf dem Teig verstreichen und die Aprikosen nebeneinander darauflegen. • Jeweils 1 Mandelhälfte in die Früchte legen und den Kuchen auf der mittleren Schiene des Ofens 45–50 Minuten backen. • Den restlichen Honig mit dem übrigen Orangensaft verrühren, auf die Früchte streichen und alles abkühlen lassen.

Brombeertorte mit Joghurtcreme

Feinherb im Geschmack

Für den Teig: 4 Eigelbe · 2 Eßl. warmes Wasser · 100 g Honig abgeriebene Schale von ½ unbehandelten Orange
4 Eiweiße · 1 Prise Salz
150 g Weizen, feingemahlen
50 g Mandeln, frisch gemahlen
½ Teel. Weinstein-Backpulver
Butter zum Einfetten
Für Füllung und Verzierung:
750 g frische oder ungesüßte tiefgefrorene Brombeeren · 10 Blatt weiße Gelatine · 3 Eigelbe
150 g Honig · Saft von 1 Orange abgeriebene Schale von ½ unbehandelten Orange · 1 Prise Ingwerpulver · 300 g Sanoghurt
2 Eßl. Himbeergeist · 150 g Brombeerkonfitüre ohne Zuckerzusatz (Reformhaus) · 3 Eiweiße · 1 Prise Salz · ½ l Sahne · 60 g Mandeln, blättrig geschnitten

Bei 12 Stücken etwa 1800 Joule/ 430 Kalorien · 10 g Eiweiß · 24 g Fett · 43 g Kohlenhydrate 8 g Ballaststoffe pro Stück

Vorbereitungszeit: etwa 1 Stunde
Backzeit: 30—40 Minuten
Zeit zum Auskühlen und Festwerden: etwa 1 Tag

Für den Teig die Eigelbe mit dem Wasser, dem Honig und der Orangenschale weißschaumig und cremig aufschlagen.
• Den Backofen auf 180° vorheizen. • Die Eiweiße mit dem Salz schnittfest schlagen und auf die Eigelbcreme gleiten lassen.
• Das Weizenmehl mit den gemahlenen Mandeln und dem Backpulver mischen, über den Eischnee streuen und alles locker unterheben. • Den Boden einer Springform von 26 cm Ø mit Pergamentpapier belegen und mit Butter bestreichen. Den Teig darin sofort auf der unteren Schiene des heißen Ofens 30—40 Minuten backen. • In der Form ausdampfen lassen, dann auf einen Kuchendraht stürzen, das Pergamentpapier abziehen und den Biskuit möglichst bis zum nächsten Tag auskühlen lassen; er läßt sich dann leichter

schneiden. • Für die Füllung die Brombeeren in kaltem Wasser sehr kurz waschen und abtropfen lassen oder trockentupfen. Tiefgefrorene Beeren auftauen und danach gut abtropfen lassen. • Die Gelatine in wenig kaltem Wasser einweichen. • Die Eigelbe mit dem Honig, dem Saft und der abgeriebenen Schale der Orange und dem Ingwerpulver schaumig schlagen. Dabei nach und nach den Sanoghurt dazugeben und ebenfalls schaumig schlagen. Die Gelatine ausdrücken, in einem kleinen Topf mit dem Himbeergeist bei ganz schwacher Hitze auflösen. Unter Rühren leicht abkühlen lassen, dann etwas Joghurtcreme daruntermischen und diese Masse unter die restliche Joghurtcreme schlagen. Zum Gelieren in den Kühlschrank stellen. • Den Biskuit einmal waagerecht durchschneiden. • Die Konfitüre glattrühren und auf dem unteren Boden verstreichen. • Die Eiweiße mit dem Salz schnittfest und die Hälfte der Sahne sehr

steif schlagen. Beides vorsichtig unter die Joghurtcreme heben, sobald diese zu gelieren beginnt. Die Creme nochmals kurz in den Kühlschrank stellen. • Den Springformrand um den mit Konfitüre bestrichenen Tortenboden schließen und die Hälfte der Joghurtcreme glatt darauf verstreichen. • Etwa drei Viertel der Brombeeren darauf verteilen und mit der restlichen Creme bedecken. Den zweiten Tortenboden auflegen und die Creme im Kühlschrank schnittfest werden lassen. • Vor dem Servieren die restliche Sahne steif schlagen und etwa ein Drittel davon in einen Spritzbeutel mit Sterntülle geben. • Den Springformrand entfernen und die Torte rundherum mit Sahne bestreichen.
• Den Tortenrand mit den Mandelblättchen bestreuen und die Oberfläche mit der Sahne aus dem Spritzbeutel und den restlichen Brombeeren verzieren.

Pecannuß-Orangentorte

Auch kleine Törtchen schmecken mit dieser Füllung gut

Für den Teig: 180 g Weizen, feingemahlen · 50 g Hirse, feingemahlen · 50 g Pecannüsse, sehr fein gehackt · 1 Ei · 1 Prise Salz · abgeriebene Schale von ½ unbehandelten Orange · 50 g Ahornsirup · 125 g kalte Butter
Butter zum Einfetten
Vollkornbrösel zum Ausstreuen
trockene Hülsenfrüchte zum Blindbacken
Für Füllung und Verzierung:
8 Blatt weiße Gelatine · 150 g Butter · 100 g Ahornsirup · 4 Eier abgeriebene Schale von 2½ unbehandelten und Saft von 3 Orangen · Saft von 1 Zitrone 3–4 Eßl. Orangenlikör · 200 g Sahne · 1–2 kleine Orangen
Bei 12 Stücken etwa 1695 Joule/ 405 Kalorien · 6 g Eiweiß 30 g Fett · 25 g Kohlenhydrate 3 g Ballaststoffe pro Stück

Vorbereitungszeit: etwa 1½ Stunden · Backzeit: etwa 25 Minuten Kühlzeit: etwa 5 Stunden

Das Weizen- und Hirsemehl mit den Pecannüssen mischen, auf die Arbeitsfläche geben und in die Mitte eine Mulde drücken. Das Ei zusammen mit dem Salz, der abgeriebenen Orangenschale und dem Ahornsirup in die Mitte geben. Die kalte Butter in kleine Flöckchen teilen, auf den Mehlrand setzen und alle Zutaten sehr schnell zu einem glatten Teig verkneten. Den Teig zur Kugel formen, in Folie wickeln und für etwa 2 Stunden in den Kühlschrank legen. • Eine Springform von 26 cm Ø mit Butter einfetten und mit Vollkornbröseln ausstreuen. • Den Backofen auf 200° vorheizen. • Den Mürbeteig in der vorbereiteten Form flachdrücken und dabei einen etwa 3 cm hohen Rand formen. Den Boden mehrfach mit einer Gabel einstechen, damit er beim Bakken keine Blasen wirft. • Ein rund zugeschnittenes Blatt Pergamentpapier in die Teigform legen und diese mit den Hülsenfrüchten füllen, damit der Teigrand durch die Backhitze nicht herunterrutschen kann. • Den Kuchen auf der mittleren Schiene des heißen Ofens etwa 25 Minuten backen. • Die Hülsenfrüchte und das Pergamentpapier entfernen und den Kuchen auf einem Kuchengitter auskühlen lassen. • Für die Füllung die Gelatine in wenig kaltem Wasser einweichen. • Die Butter in Flöckchen teilen und mit dem Ahornsirup, den Eiern, der Schale und dem Saft der Orangen und der Zitrone in einer Metallschüssel gut verquirlen. • Die Schüssel nun in ein heißes, aber nicht kochendes Wasserbad stellen und die Zutaten zu einer dickschaumigen Creme aufschlagen. Dabei darf sie jedoch keinesfalls kochen, da sonst die Eier gerinnen. • Die Gelatine ausdrücken und unter weiterem Schlagen in der Creme auflösen. Diese mit dem Orangenlikör aromatisieren. • Die Schüssel in ein kaltes Wasserbad stellen und die Orangencreme unter sehr häufigem Durchschlagen erkalten und gelieren lassen. • Kurz bevor sie fest wird, die Creme in den gebackenen Tortenboden gießen, die Oberfläche glattstreichen und die Creme in etwa 3 Stunden im Kühlschrank schnittfest werden lassen. • Vor dem Servieren die Sahne steif schlagen und in einen Spritzbeutel mit Sterntülle geben. • Die Orangen wie einen Apfel gründlich abschälen und dabei alle weißen Häutchen entfernen. Die Früchte dann sorgfältig filetieren (die Schnitze aus den Trennwänden schneiden) und dabei entkernen. • Die Oberfläche der Creme mit Sahnetupfen verzieren und diese mit den Orangenfilets dekorieren. • Die Torte möglichst rasch zu Tisch bringen oder bis zum Servieren kalt stellen.

Mein Tip: Diese Torte kann auch einmal mit Zitronen oder Grapefruits zubereitet werden, wobei dann der Ahornsirup mengenmäßig entsprechend verändert werden muß.

Feine Orangentorte

Sehr knuspriger Teig mit viel zart-schmelzender Füllung

Für den Teig: 150 g Hirse, feingemahlen · 100 g Weizen, feingemahlen · 1 Ei · 1 Prise Salz Saft und abgeriebene Schale von ½ unbehandelten Orange 125 g gekühlte Butter · Butter zum Einfetten · Vollkornbrösel zum Ausstreuen · getrocknete Hülsenfrüchte zum Blindbacken Für Füllung und Verzierung: 8 Blatt weiße Gelatine · 150 g Honig · 4 Eier · abgeriebene Schale von 2 unbehandelten Orangen · Saft von 3 Orangen ¼ l Sahne · 1−2 kleine Orangen 2 Teel. Pistazien, frisch gehackt Bei 12 Stücken etwa 1280 Joule/ 305 Kalorien · 6 g Eiweiß 19 g Fett · 26 g Kohlenhydrate 2 g Ballaststoffe pro Stück

Vorbereitungszeit: etwa 1½ Stunden · Kühlzeit: etwa 5 Stunden Backzeit: 20−25 Minuten

Für den Teig aus dem Hirse- und Weizenmehl, dem Ei, dem Salz, dem Orangensaft und der -schale sowie der in Flöckchen geteilten Butter einen Mürbeteig kneten, in Folie wickeln und 2 Stunden im Kühlschrank ruhen lassen. • Den Backofen auf 200° vorheizen. • Eine Springform von 24 cm ⌀ einfetten und mit Bröseln ausstreuen. • Den Teig glatt hineindrücken, dabei einen etwa 2 cm hohen Rand formen und den Boden mehrfach mit einer Gabel einstechen. • Die Teigform mit Pergamentpapier auslegen, mit den Hülsenfrüchten füllen und den Boden auf der mittleren Schiene des heißen Ofens 20−25 Minuten backen. • Die Hülsenfrüchte herausschütten und den Boden auf einem Kuchendraht auskühlen lassen. • Die Gelatine nach Aufschrift einweichen. • Den Honig mit den Eiern, der Orangenschale und dem -saft verschlagen und im heißen Wasserbad dickschaumig schlagen. • Die Gelatine ausdrücken und in der Creme auflösen. Im kalten Wasserbad kalt schlagen. • Die Hälfte der Sahne steif schlagen und locker darunterheben. • Die Creme in die Torte füllen und fest werden lassen. • Danach die restliche Sahne steif schlagen und in einen Spritzbeutel geben. • Die Orangen schälen, filetieren und die Torte damit, mit Sahne und mit Pistazien verzieren.

Pfirsichtorte mit Walnüssen und Sesam

Gelingt auch Anfängern mühelos

Bananentorte mit Ananas und Pistazien

Sehr saftig und aromatisch

100 g Butter · 70 g Honig · 2 Eier
1 Prise Salz · 1 Prise Zimtpulver
abgeriebene Schale von
½ unbehandelten Zitrone
200 g Weizen, feingemahlen
1 Teel. Weinstein-Backpulver
70 g Sesamsamen · Butter zum
Einfetten · Vollkornbrösel zum
Ausstreuen · 60 g Walnüsse,
frisch gehackt · 2 Dosen
Pfirsichhälften (mit Honig oder
Fruchtzucker eingelegt, von je
425 g) · nach Wunsch 1–2 Teel.
Puderzucker zum Bestäuben
Bei 12 Stücken etwa 1115 Joule/
265 Kalorien · 6 g Eiweiß
15 g Fett · 27 g Kohlenhydrate
4 g Ballaststoffe pro Stück

Vorbereitungszeit: etwa 20 Minuten · Backzeit: 50–60 Minuten

Die Butter in Flöckchen teilen und mit dem Honig und den Eiern schaumig rühren. Dabei mit dem Salz, dem Zimtpulver und der abgeriebenen Zitronenschale aromatisieren. • Das Weizenmehl mit dem Backpulver und der Hälfte des Sesams mischen und locker, aber sorgfältig unter den Teig rühren.
• Den Backofen auf 200° vorheizen. • Eine Springform von 24 cm Ø einfetten und mit Bröseln ausstreuen. • Den Teig hineinfüllen und glattstreichen.
• Den restlichen Sesam mit den Walnüssen mischen und zur Hälfte auf den Teig streuen. • Die Pfirsichhälften abtropfen lassen und etwas trockentupfen. Eine Hälfte mit der Rundung nach oben in die Mitte legen, die anderen Hälften zwei- bis dreimal der Länge nach durchschneiden und sternförmig um die Pfirsichhälfte legen.
• Das restliche Sesam-Walnußgemisch darüberstreuen und den Kuchen auf der mittleren Schiene des heißen Ofens 50–60 Minuten backen. • Nach kurzem Ausdampfen auf einen Kuchendraht gleiten und völlig erkalten lassen. • Vor dem Servieren nach Wunsch mit Puderzucker bestäuben.

½ kleine Ananas (etwa 500 g)
1 Glas (2 cl) Rum · 300 g Weizen,
feingemahlen · 150 g weiche
Butter · 100 g Honig · 3 Eier
1 Prise Salz · je 1 Prise Muskatblüte (Macis) und Ingwer, beides
gemahlen · 300 g Bananen,
geschält gewogen · Saft von
1 Zitrone · 150 g Dinkel, feingemahlen · 2 Teel. Weinstein-
Backpulver · 30 g Pistazien,
grobgehackt · Butter zum
Einfetten · Vollkornbrösel zum
Ausstreuen · 50 g Honigschokolade (Reformhaus)
Bei 12 Stücken etwa 1335 Joule/
320 Kalorien · 6 g Eiweiß
16 g Fett · 37 g Kohlenhydrate
5 g Ballaststoffe pro Stück

Vorbereitungszeit: etwa 45 Minuten · Backzeit: etwa 40 Minuten

Die Ananas von der Blattkrone und dem Stielansatz befreien, sorgfältig abschälen und den harten Kern in der Mitte entfernen. Das Fruchtfleisch nun würfeln und mit dem Rum gemischt zugedeckt ziehen lassen. • Den Weizen sieben und die übrigbleibende Kleie beiseite stellen. • Die Butter mit dem Honig, den Eiern und den Gewürzen schaumig rühren.
• Den Backofen auf 180–200° vorheizen. • Die Bananen mit dem Zitronensaft pürieren und unter den Teig rühren. • Das Weizenmehl (ohne die Kleie) mit dem Dinkel und dem Backpulver mischen. • Die Ananasstücke abtropfen lassen und mit den Pistazien und der Kleie vermengen. • Beides mit der Mehlmischung unter den Teig heben.
• Eine Springform von 26 cm Ø einfetten und mit Vollkornbröseln ausstreuen. • Den Teig darin glattstreichen und auf der unteren Schiene des heißen Ofens 40 Minuten backen. • Die Torte auf einem Kuchendraht erkalten lassen. • Die Schokolade schmelzen und mit Hilfe eines spitzen Messers in Zick-Zack-Bewegungen über der Tortenoberfläche ablaufen lassen.

Pfirsich-Pumpernickel-Pie

Nach englischem Vorbild, ein Kuchen zum »Löffeln«

Für den Teig: 150 g Weizen, feingemahlen · 50 g Hirse, feingemahlen · 1 Prise Salz · 125 g gekühlte Butter · 3—4 Eßl. eiskaltes Wasser · Butter zum Einfetten · Weizen, feingemahlen, zum Ausrollen

Für die Füllung: 100 g Pumpernickel, altbacken · 2 Eßl. Likör aus Aprikosenkernen (z. B. Amaretto di Saronno Originale) · 1 kg Pfirsiche · Saft und abgeriebene Schale von ½ unbehandelten Zitrone · 100 g Mandeln, frisch gemahlen · 1 Eßl. Hafer-Vollkornflocken · 2 Eßl. Honig knapp ½ Teel. Naturvanille (Reformhaus) · 1 Eigelb · 2 Eßl. Sahne · Honig zum Bestreichen Insgesamt etwa 13430 Joule/3200 Kalorien · 60 g Eiweiß 180 g Fett · 323 g Kohlenhydrate 42 g Ballaststoffe

Vorbereitungszeit: etwa 1 Stunde Kühlzeit: etwa 2 Stunden · Backzeit: etwa 45 Minuten

Für den Teig das Weizen- und Hirsemehl mit dem Salz mischen und auf die Arbeitsfläche geben. • Die Butter in kleine Flöckchen schneiden, darüberstreuen und die Zutaten mit zwei Messern hacken, bis sich alles gleichmäßig und krümelig miteinander vermischt hat. • Nun sehr schnell mit gekühlten Händen (am besten vorher kaltes Wasser darüberlaufen lassen und gründlich abtrocknen) zu einem glatten Teig verkneten und dabei nach und nach das eiskalte Wasser dazugeben. Den Teig zur Kugel formen und mit Folie bedeckt etwa 2 Stunden lang im Kühlschrank ruhen lassen. • Eine Pieform (oder eine andere feuerfeste Form von etwa 1 l Fassungsvermögen) mit Butter einfetten. • Den Teig auf der leicht bemehlten Arbeitsfläche ausrollen und einen Deckel in Größe der Form ausschneiden. In der Mitte ein kleines Loch als »Kamin« ausstechen, damit die Feuchtigkeit austreten kann. • Den restlichen Teig zu einer

Rolle formen, in die Form legen und als Rand andrücken. • Während der Teig kühlt, die Füllung vorbereiten. Dazu den Pumpernickel sehr fein zerbröseln und mit dem Aprikosenkern-Likör beträufeln. Gut durchmischen und zugedeckt stehen lassen. • Den Backofen auf 200° vorheizen. • Die Pfirsiche in einer Schüssel mit kochendem Wasser überbrühen, ein paar Sekunden darin liegen lassen, dann abschrecken und häuten. Die Früchte halbieren, entsteinen und das Fruchtfleisch in Schnitze teilen. • Den Zitronensaft und die abgeriebene Zitronenschale mit den Mandeln, den Pumpernickelbröseln und den Haferflocken locker untermengen und alles in die vorbereitete Form füllen. • Den Honig mit der Naturvanille mischen und darüberträufeln. • Den Teigdeckel auflegen und sehr gut mit dem Teigrand zusammendrücken. • Das Eigelb mit der Sahne verquirlen und die Oberfläche damit bestreichen. Die Pie sofort auf die untere

Schiene des heißen Ofens stellen und in etwa 45 Minuten backen. • Nach Wunsch die Oberfläche der heißen Pie mit Honig bestreichen. Heiß oder lauwarm servieren.

Mein Tip: Für die Zubereitung von Pieteig muß das Wasser unbedingt eiskalt sein. Darum empfiehlt es sich, das Wasser mit ein paar Eiswürfeln in ein Schälchen zu geben und die gewünschte Menge davon abzunehmen. Um zu vermeiden, daß der Teigdeckel beim Auflegen »in die Brüche geht«, gibt es zwei ganz sichere Methoden: Schlagen Sie ihn locker um die Teigrolle, so daß Sie ihn über der Form wieder abrollen können oder rollen Sie den Teig auf leicht bemehlter Alufolie aus, die Sie ebenfalls mit ausschneiden. Legen Sie nun Teig samt Folie auf die Füllung und ziehen Sie die Folie erst ab, wenn Deckel und Teigrand etwas festgedrückt sind.

Ananas-Kirsch-Pie mit Sesam und Kokosnuß

Leicht exotisch angehaucht

Für den Teig: 150 g Weizen, feingemahlen · 50 g Sesamsamen · 30 g Kokosraspeln, möglichst frisch geraspelt
1 Prise Salz · ¼ Teel. Naturvanille (Reformhaus) · 100 g Butter
1 hart gekochtes Eigelb · 1 Ei
1–3 Eßl. eiskaltes Wasser
Butter zum Einfetten · Weizen, feingemahlen, zum Ausrollen
Für die Füllung: 30 g Sesamsamen · 130 g Kokosraspeln, möglichst frisch geraspelt
250 g vollfleischige Kirschen
1 kleine Ananas von 600–800 g
2 Scheiben Roggenknäckebrot mit Weizenkleie · 3 Eßl. Honig
2 Eßl. weißer Rum · 1 Prise Muskatblüte (Macis), gemahlen
1 Prise Ingwerpulver · 1 Eigelb
2 Eßl. Sahne
Insgesamt etwa 15840 Joule/ 3770 Kalorien · 65 g Eiweiß
254 g Fett · 295 g Kohlenhydrate
83 g Ballaststoffe

Vorbereitungszeit: etwa 1¼ Stunden · Kühlzeit: etwa 2 Stunden
Backzeit: etwa 45 Minuten

Das Weizenmehl mit den Sesamsamen, den Kokosraspeln, dem Salz und der Vanille mischen. • Die Butter in kleine Flöckchen teilen und darüberstreuen. Das hart gekochte Eigelb durch ein sehr feines Sieb darüberdrücken. Das frische Ei hinzufügen und alle Zutaten mit 2 Messern hacken, bis sie sich gleichmäßig und bröselig miteinander vermischt haben. Dann mit kalten Händen alles sehr schnell zu einem glatten Teig verkneten und dabei das eiskalte Wasser tropfenweise dazugeben. • Den Teig zur Kugel formen, in Folie einwickeln oder in eine Plastiktüte geben und für etwa 2 Stunden in den Kühlschrank legen. • Eine Pieform (oder eine andere feuerfeste Form von etwa 1 l Fassungsvermögen) mit Butter einfetten. • Den Teig auf der bemehlten Arbeitsfläche (oder auf bemehlter Alufolie) ausrollen

und einen Deckel in Größe der Form ausschneiden. In der Mitte ein kleines Loch als Kamin ausstechen. • Den restlichen Teig zur Rolle formen, in die vorbereitete Form geben und als Rand andrücken. • Während der Teig kühlt, die Füllung vorbereiten. Dazu die Sesamsamen und etwa 100 g Kokosraspeln in einer trockenen Pfanne unter ständigem Rühren leicht anrösten. Auf einen Teller geben und abkühlen lassen. • Den Backofen auf 200° vorheizen. • Die Kirschen in kaltem Wasser waschen, sorgfältig abtrocknen, entstielen und entsteinen. • Die Ananas von der Blattkrone und dem Stengelansatz befreien, der Länge nach vierteln und den harten Kern in der Mitte herausschneiden. Das Fruchtfleisch in kleine Stücke teilen und den abtropfenden Fruchtsaft dabei auffangen. • Das Knäckebrot etwas zerbrechen, in eine Plastiktüte geben und mit dem Nudelholz sehr fein zerbröseln. • Die Ananasstücke mit den Kirschen, dem Sesam-Kokos-

Gemisch und den Knäckebröseln mischen und in die vorbereitete Form füllen. • Den Honig mit weißem Rum, Muskatblüte und Ingwer verrühren und über die Füllung träufeln. • Den Teigdeckel auflegen und sehr gut an dem Teigrand festdrücken. • Das Eigelb mit der Sahne verquirlen und die Oberfläche damit bestreichen. Die Pie sofort auf der unteren Schiene des heißen Ofens etwa 40 Minuten backen. • Den aufgefangenen Ananassaft auf der Oberfläche verteilen, mit den restlichen Kokosraspeln bestreuen und diese in weiteren 5 Minuten goldgelb werden lassen. Die Pie heiß oder lauwarm servieren.

Mein Tip: Frische Kokosraspeln bekommen Sie, wenn Sie in Stücke geteiltes Fruchtfleisch auf der Rohkostreibe oder im Mixer zerkleinern oder aber, wenn Sie eine ganze Kokosnuß kaufen und nach den Angaben auf Seite 153 vorbereiten.

Pfirsich-Quarktorte mit Mandelkrokant

Sonnengereifte Früchte sind Voraussetzung

Für den Teig: 200 g Weizen, feingemahlen · 50 g Hirse, feingemahlen · 30 g Mandeln, frisch gemahlen · 1 Prise Salz
1 Ei · 3 Eßl. Honig · 100 g Butter
Butter zum Einfetten
Vollkornbrösel zum Ausstreuen
Für Füllung und Verzierung:
5 vollreife Pfirsiche · Saft von
1 Zitrone · 8–10 große
Süßkirschen · 500 g Speisequark
200 g Crème fraîche
200 g Honig · 3 Eier · 80 g Hirse, feingemahlen · 1 Prise Salz
¼ l Sahne · ½ Teel. Naturvanille (Reformhaus) · 2 Eßl. Mandeln, frisch gemahlen · 60 g Butter
1 Eßl. Mandellikör · 3 Eßl. Sahne
125 g Mandeln, feinblättrig geschnitten
Bei 12 Stücken etwa 2440 Joule/
580 Kalorien · 15 g Eiweiß
35 g Fett · 50 g Kohlenhydrate
4 g Ballaststoffe pro Stück

Vorbereitungszeit: etwa 1½ Stunden · Kühlzeit insgesamt: etwa 2½ Stunden · Backzeit insgesamt: etwa 2½ Stunden

Das Weizen- und Hirsemehl mit den Mandeln und dem Salz mischen und auf die Arbeitsfläche geben. In die Mitte eine Mulde drücken und das Ei zusammen mit dem Honig hineingeben. Die Butter in Flöckchen teilen und auf den Mehlrand setzen. • Mit zwei Messern alle Zutaten bröselig hacken, dann mit den Händen schnell zu einem glatten Teig verkneten. • Diesen in Folie wickeln und für etwa 30 Minuten in den Kühlschrank legen. • Den Backofen auf 200° vorheizen. • Eine Springform von 28 cm Ø mit Butter einfetten und mit Vollkornbröseln ausstreuen. • Den Teig auf dem Boden flach ausdrücken, mehrfach mit einer Gabel einstechen und auf der mittleren Schiene des heißen Ofens etwa 15 Minuten backen. • Den Boden aus dem Ofen nehmen und

abkühlen lassen. • In der Zwischenzeit die Pfirsiche mit kochendem Wasser überbrühen und ein paar Sekunden darin liegen lassen. • Die Früchte mit kaltem Wasser abschrecken, häuten, halbieren und entsteinen. • Die Hälften sofort mit etwas Zitronensaft bestreichen, damit sie nicht braun werden. • Die Kirschen in kaltem Wasser waschen, abtrocknen, entstielen und entsteinen. • Den Quark mit der Crème fraîche, 150 g Honig und den Eiern sehr gut verschlagen. • Die Hirse und das Salz dazugeben und sorgfältig daruntermengen. • Den Backofen wieder auf 200° vorheizen. • Die Sahne mit der Naturvanille steif schlagen und locker unter die Quarkcreme heben. • Die gemahlenen Mandeln auf den gebackenen Boden streuen. • Die Pfirsichhälften jeweils mit einer Kirsche füllen und mit den Schnittflächen nach unten auf die Mandelschicht legen. • Die Quarkcreme darüber verteilen und glattstreichen. • Den Kuchen

sofort auf die untere Schiene des heißen Ofens stellen und etwa 2 Stunden backen lassen. • Dabei nach etwa 1 Stunde die Oberfläche mit Alufolie abdekken, damit sie nicht bräunt. • Den Kuchen aus dem Ofen nehmen und abkühlen lassen. • Bevor die Krokantdecke zubereitet wird, den Backofen auf die höchste Stufe schalten (wenn möglich, bei Oberhitze). • Die Butter mit dem restlichen Honig unter Rühren in einer breiten Pfanne schmelzen lassen. • Den Mandellikör mitsamt der Sahne und den Mandelblättchen hineingeben und unter weiterem, vorsichtigem Umrühren leise köcheln lassen, bis die Masse zu karamelisieren beginnt. • Sofort auf der Quarkschicht glatt verstreichen und im heißen Ofen in 8–10 Minuten goldgelb werden lassen. • Die Torte erkalten lassen, dann mit einem Messer zwischen Torte und Springformrand entlangfahren, diesen abnehmen und die Torte auf einer Platte anrichten.

Walnuß-Birnen-Wähe

Nach einem alten Familienrezept aus dem Tessin

250 g Weizen, feingemahlen
1 Prise Weinstein-Backpulver
50 g Walnüsse, frisch gemahlen
1 Prise Salz · 5 Eßl. Honig · 4 Eßl.
Birnengeist · 2 Eier · 100 g Butter
Butter zum Einfetten
Vollkornbrösel zum Ausstreuen
750 g Birnen · Saft von 1 Zitrone
50 g Walnüsse, grobgehackt
1 Eigelb · ⅛ l Sahne
2 Eßl. Crème fraîche · 1 Prise
Zimtpulver · 1 Eßl. Birnendicksaft
Bei 8 Stücken etwa 1955 Joule/
470 Kalorien · 9 g Eiweiß
27 g Fett · 42 g Kohlenhydrate
6 g Ballaststoffe pro Stück

Vorbereitungszeit: etwa 45 Minuten · Kühlzeit: etwa 30 Minuten
Backzeit insgesamt: etwa
45 Minuten

Vom Weizenmehl etwa
2 Eßlöffel Kleie absieben.
● Das restliche Mehl mit dem
Backpulver, den Nüssen und
dem Salz mischen und in die
Mitte eine Mulde drücken.
2 Eßlöffel Honig, 2 Eßlöffel Birnengeist und 1 Ei hineingeben
und die in Flöckchen geteilte
Butter darüber verteilen. ● Alle
Zutaten zu einem glatten Teig
verkneten. Diesen in Folie wikkeln und 30 Minuten im Kühlschrank ruhen lassen. ● Den
Backofen auf 200° vorheizen.
● Eine Wähen- oder Pizzaform
von etwa 24 cm ∅ einfetten und
mit Vollkornbröseln ausstreuen.
Den Teig darin flachdrücken und
mehrfach mit einer Gabel einstechen. Auf der mittleren Schiene
des heißen Ofens etwa 10 Minuten backen. ● Inzwischen
die Birnen schälen, entkernen, in
Schnitze teilen und mit dem
Zitronensaft beträufeln. ● Den
vorgebackenen Boden aus dem
Ofen nehmen und die Birnenschnitze recht dicht kreisförmig
darauf verteilen. ● Die gehackten
Nüsse und etwa 2 Eßlöffel Honig
darüber verteilen und den
Kuchen weitere 10 Minuten bakken. ● Das restliche Ei mit dem
Eigelb, dem restlichen Honig,
der Sahne, der Crème fraîche,
dem Zimtpulver, dem restlichen
Birnengeist und dem Birnendicksaft leicht schaumig schlagen
und die Weizenkleie darunterheben. ● Diese Masse auf den Birnen verteilen und die Wähe weitere 15 Minuten backen. Noch
lauwarm zu Tisch bringen.

Nuß-Sesamtorte mit Hirse-Beeren-Creme

Gelingt auch mit aufgetauten Tiefkühl-Früchten

Für den Teig: 50 g Sesamsamen
100 g Erdnüsse, frisch geschält
220 g Weizen, feingemahlen
1 Ei · 1 Prise Salz · 1 Eßl. Honig
abgeriebene Schale von
½ unbehandelten Zitrone
100 g gekühlte Butter · Weizen,
feingemahlen, zum Ausrollen
etwa 1 kg Hülsenfrüchte zum
Blindbacken

Für Füllung und Verzierung:
¼ l Milch · 1 Prise Salz
½ Vanilleschote · 60 g Hirse,
feingemahlen · 3 Blatt weiße
Gelatine · 3 Eßl. Honig · 1 Glas
(2 cl) Rum oder Arrak · 600 g
gemischte Beerenfrüchte
⅜ l Sahne · 2–3 Zweige
Zitronenmelisse zum Verzieren

Bei 12 Stücken etwa 1230 Joule/
295 Kalorien · 8 g Eiweiß
15 g Fett · 29 g Kohlenhydrate
7 g Ballaststoffe pro Stück

Vorbereitungszeit: etwa 1½ Stunden · Backzeit: etwa 25 Minuten
Kühlzeit: etwa 3 Stunden

Die Sesamsamen in einer trockenen Pfanne unter Rühren leicht rösten und auf einem Teller abkühlen lassen. • Die Erdnußkerne in eine Plastiktüte geben und mit dem Nudelholz so fein wie möglich zerdrücken. • Diese Masse mit dem Weizenmehl und dem Sesam mischen, auf die Arbeitsfläche geben und in die Mitte eine Mulde drücken. • Das Ei mit dem Salz, dem Honig und der Zitronenschale hineingeben. • Die Butter in Flöckchen teilen, auf den Mehlrand setzen, alle Zutaten bröselig hacken und schnell zu einem homogenen Teig verkneten. Diesen zur Kugel formen, in Folie oder eine Plastiktüte verpacken und für mindestens 30 Minuten in den Kühlschrank legen. • Den Backofen auf 200–220° vorheizen. • Den Teig auf der bemehlten Arbeitsfläche dünn ausrollen, eine ungefettete Springform von 26 cm ⌀ damit auskleiden und dabei einen etwa 3 cm hohen Rand formen. Den Boden mehrfach mit einer Gabel

einstechen, mit Pergamentpapier belegen und die Hülsenfrüchte hineinschütten. • Den Boden auf der mittleren Schiene des vorgeheizten Ofens 20–25 Minuten backen lassen. • Die Hülsenfrüchte mit dem Papier herausnehmen und den Boden auf einem Kuchendraht abkühlen lassen. • Für die Füllung die Milch mit dem Salz in einem Topf erwärmen. • Die Vanilleschote der Länge nach aufschneiden, das Mark herausschaben und zusammen mit der »leeren« Schote in die Milch geben. Die Hirse einrühren und unter weiterem Führen einmal aufkochen lassen. Die Temperatur herunterschalten und die Hirse – sehr gut zugedeckt – bei schwächster Hitze etwa 30 Minuten quellen lassen. • In der Zwischenzeit die Gelatine nach Packungsaufschrift einweichen. • Die Hirse vom Herd nehmen, den Honig hineinrühren und die ausgedrückte Gelatine in der noch heißen Masse auflösen. Diese in eine große Schüssel

füllen, mit dem Rum oder Arrak abschmecken und abkühlen lassen. • Zwischenzeitlich die Beeren in kaltem Wasser sehr kurz waschen, sorgfältig trockentupfen und entkelchen beziehungsweise von den Stielen befreien. Ein paar besonders schöne Früchte zum Verzieren beiseite legen. • Kurz bevor die Creme zu gelieren beginnt, etwa zwei Drittel der Sahne steif schlagen und zusammen mit den Beeren locker darunterheben. • Diese Masse in den Tortenboden füllen, die Oberfläche glattstreichen und im Kühlschrank völlig schnittfest werden lassen. • Erst unmittelbar vor dem Servieren die restliche Sahne steif schlagen und in einen Spritzbeutel mit Sterntülle geben. Die Zitronenmelisse unter kaltem Wasser abspülen, trockentupfen und zerpflücken. • Auf der Tortenoberfläche 12 Stücke markieren und jedes mit Sahnetupfen oder -spiralen, Beeren und Melisseblättchen verzieren.

Apfel-Tarte

Schmeckt warm und kalt

125 g Weizen, feingemahlen
100 g Hirse, feingemahlen
50 g Mandeln, frisch gemahlen
1 Prise Salz · 1 Ei · 4 Eßl. Honig
abgeriebene Schale von
½ unbehandelten Zitrone · 150 g
gekühlte Butter · Butter zum
Einfetten · Vollkornbrösel zum
Ausstreuen · 1 kg Äpfel
2 Eßl. Aprikosenkonfitüre ohne
Zuckerzusatz (Reformhaus)
Bei 12 Stücken etwa 1120 Joule/
265 Kalorien · 4 g Eiweiß
14 g Fett · 30 g Kohlenhydrate
1 g Ballaststoffe pro Stück

Vorbereitungszeit: etwa 30 Minuten · Kühlzeit: etwa 1 Stunde
Backzeit insgesamt: 25 Minuten

Das Weizen- und Hirsemehl mit den Mandeln mischen und in die Mitte eine Mulde drücken. • Das Salz, das Ei, 1 Eßlöffel Honig und die Zitronenschale hineingeben. • Die Butter in Flöckchen teilen, darüberstreuen und alles bröselig hacken, dann mit gekühlten Händen zu einem glatten Teig verkneten. • Diesen zur Kugel formen, in Folie wickeln und im Kühlschrank etwa 1 Stunde ruhen lassen. • Den Backofen auf 240–250° vorheizen. • Eine Tarte-, Obstkuchen- oder Springform von 28 cm ⌀ einfetten und mit Bröseln ausstreuen. • Die Form mit dem Teig auskleiden, einen etwa 2 cm hohen Rand formen und den Boden mehrfach einstechen. • Die Äpfel nach Wunsch schälen, in dünne Schnitze teilen und dabei entkernen. • Die Schnitze sternförmig dicht nebeneinander auf den Teig legen und mit 1 Eßlöffel Honig überziehen. • Die Tarte sofort auf die mittlere Schiene des vorgeheizten Ofens schieben und in 20 Minuten goldbraun und knusprig backen. • Die Aprikosenkonfitüre mit dem restlichen Honig erwärmen, auf der Tarte verteilen und weitere 5 Minuten backen. Danach auf einem Kuchendraht abkühlen lassen oder warm servieren.

Pflaumen-Joghurt-Wähe

Gelingt auch mit Mirabellen, Aprikosen oder Reineclauden

150 g Weizen, feingemahlen
100 g Hirse, feingemahlen
1 Prise Salz · 100 g Honig · 250 g
saure Sahne · 150 g gekühlte
Butter · Butter zum Einfetten
3 Eßl. Vollkornbrösel · 100 g
Pecannüsse · 1 kg Pflaumen
1 Becher Sanoghurt · 2 Eier
4 Eigelbe · ½ Teel. Naturvanille
(Reformhaus) · 2 Eßl. Mirabellen-
oder Aprikosengeist
Bei 12 Stücken etwa 1605 Joule/
380 Kalorien · 8 g Eiweiß
22 g Fett · 37 g Kohlenhydrate
5 g Ballaststoffe pro Stück

Vorbereitungszeit: etwa 1½ Stunden · Kühlzeit: etwa 1 Stunde
Backzeit: 40–50 Minuten

Das Weizen- und Hirsemehl mit dem Salz mischen und in die Mitte eine Mulde drücken. 1 Eßlöffel Honig und 150 g saure Sahne hineingeben. • Die Butter in Flöckchen teilen und darüberstreuen. • Alles verkneten und zugedeckt etwa 1 Stunde kühlen. • Eine Wähen-, Pie- oder Paellaform einfetten und mit etwa 1 Eßlöffel Bröseln ausstreuen. • 2 Eßlöffel Pecannüsse hacken und mit den restlichen Bröseln mischen. • Den Backofen auf 200–220° vorheizen. • Die Form mit dem Teig auskleiden und mehrfach einstechen. Auf der mittleren Schiene des heißen Ofens 15–20 Minuten vorbacken. • Inzwischen die restlichen Nüsse grobhacken. • Die Pflaumen waschen und entsteinen. • Den Sanoghurt mit der restlichen sauren Sahne, dem restlichen Honig, den Eiern und den Eigelben verschlagen und mit der Vanille und dem Alkohol aromatisieren. • Die Brösel-Nuß-Mischung auf den Boden streuen, die Joghurt-masse darauf verteilen und mit den Pflaumen und den übrigen Nüssen belegen. • Erneut auf der mittleren Schiene 25–30 Minuten backen. • Den Kuchen auf ein Gitter geben oder in der Form servieren.

Apfelstrudel auf bäuerliche Art

Je nach Saison und Obstangebot läßt er sich stets verändern

150 g Weizen, sehr fein gemahlen · 100 g Dinkel, sehr fein gemahlen · 100 g Buchweizen, sehr fein gemahlen
½ Teel. Salz · 1 Teel. Essig
5 Eßl. Sonnenblumenöl
10–12 Eßl. lauwarmes Wasser
100 g altbackener Pumpernickel
125 g Haselnüsse, gemahlen oder sehr fein gehackt
80 g Butter · 100 g Rosinen, ungeschwefelt · 1 kg säuerliche Äpfel · Saft von 1 Zitrone
Weizen, feingemahlen, zum Ausrollen · 150 g saure Sahne
1–2 Teel. Zimtpulver
5–6 Eßl. Apfeldicksaft
Butter zum Einfetten
Bei 12 Stücken etwa 1535 Joule/365 Kalorien · 6 g Eiweiß
19 g Fett · 42 g Kohlenhydrate
4 g Ballaststoffe pro Stück

Vorbereitungszeit: etwa 1 Stunde
Zeit zum Quellen: etwa 1 Stunde
Backzeit: 40–45 Minuten

Das Weizen-, Dinkel- und Buchweizenmehl sieben und etwa 30 g von der übrigbleibenden Kleie in einem Schälchen beiseite stellen. • Das Mehlgemisch mit der restlichen Kleie und dem Salz auf die Arbeitsfläche geben und in die Mitte eine Mulde drücken. • Den Essig, das Sonnenblumenöl und das Wasser hineingeben und die Zutaten von der Mitte aus verrühren, dann alles von außen nach innen verkneten. Diese Arbeit sollten Sie mindestens 10–15 Minuten lang durchführen. • Den Teig zur Kugel formen, in eine Plastiktüte geben und unter einem heißen, trockenen Topf (vorher Wasser darin kochen und wieder abtrocknen) etwa 1 Stunde ruhen lassen, damit das Mehl quellen kann. • In der Zwischenzeit den Pumpernickel fein zerbröseln und mit den Haselnüssen und der abgesiebten Kleie mischen. • 60 g Butter in einer Pfanne erhitzen und dieses Gemisch darin unter Rühren leicht rösten. Die Pfanne vom Herd nehmen und die Mischung abkühlen lassen. • Die Rosinen in einem Sieb unter heißem Wasser waschen und sorgfältig trockenreiben. • Die Äpfel schälen, vierteln, entkernen und in kleine Schnitze te len. Diese sofort mit dem Zitronensaft beträufeln. • Die Arbeitsfläche mit einem großen Tuch bedecken und dieses mit etwas Weizenmehl bestäuben. • Den Teig darauf so dünn wie möglich ausrollen. Mit den Händen so unter den Teig fahren, daß dieser hauchdünn ausgezogen werden kann. • Dickere Ränder mit einer Schere oder mit einem sehr scharfen Messer abschneiden. • Die saure Sahne leicht verschlagen und auf dem Teig verstreichen. • Die Pumpernickel-Kleie-Nuß-Mischung daraufstreuen und die Apfelschnitze zusammen mit den Rosinen darauf verteilen. • Alles mit dem Zimt bestäuben und 3–4 Eßlöffel Apfeldicksaft in dünnem Strahl darüberlaufen lassen. • Den Backofen auf 200° vorheizen. • Die schmalen Seiten des Teiges über die Füllung schlagen und den Teig mit Hilfe des Tuches von einer Längsseite her aufrollen. • Ein Backblech mit Butter einfetten und den Strudel direkt vom Tuch daraufrollen lassen. • Die restliche Butter schmelzen und den Strudel damit bestreichen. • Das Blech auf die mittlere Schiene des heißen Ofens schieben und den Strudel 40–45 Minuten backen. • Den Strudel dann mit dem restlichen Apfeldicksaft bestreichen.

Mein Tip: »Einstrudeln« kann man fast alles, zum Beispiel Birnen, Vollkornbrösel und Walnüsse, entsteinte Aprikosen, Mandeln und altbackene (nach Wunsch mit etwas Alkohol beträufelte) Vollkorn-Kuchenbrösel oder Kirschen, Mandeln, Brösel, wobei Vanille eine gute Ergänzung bildet. Den Teig können Sie statt mit saurer Sahne mit Crème fraîche oder mit flüssiger, aber nicht heißer Butter bestreichen.

Milchrahmstrudel mit Bananen und Rosinen

Schmeckt warm am besten – sowohl zum Kaffee als auch zum Dessert

250 g Weizen, sehr fein gemahlen
100 g Buchweizen, sehr fein
gemahlen · ½ Teel. Salz · 1 Teel.
Essig · 5 Eßl. Sonnenblumenöl
12 – 15 Eßl. lauwarmes Wasser
Öl zum Bestreichen · 125 g
getrocknete Bananen, ungeschwefelt · 50 g Rosinen, ungeschwefelt · 2 Eßl. Cognac oder
Rum · 150 g Butter · 100 g Honig
1 Ei · 1 Eigelb · abgeriebene
Schale von ½ Zitrone · ½ Teel.
Naturvanille (Reformhaus)
1 Prise Zimtpulver · 250 g Magerquark · 100 g Crème fraîche
30 g Zitronat, sehr fein gewürfelt
Weizen, feingemahlen, zum
Ausrollen · 3 Eßl. Vollkornbrösel
1 kleiner Becher Sahne (100 g)
Bei 12 Stücken etwa 1705 Joule/
405 Kalorien · 8 g Eiweiß
22 g Fett · 41 g Kohlenhydrate
2 g Ballaststoffe pro Stück

Vorbereitungszeit: etwa 1 Stunde
Zeit zum Quellen: etwa 1 Stunde
Backzeit: 45 – 55 Minuten

Das Weizen- und Buchwei-
zenmehl sieben und etwa
30 g der übrigbleibenden Kleie
beiseite stellen. • Das gesiebte
Mehl wieder mit der restlichen
Kleie mischen, eine Mulde hineindrücken, das Salz, den Essig,
das Sonnenblumenöl und das
Wasser hineingeben und alles
von der Mitte aus verrühren,
dann von außen nach innen zu
einem glatten Teig verkneten.
• Diesen rundherum dünn mit Öl
bepinseln und in eine Plastiktüte
legen. • Einen heißen, trockenen
Topf (siehe Seite 88) darüber-
stülpen und den Teig etwa
1 Stunde ruhen lassen. • In der
Zwischenzeit die Bananen und
die Rosinen in einem Sieb heiß
überbrausen und sehr gut trok-
kentupfen. • Die Bananen feinwürfeln und mit den Rosinen und
dem Cognac oder Rum ver-
mischt zugedeckt ziehen lassen,
bis die Füllung zubereitet ist.
• Dazu etwa die Hälfte der Butter
zusammen mit dem Honig, dem
Ei und dem Eigelb sehr schaumig rühren und mit der abgerie-

benen Zitronenschale, der
Vanille und dem Zimtpulver aromatisieren. • Nach und nach den
Magerquark und die Crème fraîche hinzufügen und alles rühren,
bis die Masse luftig und locker
ist. • Zum Schluß das Zitronat
und die gequollenen Früchte
mitsamt dem Alkohol daruntermischen. • Den Backofen auf
180 – 200° vorheizen und ein
Backblech mit etwas von der
restlichen Butter einfetten. • Die
Arbeitsfläche mit einem großen
Tuch bedecken und dieses mit
etwas Mehl bestäuben. • Den
Strudelteig darauf so dünn wie
möglich ausrollen, dann mit
ebenfalls bemehlten Händen
darunterfahren und den Teig zu
allen Seiten hin ausziehen, bis er
fast durchsichtig ist. • Mögliche
dicke Ränder, die sich nicht
mehr verdünnen lassen, mit
einer Schere oder mit einem
Messer abschneiden. • Knapp
die Hälfte der restlichen Butter
schmelzen lassen und den Teig
damit bepinseln. • Die Vollkornbrösel mit der abgesiebten Kleie

mischen und darauf verteilen,
wobei jedoch ein etwa 2 cm breiter Teigrand frei bleiben sollte.
• Die Füllung darauf glatt verstreichen und die Teigränder der
schmalen Seiten darüberschla-
gen. Den Strudel mit Hilfe des
Tuches von einer der breiten
Seiten her aufrollen und die
Teigränder gut andrücken. • Den
Strudel nun direkt vom Tuch auf
das Blech rollen lassen, so daß
die Teigränder unten liegen.
• Die jetzt noch übrige Butter
schmelzen und den Strudel
rundherum damit einpinseln.
• Das Blech auf die mittlere
Schiene des heißen Ofens
schieben und den Strudel
45 – 55 Minuten backen lassen.
• Dabei nach etwa 35 Minuten
nach und nach die Sahne über
die Strudeloberfläche verteilen
und goldgelb werden lassen.
• Den Strudel aus dem Ofen
nehmen und möglichst sofort
oder aber noch lauwarm zu Tisch
bringen.

Mirabellentorte mit Marzipan

Mit zartem Mandelaroma und knusprigem Baisergitter

Für den Teig: 200 g Weizen, feingemahlen · 50 g Hirse, feingemahlen · 80 g saure Sahne · 2 Eßl. Honig · 1 Prise Salz · ½ Teel. Naturvanille (Reformhaus) · 100 g gekühlte Butter · Butter zum Einfetten Vollkornbrösel zum Ausstreuen Für Belag und Verzierung: 220 g Mandeln · 750 g Mirabellen 100 g Honig · 1—2 Eßl. Mirabellengeist · 3 Eiweiße 1 Prise Salz

Bei 12 Stücken etwa 1445 Joule/ 345 Kalorien · 7 g Eiweiß 18 g Fett · 35 g Kohlenhydrate 4 g Ballaststoffe pro Stück

Vorbereitungszeit: etwa 1½ Stunden · Kühlzeit: etwa 1½ Stunden Backzeit: 35—45 Minuten

Für den Teig alle Zutaten sehr schnell glatt verkneten, zur Kugel formen und in Folie verpackt 1 Stunde kühlen. • Den Backofen auf 200—220° vorheizen und eine Springform von 26 cm Ø einfetten und mit Bröseln ausstreuen. • Den Teig hineindrücken, einen gut 1 cm hohen Rand formen und den Boden mehrfach mit einer Gabel einstechen. Auf der mittleren Schiene des vorgeheizten Ofens 20—25 Minuten backen, dann ein wenig abkühlen lassen. • In der Zwischenzeit die Mandeln mit kochendem Wasser überbrühen, abschrecken, häuten und gut trocknen lassen. • Die Mirabellen waschen, abtrocknen und entsteinen. • Etwa 70 g Mandeln im Mixer oder in der Küchenmaschine fein pürieren und dabei 70 g Honig und den Mirabellengeist hinzufügen. Die restlichen Mandeln feinhacken. • Die Eiweiße mit dem Salz schnittfest schlagen und den restlichen Honig unterziehen. • Den Backofen auf 220—230° einschalten. • Gut die Hälfte des Eischnees mit dem Marzipan mischen, auf dem Tortenboden verstreichen und die Mirabellen darauflegen. • Den restlichen Schnee in einen Spritzbeutel mit Sterntülle geben und ein Gitter auf die Torte spritzen. Dieses mit den gehackten Mandeln bestreuen und in 15—20 Minuten auf der mittleren Schiene überbacken, bis es sich leicht verfärbt. Die Torte auf ein Kuchengitter gleiten und abkühlen lassen. Frisch servieren.

Stachelbeertorte mit Gerste und Haselnüssen

Etwas zeitaufwendig, dafür aber ganz besonders aromatisch

100 g Nacktgerste · etwa ¼ l
Wasser zum Quellen · 150 g
Haselnüsse · 150 g Weizen,
feingemahlen · 150 g Hirse,
feingemahlen · 1 Prise Salz · 1 Ei
5 Eßl. Honig · ½ Teel. Zimtpulver
125 g gekühlte Butter
750 g Stachelbeeren · Weizen,
feingemahlen, zum Ausrollen
3 Eigelbe · ¼ l Sahne · 3 Eiweiße
Bei 12 Stücken etwa 1710 Joule/
405 Kalorien · 9 g Eiweiß
26 g Fett · 35 g Kohlenhydrate
6 g Ballaststoffe pro Stück

Zeit zum Quellen und Darren:
11–13 Stunden · Vorbereitungszeit: etwa 1 Stunde · Kühlzeit:
etwa 30 Minuten · Backzeit:
45–50 Minuten

Die Nacktgerste in einen Meßbecher geben, um ihr Volumen abzumessen. Dann etwa
zweieinviertelmal soviel Wasser
abmessen, über die Gerste gießen und diese 10–12 Stunden
quellen lassen. • Die Gerste
anschließend abtropfen, aber
nicht trocken werden lassen.
• Den Backofen auf 70° vorheizen. • Die Gerste auf einem
Backblech ausbreiten und unter
gelegentlichem Umwenden etwa
1 Stunde im heißen Ofen darren,
also leicht rösten lassen und
zum Abkühlen auf eine Platte
geben. • Während die Gerste
darrt, etwa 30 g Haselnüsse
mahlen, den Rest feinhacken.
• Für den Teig das Weizenmehl
mit 100 g Hirse und den gemahlenen Haselnüssen mischen und
auf die Arbeitsfläche geben. • In
die Mitte eine Mulde drücken,
das Salz zusammen mit dem Ei,
1 Eßlöffel Honig und 1 Messer-
spitze Zimtpulver hineingeben.
• Die gekühlte Butter in Flöckchen teilen und auf den Rand
setzen. • Alle Zutaten bröselig
hacken, schnell zu einem glatten
Teig kneten, diesen zur Kugel
formen und in einer Plastiktüte
(oder in Folie) für etwa 30 Minuten in den Kühlschrank legen.
• Die Stachelbeeren in kaltem
Wasser waschen, trockentupfen
und die Stengel- und Blütenan-
sätze mit einer Schere abschneiden. Die Beeren dann mehrmals
mit einer Nadel oder einem feinen Holzspießchen einstechen,
damit sie beim Backen nicht zu
stark aufplatzen. • Den Backofen
auf 200° vorheizen. • Den Teig
auf der leicht mit Mehl bestäubten Arbeitsfläche dünn ausrollen
und eine Springform von 26 cm
Ø damit auskleiden. Dabei einen
2–3 cm hohen Rand andrücken
und den Boden mehrfach mit
einer Gabel einstechen. • Die
Eigelbe mit dem restlichen Honig
und dem restlichen Zimtpulver
schlagen, bis die Masse weißschaumig ist. • Die Sahne steif
und die Eiweiße schnittfest
schlagen, beides auf die Eigelbcreme gleiten lassen, das restliche Hirsemehl darüberstäuben
und alles sehr locker, aber sorgfältig unterheben. • Zum Schluß
die gedarrte Gerste zusammen
mit den Stachelbeeren und den
gehackten Haselnüssen darunterziehen. • Diese Masse in die
vorbereitete Kuchenform füllen,
die Oberfläche glattstreichen
und den Kuchen auf der unteren
Schiene des vorgeheizten Backofens in 45–50 Minuten backen,
bis der Teig gar und die Füllung
fest ist. • Sollte die Oberfläche
dabei zu schnell bräunen, wird
sie mit Pergamentpapier oder
Alufolie abgedeckt. • Den
Kuchen in der Form kurz ausdampfen lassen, dann zum Auskühlen auf einen Kuchendraht
geben und möglichst frisch servieren, damit die Stachelbeeren
nicht zuviel Saft ziehen.

Mein Tip: Bei sehr sauren Stachelbeeren sollten Sie die
Honigmenge natürlich etwas
erhöhen oder aber die Beeren
nach dem Putzen in einer Was-
ser-Honig-Lösung sekunden-
lang aufkochen und darin abkühlen lassen. Sie müssen dann
aber sehr gut abgetropft werden,
bevor man sie unter die Füllung
mischt.

Feines Kleingebäck und Konfekt

Daß ernährungsbewußte Menschen nicht naschen, stimmt einfach nicht. Warum sollten sie auch – schließlich kommt es ja nur darauf an, was gegessen wird. In diesem Kapitel habe ich Rezepte für Plätzchen, Kekse und Kleingebäck zusammengestellt, die allesamt mit frisch gemahlenem Getreide und ohne raffinierten Zucker zubereitet werden, aber durch Honig, Sirup oder getrocknete Früchte süß und durch Nüsse, Samen und Gewürze aromatisch schmecken. Sie können wählen zwischen Nuß- und Mandelplätzchen, Gewürz-schnitten und Baiser-Man-del-Bergen oder Quark-Apfeltaschen mit Paranüs-sen und Weizenküchlein mit Mozzarellafüllung, wenn der Appetit mal etwas grö-ßer ist. Weihnachtlich wird's dann mit Zimtsternen, Honigkuchen-Brezeln und Spekulatius. Kinder freuen sich über Müsli-Riegel und Haferflocken-Nuß-Karamel-len, Erwachsene über Man-delplätzchen Florentiner Art, Haselnußkugeln mit Weinbrandkirschen, Butter-trüffel mit Aprikosen oder Marzipankonfekt.

Quark-Apfeltaschen mit Paranüssen

Sie lassen sich sehr gut einfrieren

Für den Teig: 200 g Weizen, feingemahlen · 100 g Leinsamen, feingemahlen · 1 Prise Salz ½ Teel. Zimtpulver · ½ Teel. Weinstein-Backpulver · 200 g Magerquark · 1 Ei · 200 g gekühlte Butter
Außerdem: 2 Eßl. Butter · 100 g kernige Hafer-Vollkornflocken 60 g Rosinen, ungeschwefelt 2 Eßl. Rum · 500 g säuerliche Äpfel · Saft von 1 Zitrone Weizen, feingemahlen zum Ausrollen · 80 g Paranüsse, feingehackt · 5 Eßl. Honig 1 Eigelb · 2 Eßl. Sahne · Butter zum Einfetten
Bei 12 Stück etwa 1725 Joule/ 410 Kalorien · 10 g Eiweiß 27 g Fett · 32 g Kohlenhydrate 4 g Ballaststoffe pro Stück

Vorbereitungszeit (einschließlich Kühlzeit): etwa 1 Stunde
Backzeit: etwa 25 Minuten

Für den Teig das Weizen- und Leinsamenmehl mit dem Salz, dem Zimtpulver und dem Backpulver mischen und auf die Arbeitsfläche häufen. In die Mitte eine Mulde drücken, den in einem Tuch ausgedrückten Quark und das Ei hineingeben und die Butter in Flöckchen auf dem Mehlrand verteilen. • Alle Zutaten mit zwei Messern hakken, bis sie sich grobbröselig miteinander vermischt haben, dann mit gekühlten Händen sehr schnell zu einem glatten Teig verkneten. • Diesen zur Kugel formen und in Folie gewickelt in den Kühlschrank legen, bis die Füllung zubereitet ist. • Dafür die Butter in einer Pfanne leicht erhitzen, die Haferflocken darin unter ständigem Rühren goldgelb anrösten und auf einem Teller abkühlen lassen. • Die Rosinen in einem Sieb unter heißem Wasser kurz waschen und in einem Küchentuch gut trockenreiben. Die Rosinen dann mit dem Rum in eine Schüssel geben und zugedeckt ein paar

Minuten quellen lassen. • In der Zwischenzeit die Äpfel schälen, vierteln, entkernen und auf der groben Rohkostraspel zerkleinern. Die Apfelstreifen sofort mit dem Zitronensaft vermischen, damit sie nicht braun werden. • Den Backofen auf 220° vorheizen. • Den Teig auf der leicht bemehlten Arbeitsfläche knapp ½ cm dick ausrollen und in Rechtecke von etwa 10 cm Seitenlänge schneiden. • Die geraspelten Äpfel mit den Rum-Rosinen, den Paranüssen und etwa 70 g gerösteten Haferflocken mischen und diese Masse in die Mitte der Teigquadrate häufen. 3 Eßlöffel Honig darübertröpfeln. • Das Eigelb mit der Sahne verquirlen und die Teigränder mit einem Teil davon bepinseln. • Die Teigquadrate diagonal zusammenklappen und die Ränder gut andrücken. • Die Teigtaschen auf ein gefettetes Backblech legen, die Oberflächen mit dem restlichen Ei bestreichen und das Blech auf die mittlere Schiene des heißen Ofens

schieben. • Die Apfeltaschen etwa 20 Minuten backen, dann die Oberflächen mit dem restlichen erwärmten Honig bestreichen und mit den restlichen Haferflocken bestreuen. • Diese Schicht noch 3—4 Minuten im Ofen karamelisieren lassen und die Apfeltaschen zum Erkalten auf einen Kuchendraht legen. Die Apfeltaschen sollten möglichst frisch serviert werden, denn durch längeres Stehen wird der Teig leicht zäh.

Mein Tip: Diese Apfeltaschen lassen sich sehr gut auf Vorrat backen. Frieren Sie sie dazu – unmittelbar nach dem Abkühlen – einzeln verpackt ein. Vor dem Servieren brauchen Sie die Gebäckstücke nur etwas anzutauen und danach im 200—220° heißen Ofen aufzubacken. Besonders knusprig wird die Oberfläche, wenn Sie den Honig und die gerösteten Haferflocken erst während der letzten Aufbackminuten darüber verteilen und karamelisieren lassen.

Marzipanstreifen mit Sesam

Sie sind sehr zart und mürbe

170 g Mandeln · 80 g Honig
200 g Butter · 1 Prise Naturvanille
(Reformhaus) · 250 g Weizen,
feingemahlen · 70 g Dinkel, feingemahlen · 100 g Sesamsamen
Weizen, feingemahlen zum
Ausrollen · 3 Eßl. Honig · 2 Teel.
Zitronensaft
Bei 35 Stück etwa 560 Joule/
135 Kalorien · 3 g Eiweiß
9 g Fett · 10 g Kohlenhydrate
2 g Ballaststoffe pro Stück

Vorbereitungszeit: etwa 1 Stunde
Kühlzeit: etwa 45 Minuten
Backzeit: 20—25 Minuten

Die Mandeln mit kochendem
Wasser überbrühen und
1—2 Minuten darin ziehen lassen. Dann mit kaltem Wasser
abschrecken und die braunen
Häutchen sofort mit den Fingerspitzen von den Kernen schieben. Die Mandeln auf einem
Küchentuch sehr gut trocknen
lassen. ● Danach die Mandeln im
Mixer oder in der Küchenmaschine so fein wie möglich pürieren und dabei nach und nach
den Honig zufließen lassen. Die
Masse so lange miteinander
mischen, bis ein glattes Marzipan entstanden ist. ● Die Butter
in Flöckchen teilen, zusammen
mit der Vanille zum Marzipan
geben und alles gemeinsam
schaumig rühren. ● Das Weizenmehl mit dem gemahlenen Dinkel auf der Arbeitsfläche
mischen, die Butter-Marzipan-
Masse dazugeben und alles sehr
schnell zu einem glatten Teig
verkneten. ● Diesen zur Kugel
formen und in Folie eingewickelt
für 45 Minuten in den Kühlschrank legen. ● In der Zwischenzeit die Sesamsamen in
einer trockenen Pfanne unter
Rühren goldgelb rösten und auf
einem Teller abkühlen lassen.
● Den Backofen auf 180° vorheizen. ● Den Teig auf der schwach
bemehlten Arbeitsfläche etwa
1½ cm dick ausrollen und in
3 cm lange, 7 cm breite Streifen
teilen. Diese auf ein ungefettetes
Backblech legen und auf der
mittleren Schiene des Ofens in
20—25 Minuten hellbraun bakken. ● Inzwischen den Honig mit
dem Zitronensaft erwärmen.
● Die Marzipanstreifen vom
Blech lösen, mit der Honigmischung dünn bestreichen und
mit dem Sesam bestreuen. Dann
auskühlen lassen.

Nußbrezeln

Sie gelingen am besten mit gut gekühltem Teig

Nußecken

Knusprige Kekse für jung und alt

200 g Weizen, feingemahlen
50 g Dinkel, feingemahlen
100 g weiche Butter
3 Eßl. Honig
1 Prise Salz · abgeriebene
Schale von ½ unbehandelten
Zitrone · 1 Ei · 60 g geschälte
Mandeln, feingemahlen
60 g Pistazien, sehr fein gehackt
Weizen, feingemahlem, zum
Formen · 1 Eßl. Zitronensaft
1 Eßl. weißer Rum
Bei 10 Stück etwa 1095 Joule/
260 Kalorien · 6 g Eiweiß
16 g Fett · 22 g Kohlenhydrate
3 g Ballaststoffe pro Stück

Vorbereitungszeit: etwa 1 Stunde
Kühlzeit: etwa 45 Minuten
Backzeit: etwa 15 Minuten

Das Weizen- und Dinkelmehl
miteinander mischen. • Die
Butter mit 2 Eßlöffeln Honig
schaumig rühren und dabei das
Salz, die abgeriebene Zitronenschale und das Ei zufügen.
Wenn sich alles gut vermengt

hat, die Mehlmischung darunterarbeiten und den Teig halbieren.
• Unter eine Teighälfte die Mandeln, unter die andere die Pistazien kneten und beide Teige zu
Kugeln formen. Diese jeweils in
Folie wickeln und im Kühlschrank etwa 45 Minuten ruhen
lassen. • Den Backofen auf 180°
vorheizen. • Den Teig portionsweise aus dem Kühlschrank
nehmen und auf der schwach
bemehlten Arbeitsfläche zu etwa
30 cm langen, gut bleistiftdicken
Rollen formen und zu Brezeln
zusammenlegen. Die Enden
dabei gut andrücken. • Die Brezeln auf ein ungefettetes Backblech legen und auf der mittleren
Schiene des heißen Ofens hellgelb backen. • In der Zwischenzeit den restlichen Honig mit
dem Zitronensaft und dem Rum
erwärmen. • Die fertigen Brezeln
auf einen Kuchendraht legen
und mit dem Guß bestreichen,
dann abkühlen lassen.

Für den Teig: 150 g Weizen,
feingemahlen · 50 g Leinsamen,
grobgeschrotet
70 g Haselnüsse, feingemahlen
1 Ei · 1 Prise Salz · 3 Eßl. Honig
125 g kalte Butter · 4 Eßl. Sahne
Für Belag und Verzierung:
150 g Butter · 150 g Honig
200 g Haselnüsse, blättrig
geschnitten · 60 g Sesamsamen,
3 Eßl. Ahornsirup
1 Teel. Caroben
Bei 20 Stück etwa 1150 Joule/
225 Kalorien · 4 g Eiweiß · 22 g Fett
15 g Kohlenhydrate
1 g Ballaststoffe pro Stück

Vorbereitungszeit etwa 45 Minuten · Kühlzeit: etwa 30 Minuten
Backzeit: 20—25 Minuten

Das Weizenmehl mit dem
Leinsamenschrot und den
Haselnüssen mischen und in die
Mitte eine Mulde drücken. Das Ei
mit dem Salz und dem Honig
hineingeben und die Butter in
Flöckchen auf den Mehlrand set-

zen. • Alle Zutaten mit zwei Messern bröselig hacken, dann von
außen nach innen zu einem glatten Teig verkneten. • Diesen in
Folie einschlagen und 30 Minuten im Kühlschrank ruhen lassen. • Den Backofen auf 200°
vorheizen. • Den Teig auf einem
ungefetteten Backblech ausrollen und mit der Sahne bestreichen. • 125 g Butter und den
Honig in einem Topf unter Rühren erhitzen, bis sich beides vermischt hat. • Die Haselnüsse
und die Sesamsamen darunterrühren und die Masse etwas
abkühlen lassen. • Die Masse
auf dem Teig verstreichen und
den Kuchen auf der mittleren
Schiene des heißen Ofens in
20—25 Minuten goldbraun bakken. • Den heißen Kuchen in
Quadrate und diese diagonal in
Dreiecke schneiden. Auf einem
Kuchendraht erkalten lassen.
• Die restliche Butter mit dem
Ahornsirup und dem Caroben
unter Rühren kochen, bis die
Masse dick wird. Heiß auf die
Gebäckspitzen streichen.

Haferkekse mit Datteln und Ingwer

Köstlich zu Tee, Glühwein und Punsch

Früchte-Rhomben

Auch zum Wein empfehlenswert

400 g getrocknete Datteln, ungeschwefelt · 4 eingelegte Ingwerpflaumen · 300 g weiche Butter · 1 Prise Salz · 1 Teel. Ingwerpulver · 1 Teel. Zimtpulver 140 g Birnendicksaft abgeriebene Schale von 1½ unbehandelten Orangen und 1 unbehandelten Zitrone · 4 Eßl. Birnengeist · 300 g Weizen, feingemahlen · 400 g Hafer-Vollkornflocken · Butter zum Einfetten
Bei 18 Stück etwa 1425 Joule/ 340 Kalorien · 6 g Eiweiß 16 g Fett · 42 g Kohlenhydrate 4 g Ballaststoffe pro Stück

Vorbereitungszeit: etwa 1 Stunde
Backzeit: etwa 20 Minuten

Die Datteln entsteinen, die Ingwerpflaumen abtropfen lassen und beides sehr fein würfeln. • Die Butter mit dem Salz, dem Ingwer- und dem Zimtpulver in einer Schüssel mit dem Birnendicksaft schaumig rühren und dabei die abgeriebene Orangen- und Zitronenschale zusammen mit dem Birnengeist untermischen. • Den Backofen auf 200° vorheizen. • Das Weizenmehl mit den Haferflocken, den Datteln und den Ingwerstückchen mischen und auf den Teig geben. Alles nur so weit miteinander vermengen, daß alle Zutaten gleichmäßig gemischt, aber noch locker sind. • Ein Backblech mit Butter einfetten und etwa zwei Drittel des Teiges darauf glatt verstreichen. • Den restlichen Teig mit den Fingerspitzen darüberbröseln und auf der mittleren Schiene des heißen Ofens goldgelb backen. • Die Kuchenplatte nach dem Erkalten in etwa 4 mal 8 cm große Streifen schneiden und auf einem Kuchendraht auskühlen lassen.

Mein Tip: Zusätzlich können Sie den Teig vor dem Backen noch mit ein paar Sesamsamen oder Sonnenblumenkernen bestreuen.

150 g gemischte Trockenfrüchte, ungeschwefelt · 3 Eßl. Cognac oder Rum · 2 Eßl. Mandellikör 200 g Weizen, feingemahlen ½ Teel. Weinstein-Backpulver 200 g blütenzarte Hafer-Vollkornflocken mit Keim · 50 g Leinsamen · 30 g Sesamsamen 50 g Cashewnüsse, grob-gehackt · 200 g Butter 60 g Honig · 2 Eier · Weizen, feingemahlen zum Ausrollen Butter zum Einfetten · 2 Eßl. Sahne · 1 Eigelb zum Bestreichen
Bei 40 Stück etwa 485 Joule/ 115 Kalorien · 3 g Eiweiß 7 g Fett · 11 g Kohlenhydrate 1 g Ballaststoffe pro Stück

Quellzeit: etwa 30 Minuten
Vorbereitungszeit: etwa 40 Minuten · Kühlzeit: etwa 30 Minuten
Backzeit: etwa 15 Minuten

Die Trockenfrüchte kurz heiß waschen und sehr gut trockenreiben. Danach feinwürfeln, mit dem Cognac oder Rum und dem Mandellikör begießen und zugedeckt etwa 30 Minuten quellen lassen. • Das Weizenmehl mit dem Backpulver, den Haferflocken, dem Leinsamen, dem Sesam und den Cashewnüssen auf der Arbeitsfläche mischen und in die Mitte eine Mulde drücken. • Die Butter mit dem Honig und den Eiern schaumig rühren und zusammen mit den Früchten samt dem Alkohol in die Mitte geben. • Alle Zutaten schnell miteinander verkneten, den Teig zur Kugel formen und, in Folie verpackt, etwa 30 Minuten im Kühlschrank ruhen lassen. • Den Backofen auf 220° vorheizen. • Den Teig auf der leicht bemehlten Arbeitsfläche etwa ½ cm dick ausrollen, in Rhomben von 4–6 cm schneiden und mit dem mit Sahne verquirlten Eigelb bestreichen. • Die Rhomben auf einem gefetteten Blech auf der mittleren Schiene des heißen Ofens etwa 15 Minuten backen. • Auf einem Kuchengitter erkalten lassen.

Törtchen nach Ischler Art

Diese knusprigen und zarten Törtchen gelingen auch Anfängern auf Anhieb

im Bild rechts

150 g Mandeln · 100 g Hirse, feingemahlen · 100 g Weizen, feingemahlen · 1 Prise Salz
2 Teel. Naturvanille (Reformhaus) · 1 Ei · 2 Eßl. Himbeergeist
150 g gekühlte Butter · Weizen, sehr feingemahlen, zum Ausrollen · 1 Eigelb · 2 Eßl. Milch
40 g Mandeln, sehr fein gehackt
Butter zum Einfetten
100 g Hagebuttenmark, ungezuckert (Reformhaus)
Bei 20 Stück etwa 740 Joule/ 175 Kalorien · 4 g Eiweiß
12 g Fett · 12 g Kohlenhydrate
2 g Ballaststoffe pro Stück

Zubereitungszeit: etwa 1¼ Stunden · Kühlzeit: etwa 2 Stunden
Backzeit: 15–20 Minuten

Die Mandeln mit kochendem Wasser überbrühen, ein paar Sekunden darin liegen lassen, dann kalt abschrecken und die braunen Häutchen ablösen. • Die Mandeln auf einem Küchentuch oder auf einer dicken Lage Haushaltspapier sehr gut trocknen lassen und danach durch die Mandelmühle drehen. • Das Hirse- und Weizenmehl mit den gemahlenen Mandeln, dem Salz und der Naturvanille auf der Arbeitsfläche mischen und in die Mitte eine Mulde drücken. • Das Ei zusammen mit dem Himbeergeist hineingeben, die Butter in Flöckchen teilen und auf den Rand setzen. • Alle Zutaten mit zwei Messern bröselig hacken, dann mit den Händen sehr schnell zu einem glatten Teig verkneten. Diesen zur Kugel formen, in eine Plastiktüte geben oder in Folie einwickeln und für mindestens 2 Stunden in den Kühlschrank legen. • Den Backofen auf 200° vorheizen. • Die Arbeitsfläche hauchdünn mit Mehl bestäuben und den Teig portionsweise darauf etwa 3 mm dick ausrollen. Mit einem runden Ausstechförmchen mit gewelltem oder leicht gezacktem Rand aus gut der Hälfte des Teiges runde Plätzchen von 5–6 cm Ø ausstechen. • Den restlichen Teig ebenso dünn ausrollen und zu gleich großen Ringen mit gewelltem oder gezacktem Rand von etwa 1 cm Breite ausstechen. • Das Eigelb mit der Milch verquirlen, die Ringe damit bestreichen und mit den gehackten Mandeln bestreuen. • Ein Backblech dünn mit Butter einfetten und die Plätzchen und die Ringe darauflegen. • Das Blech sofort auf die mittlere Schiene des vorgeheizten Backofens schieben und die Kekse in 15–20 Minuten goldgelb backen. • Die Plätzchen und Ringe mit einer Palette oder einem breiten Messer vom Blech heben und auf einem Kuchendraht auskühlen lassen. • Die Plätzchen anschließend mit dem Hagebuttenmark bestreichen und die Ringe (mit der Mandelseite nach oben) darauflegen. Leicht andrücken und bis zum Verzehr unbedingt kühl und trocken aufbewahren.

Variante:
Haselnußtörtchen mit Nougatcreme
im Bild links
Verwenden Sie dazu anstelle der geschälten Mandeln leicht geröstete Haselnüsse, die natürlich ebenfalls gemahlen werden müssen, und bestreuen Sie die Ringe nach dem Bestreichen mit sehr fein gehackten Haselnüssen. Das Hagebuttenmark ersetzen Sie nun noch durch Nußnougat ohne Zuckerzusatz, den Sie im Reformhaus kaufen können. Wenn Sie möchten, daß bei diesen Plätzchen nicht nur die Füllung sondern auch die Oberfläche der Ringe völlig anders aussieht als beim ersten Rezept, verzichten Sie auf Ei, Milch und gehackte Haselnüsse, lassen Sie etwas geschmolzene Honigschokolade in sehr feinen Linien über die gefüllten und zusammengesetzten Plätzchen tröpfeln und stellen Sie sie an einen kühlen Ort, damit die Schokolade wieder fest werden kann.

Marzipantaler mit Schokoladen-Rosinen-Füllung

Sie sollten erst kurz vor dem Servieren gefüllt werden

Für den Teig: 150 g Mandeln · 100 g Honig · 1 Teel. Rosenwasser (Apotheke) · 50 g Butter · 3 Eiweiße · 1 Prise Salz · 50 g Weizen, feingemahlen · 50 g Hirse, feingemahlen · 2 Eßl. Cognac oder Rum · Butter zum Einfetten · 30 g Mandeln, sehr fein gehackt

Für die Füllung: 50 g Rosinen, ungeschwefelt · 2 Eßl. Cognac oder Rum · 150 g Honigschokolade (Reformhaus) · 4 Eßl. Sahne · 40 g Mandeln, sehr fein gehackt

Bei 20 Stück etwa 745 Joule/ 180 Kalorien · 4 g Eiweiß · 11 g Fett · 15 g Kohlenhydrate · 4 g Ballaststoffe pro Stück

Vorbereitungszeit: etwa 45 Minuten · Backzeit: 10–15 Minuten · Zeit zum Abkühlen und Quellen: etwa 30 Minuten

Die Mandeln mit kochendem Wasser überbrühen, ein paar Sekunden darin liegen lassen, dann kalt abschrecken und die braunen Häutchen von den Kernen schieben. Die Mandeln auf einem Küchentuch sehr gut trocknen lassen. • Anschließend die Mandeln im Mixer oder in der Küchenmaschine so fein wie möglich pürieren und dabei den Honig und das Rosenwasser hinzufügen. Weiterarbeiten, bis ein glattes Marzipan entstanden ist. • Die Butter in einem Töpfchen bei schwacher Hitze schmelzen und wieder bis auf Handwärme abkühlen lassen. • Den Backofen auf 200° vorheizen. • Die Eiweiße mit dem Salz steif, aber nicht schnittfest schlagen und dabei – unter ständigem Weiterschlagen – nach und nach das Mandelmarzipan hinzufügen. • Wenn sich alles zu einer lockeren, duftigen Masse vermischt hat, das Weizen- und Hirsemehl zusammen mit dem Cognac oder Rum locker darunterheben und zum Schluß die flüssige, aber nicht mehr heiße Butter in einem sehr dünnen Strahl hinzufließen lassen. • Ein Backblech sorgfältig mit Butter einfetten und aus der Teigmasse mit zwei Teelöffeln kleine Häufchen mit genügend Abstand (sie laufen beim Backen noch ein wenig in die Breite) auf das Blech setzen und etwas verstreichen. • Die Hälfte der Plätzchen mit den sehr fein gehackten Mandeln bestreuen. • Das Blech sofort auf die mittlere Schiene des vorgeheizten Ofens schieben und die Kekse in 10–15 Minuten hellgelb backen. • Sofort vom Blech lösen und auf einem Kuchendraht auskühlen lassen. • In der Zwischenzeit die Rosinen in einem Sieb kurz unter heißem Wasser waschen, in einem Tuch gut trockenreiben und sehr klein zerschneiden. Mit dem Cognac oder Rum vermischen und zugedeckt quellen lassen. • Die Schokolade in kleine Stücke brechen und zusammen mit der Sahne unter Rühren erhitzen, bis sie geschmolzen ist und sich völlig mit der Sahne vermischt hat. • Vom Herd nehmen, die gequollenen Rosinen und die gehackten Mandeln daruntermischen und alles abkühlen lassen, bis die Masse beginnt, wieder fest zu werden. • Die Unterseiten der nicht mit Mandeln bestreuten Plätzchen mit dieser Masse bestreichen und die »Mandelhälften« daraufsetzen. Beide Teile nur leicht andrücken und die Schokoladenmasse an einem kühlen Platz ganz fest werden lassen. • Die Marzipantaler dann möglichst frisch servieren, später verliert der Teig seine zarte Knusprigkeit.

Mein Tip: Wenn Sie die Füllung etwas voluminöser wünschen, können Sie die Sahnemenge auf ⅛ l erhöhen und die Schokolade-Sahne-Mischung nach dem völligen Erkalten – wie normale Sahne – steif schlagen, bevor Sie die im Alkohol gequollenen Rosinen und die Mandeln locker darunterheben.

Dreikornwaffeln mit Mandeln

Sie schmecken mit Sirup, Sahne und/oder Konfitüre

im Bild links

150 g Butter · 3 Eigelbe · 60 g Honig · 2 Prisen Naturvanille (Reformhaus) · 2 Eßl. Crème fraîche · 100 g Weizen, feingemahlen · 50 g Leinsamen

1 Teel. Weinstein-Backpulver

3 Eiweiße · 1 Prise Salz · 50 g Sesamsamen · 50 g Mandeln, sehr fein gehackt (oder auch frisch gemahlen) · Butter zum Einfetten

Bei 7 Stück etwa 1895 Joule/ 450 Kalorien · 9 g Eiweiß

37 g Fett · 19 g Kohlenhydrate

5 g Ballaststoffe pro Stück

Zubereitungszeit: etwa 1 Stunde
Zeit zum Quellen: 30 Minuten

Die Butter sehr schaumig rühren. Dabei nach und nach die Eigelbe, den Honig, die Naturvanille und die Crème fraîche dazugeben. ● Das Weizenmehl mit dem Leinsamen und dem Backpulver mischen, darunterrühren und den Teig etwa 30 Minuten ruhen lassen, damit Weizen und Leinsamen quellen können. ● Die Eiweiße mit dem Salz zu schnittfestem Schnee schlagen, auf den Teig gleiten lassen und zusammen mit den Sesamsamen und den Mandeln darunterheben. ● Das Waffeleisen nach Gebrauchsanleitung erhitzen und einfetten. Etwas Teig hineingeben, leicht verstreichen und das Eisen schließen. ● Die Waffeln in jeweils 4—6 Minuten (je nach Gerät) auf beiden Seiten hellbraun werden lassen und zum Erkalten nebeneinander auf ein Kuchengitter legen.

Variante:
Walnußwaffeln mit Birnen
im Bild rechts
Bereiten Sie den Teig wie oben beschrieben zu und mischen Sie zusätzlich 1 gehäuften Eßlöffel feingemahlenen Weizen darunter. 3 Birnen waschen und entkernen. 2 Früchte auf der Rohkostreibe in Streifen raspeln, die restliche Birne in Schnitze teilen. Diese sofort mit etwas Zitronensaft beträufeln. Die Mandeln durch feingehackte Walnüsse ersetzen und diese zusammen mit den Birnenraspeln, dem Sesam und dem Eischnee unter den Teig heben. Die Waffeln backen, auskühlen lassen und mit Birnenschnitzen belegen.

Eiserkuchen, alte Art

Frisch sind sie besonders knusprig und zart und werden nicht nur von Kindern heißgeliebt

Quark-Hirsewaffeln
im Bild links

100 g Butter · 3 Eßl. Honig
3 Eigelbe · 150 g Sahnequark
abgeriebene Schale von ½ unbehandelten Zitrone · ½ Teel.
Zimtpulver · 100 g Weizen, feingemahlen · 80 g Hirse, feingemahlen · ⅛ l kohlensäurehaltiges
Mineralwasser · 3 Eiweiß
1 Prise Salz · Butter zum Einfetten
Bei 8 Stück etwa 1025 Joule/
245 Kalorien · 7 g Eiweiß
16 g Fett · 18 g Kohlenhydrate
1 g Ballaststoffe pro Stück

Zubereitungszeit: etwa
1 Stunde · Zeit zum Quellen:
etwa 20 Minuten

Die Butter sehr schaumig rühren. Dabei nach und nach
den Honig, die Eigelbe und den
Sahnequark daruntermischen.
Den Teig mit der abgeriebenen
Zitronenschale und dem Zimtpulver aromatisieren. • Das Weizenmehl mit der gemahlenen
Hirse mischen und abwechselnd
mit dem Mineralwasser sorgfältig
unter den Teig rühren. • Diesen
etwa 20 Minuten ruhen lassen,
damit das Mehl quellen kann.
• Die Eiweiße mit dem Salz zu
schnittfestem Schnee schlagen
und erst unmittelbar vor dem
Backen locker unter den Teig
heben. • Das Waffeleisen nach
Gebrauchsanleitung erhitzen
und einfetten, etwas Teig hineingeben und im geschlossenen
Eisen in 4 bis 6 Minuten (je nach
Gerät) hellbraun werden lassen.
• Die Waffeln sofort auf einen
Kuchendraht legen und erkalten
lassen. • Aus dem restlichen
Teig auf dieselbe Weise Waffeln
backen und zum Abkühlen stets
nebeneinander auf einen
Kuchendraht legen, damit sie
nicht weich werden und zusam-
menkleben. Die Waffeln sollten
Sie unbedingt sehr frisch, möglichst gleich nach dem Abkühlen
servieren.

Haselnußwaffeln mit Schokosahne
im Bild rechts

150 g weiche Butter · 3 Eßl.
Honig · 4 Eier · 1 Prise Salz
150 g Weizen, feingemahlen
60 g Hirse, feingemahlen
1 Teel. Weinstein-Backpulver
1—2 Teel. Caroben · 2 Becher
Sahne (je 200 g) · 100 g Haselnüsse, frisch gemahlen · ½ Teel.
Naturvanille (Reformhaus)
100 g Honigschokolade (Reformhaus) · Butter zum Einfetten
Bei 8 Stück etwa 2390 Joule/
570 Kalorien · 10 g Eiweiß
44 g Fett · 27 g Kohlenhydrate
7 g Ballaststoffe pro Stück

Zubereitungszeit: etwa 1½ Stunden · Zeit zum Quellen: etwa
15 Minuten

Die Butter sehr schaumig rühren. Dabei nach und nach
den Honig, die Eier und das Salz
dazugeben. • Das Weizenmehl
mit der gemahlenen Hirse, dem
Weinstein-Backpulver und dem
Caroben mischen und zusammen mit 5—6 Eßlöffeln Sahne
unter den Teig rühren. Zum
Schluß die Haselnüsse und die
Naturvanille daruntermischen.
• Den Teig etwa 15 Minuten
ruhen lassen, damit das Mehl
quellen kann. • Inzwischen die
Schokolade auf der Rohkostreibe grobraspeln. • Die restliche
Sahne steif schlagen, in eine
Schale füllen und zugedeckt in
den Kühlschrank stellen. • Das
Waffeleisen nach Gebrauchsanleitung erhitzen und einfetten.
• Etwas Teig hineinfüllen, leicht
verstreichen und das Eisen
schließen. Die Waffel etwa 4—6
Minuten (je nach Gerät) backen
und auf einem Kuchendraht auskühlen lassen. • Aus dem restlichen Teig auf dieselbe Weise
Waffeln backen und erkalten lassen. Die Waffeln mit einem
Klecks Sahne verzieren und mit
der Schokolade bestreuen.

Fruchtige Gewürzschnitten

Nach einer Woche schmecken sie am besten

Für den Teig: 100 g Feigen, ungeschwefelt · 100 g Datteln, ungeschwefelt und entkernt 50 g Orangeat · 50 g Zitronat 2 Glas (je 2 cl) Cognac oder Rum · 400 g Zuckerrübensirup 100 g Butter · 200 g Weizen, feingemahlen · 50 g Hirse, feingemahlen · 50 g Buchweizen, feingemahlen · 3 Teel. Weinstein-Backpulver · 1 Teel. Zimtpulver 2 Prisen Piment, gemahlen 2 Prisen Muskatnuß, frisch gerieben · 1 Prise Salz · je 1 Prise Anis und Koriander, gemahlen 150 g Haselnüsse, gehackt Weizen, feingemahlen, zum Ausrollen
Zum Verzieren: 150 g Mandeln 2 Eßl. Zuckerrübensirup 2 Eßl. Cognac oder Rum
Bei 30 Stück etwa 805 Joule/ 190 Kalorien · 3 g Eiweiß 9 g Fett · 24 g Kohlenhydrate 3 g Ballaststoffe pro Stück

Vorbereitungszeit: etwa 45 Minuten · Ruhezeit: 2–3 Stunden Backzeit: 20–25 Minuten

Die Feigen und die Datteln kurz unter heißem Wasser abspülen, trockentupfen und feinwürfeln. • Das Orangeat und das Zitronat ebenfalls in kleine Würfel schneiden und mit den Feigen und Datteln in eine kleine Schüssel geben. • Den Cognac oder Rum dazugießen, untermischen und alles zugedeckt ziehen lassen, bis die übrigen Zutaten vorbereitet sind. • Den Zuckerrübensirup zusammen mit der Butter unter Rühren leicht erwärmen, aber nicht heiß werden lassen und in einer Schüssel wieder abkühlen lassen, bis die Masse höchstens noch handwarm ist. • Das Weizen-, Hirse- und Buchweizenmehl in einer großen Schüssel mit dem Weinstein-Backpulver, dem Zimt, dem Piment, dem Muskat, dem Salz sowie dem Anis und Koriander vermengen und in die Mitte eine Mulde drücken. • Die But-

ter-Sirup-Mischung hineingießen, die eingeweichten Trockenfrüchte mitsamt dem nicht eingezogenen Alkohol sowie den Haselnüssen dazugeben und alles sehr gut miteinander verarbeiten. Dazu die Zutaten zuerst von der Mitte aus verrühren, dann die restliche Mehlmischung gründlich darunterkneten, bis alle Zutaten gut zusammenhalten. • Den Teig nun in Folie verpacken oder die Schüssel gut zudecken und für 2–3 Stunden in den Kühlschrank stellen. • In dieser Zeit die Mandeln mit kochendem Wasser überbrühen, kalt abschrecken und die braunen Häutchen von den Kernen schieben. • Die Mandeln längs halbieren und auf einem Küchentuch gut trocknen lassen. • Den Backofen auf 180–200° vorheizen. • Den Teig nochmals durcharbeiten und auf der mit Mehl bestäubten Arbeitsfläche etwa ½ cm dick ausrollen. Mit dem Teigrädchen oder mit einem scharfen Messer in 4 mal 6 cm große Rechtecke teilen und

diese auf ein mit Backtrennpapier belegtes Blech setzen. Den Zuckerrübensirup mit dem Cognac oder Rum bei schwacher Hitze erwärmen, bis sich beides vermischt hat. • Die Teigstücke damit bestreichen und die Mandelhälften darauflegen. Das Blech auf die mittlere Schiene des heißen Ofens schieben und die Schnitten 20–25 Minuten backen. • Vom Papier lösen und auskühlen lassen.

Mein Tip: Diese Schnitten sind auch mit anderen getrockneten Früchten köstlich, so zum Beispiel mit Rosinen, Bananen oder Ananas. Und wenn Sie die Früchte und Nüsse sehr fein zerkleinern, können Sie den Teig auch zu anderen Formen (Herzen, Sternen, runden Plätzchen oder Halbmonden) ausstechen. Selbstverständlich lassen sich die Plätzchen auch ohne die angegebene Verzierung backen, nach dem Abkühlen mit Honigschokolade überziehen und danach mit Mandeln belegen.

Baiser-Mandel-Berge

Ideal für alle, die's süß und duftig lieben

Vanillekipferl mit Schoko-Ecken

Schmecken nicht nur zu Weihnachten gut

---

250 g Mandeln · 3 Teel. Sojamehl · 3 Eßl. kaltes Wasser
2 sehr frische Eiweiße · 1 Prise
Salz · 100 g Honig · 1 Teel.
Zitronensaft · ½ Teel. Naturvanille (Reformhaus)
Bei 30 Stück etwa 285 Joule/
65 Kalorien · 2 g Eiweiß
5 g Fett · 4 g Kohlenhydrate
1 g Ballaststoffe pro Stück

Vorbereitungszeit: etwa 1 Stunde
Backzeit: 40—45 Minuten

Die Mandeln mit kochendem
Wasser überbrühen, ein paar
Sekunden darin liegen lassen,
dann kalt abschrecken und die
braunen Häutchen ablösen. Die
Mandeln auf einem Küchentuch
sehr gut trocknen lassen und
danach feinhacken. • Das Sojamehl in ein kleines Schälchen
geben und mit dem Wasser sehr
gut verrühren. • Die Eiweiße in
einer Schüssel mit dem Salz zu
schnittfestem Schnee schlagen.
Zum Schluß muß ein Schnitt mit

dem Messer deutlich sichtbar
bleiben, ohne wieder zu zerlau-
fen. • Erst dann nach und nach –
unter ständigem, kräftigen Weiterschlagen – den Honig und die
Sojamischung dazugießen.
• Weiterarbeiten, bis die Masse
fest und stark glänzend ist. • Den
Zitronensaft und die Vanille
zusammen mit den gehackten
Mandeln locker, aber sorgfältig
darunterheben. • Den Backofen
auf 100—120° vorheizen. • Ein
Backblech mit Backtrennpapier
belegen, mit zwei Teelöffeln
kleine Berge daraufsetzen und
auf der mittleren Schiene des
vorgeheizten Ofens in
40—45 Minuten mehr trocknen
als backen lassen, wobei sie
nicht stark bräunen sollen. Die
Backofentür kann man dabei mit
einem Holzlöffelstiel einen Spalt
breit offen lassen, damit die
Feuchtigkeit entweichen kann.
• Die Baiser-Mandel-Berge
sofort mit einer Palette vom
Papier lösen und auf einem
Kuchendraht nachtrocknen und
auskühlen lassen.

---

150 g Weizen, feingemahlen
150 g Hirse, feingemahlen
100 g Mandeln, frisch gerieben
1 Eigelb · 1 Prise Salz · 2 Eßl.
Honig · 1 Teel. Naturvanille
(Reformhaus) · 200 g gekühlte
Butter · 100 g Honigschokolade
(Reformhaus)
Bei 45 Stück etwa 355 Joule/
85 Kalorien · 1 g Eiweiß
6 g Fett · 7 g Kohlenhydrate
1 g Ballaststoffe pro Stück

Vorbereitungszeit: etwa 45 Minuten · Kühlzeit: etwa 1 Stunde
Backzeit: 10—15 Minuten

Das Weizenmehl sieben, die
Kleie beiseite stellen und das
Weizenmehl mit der Hirse und
den Mandeln auf der Arbeitsfläche mischen. • In die Mitte eine
Mulde drücken und das Eigelb
mit dem Salz, dem Honig und
der Naturvanille hineingeben.
Die Butter in Flöckchen teilen
und auf den Mehlrand setzen.
• Alle Zutaten mit zwei Messern
bröselig hacken und sehr schnell

mit gekühlten Händen (kalt
abspülen und abtrocknen) zu
einem glatten Teig verkneten.
• Diesen zu Rollen von etwa
4 cm Ø formen und zugedeckt
für mindestens 1 Stunde in den
Kühlschrank legen. • Den Backofen auf 180° vorheizen und die
Arbeitsfläche mit der abgesiebten Kleie bestreuen. • Von den
Rollen etwa 1 cm dicke Scheiben
abschneiden, diese auf der
bestreuten Fläche zu etwa 5 cm
langen, 1 cm dicken und an den
Enden spitz zulaufenden Hörn-
chen formen. • Diese halbmond-
förmig zu Kipferln biegen und auf
ein ungefettetes Backblech
legen. Sofort auf der mittleren
Schiene des heißen Ofens in
10—15 Minuten goldgelb bakken, dann auf einem Kuchendraht auskühlen lassen. • Die
Schokolade bei schwächster
Hitze im Wasserbad schmelzen
und wieder etwas abkühlen lassen. • Die Kipferln mit beiden
Enden hineintauchen und diese
Glasur fest werden lassen.

Für die Advents- und Weihnachtszeit

Zartes Gebäck zu Tee und Punsch

Mandelblätter-Herzen
im Bild links

200 g Weizen, feingemahlen
100 g Hirse, feingemahlen
5 Eßl. saure Sahne · 4 Eßl. Honig
½ Teel. Naturvanille (Reformhaus) · Butter zum Einfetten
Weizen, feingemahlen, zum
Ausrollen · 60 g Mandelblättchen
Bei 30 Stück etwa 230 Joule/
55 Kalorien · 2 g Eiweiß
2 g Fett · 8 g Kohlenhydrate
1 g Ballaststoffe pro Stück

Vorbereitungszeit: etwa 1 Stunde
Kühlzeit: 2—3 Stunden · Backzeit: 15—20 Minuten

Das Weizen- und Hirsemehl
mischen und in die Mitte eine
Mulde drücken. • Die saure
Sahne zusammen mit 1 Eßlöffel
Honig und der Vanille hineinge-
ben und alles sehr schnell zu
einem glatten Teig verkneten.
• Diesen zur Kugel formen und in
Folie verpackt für 2—3 Stunden
in den Kühlschrank legen. • Ein

Backblech einfetten, den Backofen auf 180—200° vorheizen und
die Arbeitsfläche dünn mit Mehl
bestäuben. • Den Teig portionsweise darauf etwa 3 mm dick
ausrollen und zu Herzen von
etwa 5 cm Seitenlänge ausstechen. • Den restlichen Honig
erwärmen, bis er dünnflüssig
wird, die Herzen damit bestreichen, mit den Mandelblättchen
bestreuen und auf dem Blech
sofort auf der mittleren Schiene
des heißen Ofens in 15—20 Minuten hellbraun backen. • Vom
Blech lösen und auf einem
Kuchendraht auskühlen lassen.

Mandelspekulatius
im Bild rechts

100 g Mandeln · 250 g Honig
1 Teel. Rosenwasser (Apotheke)
1 Eßl. Mandellikör · 250 g weiche
Butter · 1 Prise Salz · 1 Päckchen
Spekulatiusgewürz · 1 Teel.
Naturvanille (Reformhaus)
abgeriebene Schale von

½ unbehandelten Zitrone · 1 Ei
350 g Weizen, feingemahlen
150 g Hirse, feingemahlen
Butter zum Einfetten · 100 g
Mandeln, blättrig geschnitten
Weizen, feingemahlen zum
Bestäuben · 2—3 Eßl. Milch
Bei 50 Stück etwa 490 Joule/
115 Kalorien · 2 g Eiweiß
7 g Fett · 11 g Kohlenhydrate
1 g Ballaststoffe pro Stück

Vorbereitungszeit: etwa 1 Stunde
Kühlzeit: etwa 2 Stunden · Backzeit: etwa 15 Minuten

Die Mandeln mit kochendem
Wasser überbrühen, häuten
und auf einem Küchentuch gut
trocknen lassen. • Danach im
Mixer so fein wie möglich zerkleinern, nach und nach den
Honig, das Rosenwasser und
den Mandellikör dazugeben und
alles zu einem glatten Marzipan
verarbeiten. • Die Butter mit dem
Salz, dem Spekulatiusgewürz,
der Vanille, der Zitronenschale
und dem Ei sehr schaumig rüh-

ren und dabei nach und nach die
Marzipanmasse dazugeben.
• Das Weizen- und Hirsemehl
mischen, zum Teil unter den
Teig rühren, den Rest darunter-
kneten. • Den Teig zur Kugel formen, in Folie wickeln und 2 Stunden kühlen. • Ein Backblech einfetten. • Den Backofen auf 200°
vorheizen. • Die Arbeitsfläche
mit den Mandelblättchen
bestreuen. • Die Spekulatiusmo-
del nur dünn mit Mehl ausstäu-
ben, jeweils etwas Teig hineindrücken und die Oberfläche mit
einem dünnen Draht oder mit
einem sehr dünnklingigen Messer abschneiden. • Die Model
nun so auf die Arbeitsfläche
schlagen, daß die Spekulatius
mit der Unterseite auf die Mandelblättchen fallen. Diese leicht
andrücken und die Plätzchen auf
das Blech legen. • Ihre Oberflächen mit Milch bepinseln und die
Spekulatius auf der mittleren
Schiene des heißen Ofens in
etwa 15 Minuten goldgelb bakken. Auf einem Kuchendraht
auskühlen lassen.

Weihnachtliches mit Honig, Zimt und Mandeln

Uralte Rezepte – unserer Zeit neu angepaßt

Zimtsterne
im Bild links

600 g Mandeln · 250 g Honig
1 Teel. Rosenwasser (Apotheke)
2 Teel. Zimtpulver · 5 Eiweiße
1 Prise Salz · 1 Teel. Zitronensaft
3–4 Eßl. Weizenkleie zum Ausrollen · Butter zum Einfetten
Bei 40 Stück etwa 505 Joule/
120 Kalorien · 3 g Eiweiß
8 g Fett · 8 g Kohlenhydrate
2 g Ballaststoffe pro Stück

Vorbereitungszeit: etwa 1 Stunde
Backzeit: 30–45 Minuten

Etwa 150 g Mandeln mit kochendem Wasser überbrühen, häuten und auf einem Küchentuch trocknen lassen. • Die Mandeln danach im Mixer oder in der Küchenmaschine so fein wie möglich zerkleinern, dabei 150 g Honig, das Rosenwasser und das Zimtpulver zufügen und alles zu einem glatten Marzipan verarbeiten. • Die restlichen Mandeln ungeschält durch die Mandel-

mühle drehen. • Die Eiweiße mit dem Salz schnittfest schlagen. • Unter weiterem Schlagen nach und nach den restlichen Honig zugießen, den Zitronensaft unterheben. • Etwa 5 Eßlöffel davon beiseite stellen. • Den restlichen Schnee löffelweise unter das Marzipan rühren und die gemahlenen Mandeln sorgfältig daruntermischen. Der Teig soll zum Schluß sehr fest sein. • Den Backofen auf 150° vorheizen. • Ein Backblech mit Pergamentpapier belegen und dieses mit Butter einfetten. • Die Arbeitsfläche mit Weizenkleie bestäuben und den Teig portionsweise darauf gut ½ cm dick ausrollen. • Sterne von etwa 4 cm ⌀ ausstechen und auf das Blech setzen. • Den restlichen Eischnee auf die Sterne streichen und das Blech auf die mittlere Schiene des vorgeheizten Ofens schieben. • Die Zimtsterne in 30–45 Minuten mehr trocknen als backen, ohne sie dabei stark bräunen zu lassen.

Honigkuchen-Brezeln
im Bild rechts

350 g Honig · 4 cl Wasser
(2 Schnapsgläser) · 175 g
Weizen, sehr fein gemahlen
50 g Roggen, sehr fein gemahlen
1 Päckchen Lebkuchengewürz
½ Päckchen Weinstein-
Backpulver · 30 g Zitronat · 30 g
Orangeat · 60 g geschälte
halbierte Mandeln · Butter zum
Einfetten · Weizen, feingemahlen,
zum Ausrollen · 2 Eßl. Rum
Bei 30 Stück etwa 350 Joule/
80 Kalorien · 1 g Eiweiß
1 g Fett · 16 g Kohlenhydrate
1 g Ballaststoffe pro Stück

Vorbereitungszeit: etwa 1½ Stunden · Ruhezeit: 12–24 Stunden
Backzeit: etwa 20 Minuten

300 g Honig mit dem Wasser bei schwacher Hitze erwärmen, bis sich beides vermischt hat, dann wieder auf Handwärme abkühlen lassen. • Das Weizen- und Rog-

genmehl mit dem Lebkuchengewürz und dem Backpulver mischen. • Das Zitronat und Orangeat sehr fein würfeln. • Die Honigmischung zu dem Mehl geben, Zitronat und Orangeat hinzufügen und alles zu einem glatten Teig verarbeiten. Dazu zuerst mit einem Holzlöffel rühren, dann kneten. • Den Teig zugedeckt über Nacht ruhen lassen. • Ein Backblech einfetten und den Backofen auf 200° vorheizen. • Den Teig auf der bemehlten Fläche durchkneten und knapp ½ cm dick ausrollen. In ½ cm breite und 15 cm lange Streifen schneiden. Diese zu Rollen formen und zu Brezeln zusammenlegen. • Den restlichen Honig mit dem Rum leicht erwärmen, die Brezeln damit bestreichen und mit je 2 Mandelhälften verzieren. • Die Brezeln auf dem Blech auf der mittleren Schiene des heißen Ofens etwa 20 Minuten backen und auskühlen lassen.

Mandelplätzchen »Florentiner Art«

Hauchdünn schmecken sie am besten

30 g Zitronat · 40 g Orangeat
40 g getrocknete Datteln,
ungeschwefelt und entkernt
40 g getrocknete Feigen,
ungeschwefelt · je 3 rote und
grüne Belegkirschen · 150 g
geschälte Mandeln, feinblättrig
geschnitten · 1 Prise Salz
½ Teel. Naturvanille (Reformhaus) · 60 g Hirse, sehr fein
gemahlen · 40 g Sesamsamen
50 g Butter · 100 ccm Milch
⅛ l Sahne · 100 g Honig · 150 g
Honigschokolade (Reformhaus)
Bei 35 Stück etwa 445 Joule/
105 Kalorien · 2 g Eiweiß
7 g Fett · 10 g Kohlenhydrate
2 g Ballaststoffe pro Stück

Vorbereitungszeit: etwa 45 Minuten · Backzeit: etwa 20 Minuten

Das Zitronat, das Orangeat,
die Datteln und die Feigen
feinwürfeln, die Kirschen in
Scheibchen teilen und die Mandeln leicht zerbröseln. Alles mit
dem Salz, der Vanille, dem Hirsemehl und dem Sesam
mischen. • Die Butter mit der
Milch, der Sahne und dem Honig
aufkochen. Die Früchte-Mandel-
mischung hineingeben und unter
Rühren etwa 5 Minuten leise
köcheln lassen. • Den Backofen
auf 180° vorheizen. • Die Masse
in ein warmes Wasserbad stellen. • Ein Backblech mit Backtrennpapier belegen. • Mit einem
Eßlöffel kleine Häufchen von der
Mandelmasse daraufsetzen und
mit einem angefeuchteten Messer zu dünnen Plätzchen von
etwa 6 cm ∅ verstreichen. • Auf
der mittleren Schiene des heißen Ofens etwa 20 Minuten bakken, sofort ablösen und auf
einem Kuchengitter erkalten lassen. • Die Schokolade im heißen
Wasserbad schmelzen. • Sobald
sie beginnt wieder fest zu werden, die Plätzchenunterseiten
recht dick damit bestreichen.
• Diese Schicht leicht antrocknen
lassen, dann mit einer Gabel,
einem Torten-Zackenkamm oder
auch mit einem Buntmesser
wellenförmige Linien hineinzie-
hen und erstarren lassen.

Mein Tip: Die Kirschen setzen
hier nur Farbakzente; Sie können sie durch Rosinen oder
andere Trockenfrüchte ersetzen,
wenn Sie völlig auf raffinierten
Zucker verzichten wollen.

Ananas-Müsli-Riegel

Auch als kleine Zwischenmahlzeit ideal

im Bild links

50 g Weizenkörner · Wasser
200 g getrocknete Ananas,
ungeschwefelt · 250 g Cashewnüsse · 150 g Sesamsamen
100 g kernige Hafer-Vollkornflocken · 100 g Butter · 200 g
Honig · ¼ l Sahne · 1 Prise Salz
½ Teel. Ingwerpulver · abgeriebene Schale von 1 unbe-
handelten Zitrone · Öl zum
Bestreichen
Bei 36 Stück etwa 665 Joule/
160 Kalorien · 3 g Eiweiß
10 g Fett · 14 g Kohlenhydrate
2 g Ballaststoffe pro Stück

Zeit zum Quellen und Darren:
12—13 Stunden · Vorbereitungszeit: etwa 45 Minuten · Backzeit:
etwa 30 Minuten

Die Weizenkörner brauchen
zum Quellen etwa die zweieinhalbfache Menge an Wasser.
Messen Sie ihr Volumen darum
in einem Meßbecher, worin Sie
auch die Wassermenge dosieren
können. • Die Weizenkörner mit

dem Wasser begießen und
11—12 Stunden quellen lassen.
• Die Körner dann abtropfen lassen und den Backofen auf 70°
vorheizen. • Die Körner locker
auf einem Backblech verteilen
und unter häufigem Umrühren
etwa 1 Stunde darren, also trocknen lassen. • Die getrocknete
Ananas in kleine Stückchen
schneiden. • Die Cashewnüsse
grob zerhacken und zusammen
mit den Sesamsamen und den
Haferflocken unter die Ananasstückchen mischen. • Die Butter
in Flöckchen teilen und in einen
breiten Topf geben. Den Honig
und die Sahne mit dem Salz,
dem Ingwerpulver und der abgeriebenen Zitronenschale hinzufügen und unter Rühren aufkochen lassen. • Die Ananasmi-
schung zusammen mit dem
gedarrten Weizen daruntermischen und unter Rühren etwa
3 Minuten leise kochen lassen,
bis die Masse zu binden beginnt.
• Den Backofen auf 200° vorheizen. • Ein Backblech mit Alufolie
belegen und diese am offenen

Rand mehrfach falzen, damit sie
eine glatte Kante bildet. • Die
Folie mit Öl bestreichen, die
Müsli-Riegel-Masse sofort darauf verteilen und mit einem leicht
eingeölten oder angefeuchteten
Messer glattstreichen. • Das
Blech auf die mittlere Schiene
des heißen Ofens schieben und
die Masse etwa 30 Minuten bakken lassen. • Das Blech aus dem
Ofen nehmen und die Masse
sofort mit einem eingeölten Messer in etwa 3 cm breite und 7 cm
lange Streifen schneiden.
• Diese etwas abkühlen lassen,
völlig auseinanderbrechen und
auf einem engen Kuchengitter
erkalten lassen. • Zum Aufbewahren sollten sie einzeln in Cel-
lophan oder Wachspapier gewik-
kelt werden.

Variante:
Pfirsich-Müsli-Riegel
mit Schokolade
im Bild rechts
50 g Weizenkörner wie oben
angegeben einweichen und darren. 200 g getrocknete, unge-

schwefelte Pfirsiche feinwürfeln
und mit 250 g geschälten, grobgehackten Mandeln, 80 g kernigen Hafer-Vollkornflocken, 30 g
feingemahlenem Reis sowie je
80 g Sesamsamen und Sonnenblumenkernen mischen. 100 g
Butter mit 200 g Honig und ¼ l
Sahne in einem Topf aufkochen.
Dabei mit 1 Prise Salz, dem ausgeschabten Mark von 1 Vanilleschote und der abgeriebenen
Schale von ½ unbehandelten
Orange aromatisieren. Die Pfir-
sich-Mandelmischung und den
gedarrten Weizen hineingeben
und auf dem vorbereiteten Blech
backen. Die Masse noch heiß in
Streifen teilen und auf einem
Kuchengitter abkühlen lassen.
Erst wenn sie völlig erkaltet sind,
etwa 150 g Honigschokolade im
heißen Wasserbad schmelzen.
Die Riegel so hineintauchen, daß
die Unterseiten und ein Teil der
Ränder überzogen werden. Die
Riegel zum Trocknen umgekehrt
auf ein Kuchengitter legen.

Weizenküchlein mit süßer Mozzarella-Füllung

Sie schmecken auch als Dessert

100 g Weizenkörner · etwa
¼ l lauwarmes Wasser · 200 g
Buchweizen, feingemahlen
20 g Hefe · ⅛ l lauwarme Milch
2 Eßl. saure Sahne · 3 Eigelbe
2 Prisen Salz · 4 Eßl. Honig · 200 g
Weizen, feingemahlen · 40 g
Pinienkerne · 150 g Mozzarella
je 50 g getrocknete Ananas und
Feigen, ungeschwefelt
2 Prisen Zimtpulver · Weizen
oder Buchweizen, feingemahlen,
zum Formen · mindestens 500 g
Pflanzenfett oder Butterschmalz
zum Fritieren

Bei 15 Stück etwa 980 Joule/
235 Kalorien · 7 g Eiweiß
9 g Fett · 30 g Kohlenhydrate
3 g Ballaststoffe pro Stück

Zeit zum Quellen, Darren und
Gehenlassen: etwa 11 Stunden
Zubereitungszeit: etwa 1 Stunde

Den Weizen in einen Meßbecher schütten, um sein Volumen zu messen. Danach in eine größere Schüssel geben, die zweieinhalbfache Wassermenge (ebenfalls im Meßbecher gemessen) dazugießen und die Körner etwa 10 Stunden lang quellen lassen. • Danach den Backofen auf 70° einschalten und den Weizen abtropfen, aber nicht trocken werden lassen. • Die Körner auf einem Backblech verteilen und unter mehrmaligem Umwenden 50–60 Minuten darren, also trocknen lassen. • Etwa 30 Minuten vor Ende des Darrens das Buchweizenmehl in eine Schüssel geben und in die Mitte eine Mulde drücken. • Die Hefe hineinbröckeln und mit etwas Milch und wenig Mehl vom Rand zum Vorteig verrühren. Ein Tuch über die Schüssel decken und den Vorteig an einem warmen, zugfreien Platz aufgehen lassen, bis er Blasen zeigt. Das dauert – je nach Raumwärme – 15–20 Minuten. • Die restliche Milch zusammen mit der sauren Sahne, den Eigelben, dem Salz und 2 Eßlöffeln Honig dazugeben, alles zu einem glatten Teig verarbeiten und schlagen, bis er Blasen wirft. Erneut mit einem Tuch bedecken und mindestens 20 Minuten gehen lassen. • In der Zwischenzeit den Weizen aus dem Backofen nehmen und unter mehrmaligem Umwenden bis auf Handwärme abkühlen lassen. • Den Hefeteig nochmals kräftig durcharbeiten und den Weizen daruntermischen. Dabei nach und nach das Weizenmehl einkneten; der Teig muß zum Schluß so fest sein, daß er nicht mehr klebt, darf dabei aber nicht trocken werden. • Den Teig nun noch ein paar Minuten ruhen lassen, bis die Füllung zubereitet ist. • Dazu die Pinienkerne grobhacken, in einer trockenen Pfanne unter ständigem Rühren goldgelb rösten und abkühlen lassen. • Den Mozzarella abtropfen lassen und in kleine Würfel schneiden. • Die getrockneten Früchte unter heißem Wasser abspülen, gut trockentupfen und in winzige Würfelchen teilen. Alles zusammen mit dem Zimtpulver und dem restlichen Honig unter die Mozzarellawürfel mischen. • Die Arbeitsfläche mit etwas Mehl bestäuben, den Teig zur Rolle formen, in 15 Stücke teilen und diese auf der Fläche entweder flachdrücken oder rund ausrollen. • Jeweils einen Teelöffel Füllung in die Mitte geben, den Teig darüber schließen, mit bemehlten Händen zu kleinen Kugeln rollen und auf ein bemehltes Backblech legen. • Das Fett in einem nicht zu großen Topf auf 175–180° erhitzen und die Weizenküchlein nach und nach darin unter Umwenden in etwa 1½ Minuten goldbraun werden lassen. • Dabei dürfen sie sich nicht berühren, sonst backen sie zusammen. • Außerdem kühlt das Fett zu stark ab, die Küchlein garen nicht schnell genug und saugen zuviel Fett auf. • Die Weizenküchlein auf Haushaltspapier sorgfältig abfetten und auf einem Küchendraht erkalten lassen. • Frisch servieren und nach Wunsch zusätzlich mit etwas Honig begießen.

Topfenkrapfen aus Kartoffel-Buchweizenteig

Nach einem alten bäuerlichen Rezept aus Österreich

800 g mehligkochende Kartoffeln
400 g Quark (Topfen) · 2 Eigelbe
abgeriebene Schale von ½ unbehandelten Zitrone · 3 Eßl. Honig
1 Eßl. Rum · 2 Eiweiße · 1 Prise
Salz · 200 g Buchweizen, frisch
gemahlen · mindestens 500 g
Pflanzenfett oder Butterschmalz
zum Fritieren · 80 g Kokosraspeln, möglichst frisch
gerieben · 1–2 Teel. Zimtpulver
Bei 50 Stück etwa 305 Joule/
75 Kalorien · 2 g Eiweiß
4 g Fett · 6 g Kohlenhydrate
1 g Ballaststoffe pro Stück

Vorbereitungszeit: etwa
30 Minuten · Kühlzeit:
12–24 Stunden · Zubereitungszeit: etwa 1 Stunde

Die Kartoffeln unter fließen-
dem kaltem Wasser gründ-
lich abbürsten und als Pellkartoffeln kochen. • Die Kartoffeln
schälen und über Nacht auskühlen lassen. • Am nächsten Tag
die Kartoffeln reiben. • Den
Quark mit den Eigelben, der
abgeriebenen Zitronenschale,
dem Honig und dem Rum schaumig rühren. • Die geriebenen
Kartoffeln sorgfältig unter den
Quark rühren. • Die Eiweiße mit
dem Salz zu schnittfestem
Schnee schlagen und auf die
Quarkmasse gleiten lassen.
• Das Buchweizenmehl darüberstäuben und alles möglichst lok-
ker unterrühren; der Teig soll
zum Schluß jedoch recht fest
sein. • Das Pflanzenfett oder
Butterschmalz in einem Fritiertopf auf 175–180° erhitzen, zwei
Eßlöffel kurz hineintauchen und
damit vom Teig kleine Krapfen
abstechen. • Dabei vor jedem
neuen Abstechen des Teiges die
Löffel kurz in das heiße Fett tauchen, damit sich der Teig leichter
löst. • Die Krapfen unter Wenden
rundherum goldbraun werden
lassen, mit einem Schaumlöffel
herausheben und auf einer dik-
ken Lage Haushaltspapier abfetten lassen. • Die Kokosraspeln
mit dem Zimtpulver mischen und
die noch warmen Topfenkrapfen
darin wenden. • Auf einem
Kuchendraht abkühlen lassen
und frisch servieren.

Mein Tip: Nach Wunsch können
Sie die fertigen Krapfen in Zimt-
Zucker wenden, mit Puderzuk-
ker bestäuben oder auch mit
etwas Honig übergießen.

Haferflocken-Nuß-Karamellen

Nicht nur ein Vergnügen für Kinder, sondern auch eine gesunde Näscherei

40 g Haselnüsse, feingehackt
30 g Butter · 80 g Honig · 100 g
Sahne · 70 g kernige Hafer-Vollkornflocken · 2 Prisen Zimtpulver
Öl zum Bestreichen · Haselnüsse, feingehackt und Hafer-
Vollkornflocken zum Bestreuen
Bei 40 Stück etwa 145 Joule/
35 Kalorien · 0,4 g Eiweiß
2 g Fett · 3 g Kohlenhydrate
0,3 g Ballaststoffe pro Stück

Zubereitungszeit: etwa 45 Minuten · Kühlzeit: etwa 2 Stunden

Die Haselnüsse in einer trok-
kenen Pfanne unter Rühren
goldgelb rösten und wieder vom
Herd nehmen, aber nicht vollkommen erkalten lassen. • In
einer zweiten Pfanne die Butter
mit dem Honig und der Sahne
unter Rühren einkochen lassen,
bis die Masse hellbraun und
dicklich wird. • Die Nüsse
zusammen mit den Haferflocken
und dem Zimtpulver hinzufügen
und unter weiterem Rühren
kochen lassen, bis die Masse

zähflüssig geworden ist. • Zur
Probe einen Tropfen dieser
Masse in Eiswasser fallen lassen. Wenn er sofort hart wird,
den Topf vom Herd nehmen.
• Ein Backblech mit Alufolie belegen und diese etwa in der Mitte
hochfalzen oder mit einem eingeölten Brett abgrenzen. • Die
Folie mit Öl bestreichen und die
Karamelmasse gleichmäßig darauf verstreichen. Mit Haselnüssen und Haferflocken bestreuen.
• Die Masse etwa 1 Stunde
abkühlen und fest werden lassen, dann auf die mit Öl bestri-
chene Arbeitsfläche stürzen und
die Folie abziehen. • Die Karamelmasse mit einem ebenfalls
eingeölten Messer in etwa 2 cm
große Quadrate oder Streifen
teilen und diese etwas auseinan-
derschieben. Die Karamellen für
1 weitere Stunde kühl stellen,
dann einzeln in Cellophanpapier
einwickeln, da sie leicht zusam-
menkleben. Unbedingt kühl und
trocken aufbewahren.

Sesamkonfekt mit Pecannüssen

Kleiner Energiespender für zwischendurch

1 Blatt weiße Gelatine · 80 g
Sesamsamen · 40 g Pecan-
nüsse, feingehackt · 20 g Butter
80 g Honig · 1 Prise Safranpulver
1 Eßl. Wasser · 1 Eßl. Rosenwasser (Apotheke) · 1 Eßl. Rum
30 Pecannußhälften
Bei 30 Stück etwa 240 Joule/
55 Kalorien · 1 g Eiweiß
4 g Fett · 3 g Kohlenhydrate
1 g Ballaststoffe pro Stück

Zubereitungszeit: etwa 30 Minuten

Die Gelatine nach Packungsaufschrift in kaltem Wasser
einweichen und quellen lassen.
• Die Sesamsamen mit den
gehackten Pecannüssen in einer
trockenen Pfanne unter Rühren
leicht anrösten und die Pfanne
vom Herd nehmen. • Die Butter
mit dem Honig in einer zweiten
Pfanne unter Rühren erhitzen
und hellbraun werden lassen.
Die Sesam-Nuß-Mischung hineinrühren und noch einmal auf-
wallen lassen • Den Safran in

dem Wasser auflösen und
zusammen mit dem Rosenwasser und dem Rum unter die Nußmasse mischen. • Die Gelatine
ausdrücken und unter Rühren in
der Masse auflösen. • Diese nun
sofort in kleine Pralinenmanschetten gießen und für ein paar
Minuten kühl stellen, bis die
Masse eine leichte Bindung
zeigt. • Jedes Konfektstück mit
einer halben Pecannuß belegen
und ganz fest werden lassen.

Mein Tip: Wenn Sie keine
Pecannüsse bekommen sollten,
können Sie das Sesamkonfekt
auch mit feingehackten Hasel-
oder Walnüssen, mit Mandeln
oder ungesalzenen Pistazien
aromatisieren. Dann sollten Sie
die Stücke natürlich auch mit
den entsprechenden Kernen
verzieren.

Marzipankonfekt in Variationen

Nicht nur für den Weihnachtsteller zu empfehlen

Pistazien-Marzipankugeln
Im Bild oben

150 g geschälte Pistazien
100 g heller Honig · abgeriebene
Schale von ¼ unbehandelten
Zitrone · 1 Eßl. Rosenwasser
(Apotheke) · 2 Tropfen
Bittermandelöl · 100 g Pistazien,
sehr fein gehackt
Bei 30 Stück etwa 270 Joule/
65 Kalorien · 2 g Eiweiß
4 g Fett · 4 g Kohlenhydrate
1 g Ballaststoffe pro Stück

Zubereitungszeit: etwa 1 Stunde
Kühlzeit: etwa 30 Minuten

Die Pistazien etwas zerhacken
und in der Küchenmaschine
zu einem sehr feinen, glatten
Mus zerkleinern. Unter weiterem
Schlagen nach und nach den
Honig zufließen lassen und alles
so lange miteinander vermischen, bis eine homogene
Masse entstanden ist. • Zum

Schluß die abgeriebene Zitro-
nenschale zusammen mit dem
Rosenwasser und dem Bitter-
mandelöl hinzufügen und sehr
gründlich darunterarbeiten. •
Das Marzipan für etwa 30 Minu-
ten kalt stellen, dann auf die
Arbeitsfläche geben und zu etwa
walnußgroßen Kugeln formen. •
Die feingehackten Pistazien auf
einen Teller geben und die
Kugeln darin wälzen. Diese
Schicht leicht ausdrücken, die
Marzipankugeln in Pralinenman-
schetten setzen und bis zum
Verzehr kühl stellen.

Variante: Mandel-Marzipanbissen
(im Bild unten)
Bereiten Sie das Marzipan dazu
statt mit Pistazien mit abgezoge-
nen Mandeln zu und formen Sie
es danach zu etwa mandelgro-
ßen, an einer Seite leicht spitz
zulaufenden Ovalen. Drücken
Sie als Verzierung nun noch
jeweils 1 geschälte und nach
Wunsch goldgelb geröstete
Mandel in die Konfektstücke.

Aprikosen-Marzipanrollen
Bild Mitte

100 g Mandeln · 2 Eßl. heller
Honig · 200 g getrocknete
Aprikosen, ungeschwefelt
2 Eßl. Rum · 100 g Mandeln,
sehr fein gehackt
Bei 15 Stück etwa 560 Joule/
135 Kalorien · 3 g Eiweiß
7 g Fett · 13 g Kohlenhydrate
2 g Ballaststoffe pro Stück

Zubereitungszeit: etwa
1¼ Stunden

Die Mandeln mit kochendem
Wasser übergießen, 1–2
Minuten darin ziehen lassen,
dann kalt abschrecken und die
braunen Häutchen von den Kernen schieben. • Die Mandeln auf
einer dicken Lage Haushaltspapier oder auf einem Küchentuch
sorgfältig trocknen, danach grobhacken und in der Küchenmaschine zu einem feinen Püree
zerschlagen. Dabei nach und

nach den Honig zugießen. • Die
Aprikosen heiß waschen,
abtrocknen, sehr fein hacken
und unter die Marzipanmasse
kneten. • Das Aprikosenmarzi-
pan auf der kalten Arbeitsfläche
(oder noch besser auf einer Mar-
morplatte) zu etwa daumendik-
ken, 4 cm langen Rollen formen
und diese nebeneinanderliegend
in den Kühlschrank stellen. • Die
feingehackten Mandeln in einer
trockenen Pfanne unter Rühren
goldbraun rösten und auf einen
Teller geben. • Die Aprikosen-
Marzipanrollen in den noch nicht
ganz abgekühlten Mandeln wälzen, diese rundherum leicht
andrücken und das Konfekt bis
zum Verzehr wieder kühl stellen.
• Damit sie nicht aneinanderkle-
ben, können die Konfektstücke
in Pralinenmanschetten gelegt
oder einzeln in Cellophanpapier
gewickelt werden.

Haselnuß-Marzipankartoffeln

Gut geeignet auch zum Verschenken

Marzipan nach Königsberger Art

Sorgfältiges Formen und Verzieren sind hier wichtig

200 g Haselnüsse · 100 g Honig
2 Prisen Zimtpulver · 1 Teel.
Rosenwasser (Apotheke)
1 Eßl. Cognac oder Weinbrand
Zimtpulver zum Bestäuben
Bei 25 Stück etwa 280 Joule/
65 Kalorien · 1 g Eiweiß
5 g Fett · 4 g Kohlenhydrate
1 g Ballaststoffe pro Stück

Zubereitungszeit: etwa 1¼ Stunden · Kühlzeit: etwa 30 Minuten

Den Backofen auf 200° vorheizen. • Die Haselnüsse auf einem ungefetteten Blech darin etwa 10 Minuten rösten. Die Nüsse dann in einem Tuch gegeneinanderreiben, bis sich die braunen Häutchen lösen. • Die Nüsse völlig erkalten lassen, dann in der Küchenmaschine so fein wie möglich zerkleinern. Dabei nach und nach den Honig zufließen lassen und die Mischung mit dem Zimtpulver, dem Rosenwasser und dem Cognac oder Weinbrand aromatisieren. Alles so lange miteinander verarbeiten, bis ein glattes Marzipan entstanden ist. • Dieses zu gut haselnußgroßen Kugeln formen. • Etwas Zimtpulver auf einen kleinen Teller geben und die Marzipankartoffeln darin wenden. • Bis zum Verzehr sollten sie kühl und trocken, am besten in kleinen Pralinenmanschetten, aufbewahrt werden.

<u>Mein Tip:</u> Wenn Sie die Haselnuß-Marzipankartoffeln noch verzieren möchten, können Sie mit einem Holzspießchen »Augen« in die Oberfläche drücken, bevor Sie die Kugeln im Zimtpulver wenden. Und wer sie lieber etwas dunkler möchte, kann auch etwas Kakao unter das Zimtpulver mischen.

300 g Mandeln · 120 g heller
Honig · 1 Eßl. Rosenwasser
(Apotheke) · 1 Eiweiß · 1 Eigelb
½ Blatt weiße Gelatine · 100 g
ungezuckertes Hagebuttenmark
Bei 25 Stück etwa 445 Joule/
105 Kalorien · 3 g Eiweiß
7 g Fett · 9 g Kohlenhydrate
2 g Ballaststoffe pro Stück

Zubereitungszeit: etwa 1¼ Stunden · Zeit zum Überbacken: etwa 5 Minuten, zum Übergrillen: 40—55 Sekunden

Die Mandeln mit kochendem Wasser überbrühen und 1—2 Minuten darin liegen lassen. Danach kalt abschrecken, häuten und auf einem Küchentuch sehr gut trocknen lassen. • Die Mandeln im Mixer oder in der Küchenmaschine so fein wie möglich zerkleinern und dabei den Honig und das Rosenwasser hinzugeben. Die Masse so lange durcharbeiten, bis ein feines, glattes Marzipan entstanden ist. • Dieses auf Backtrennpapier oder Alufolie knapp ½ cm dick ausrollen und sehr kleine Figuren ausstechen. • Aus der Hälfte dieser Plätzchen ein Loch ausstechen und die Reste erneut zusammendrücken, ausrollen und ausstechen. • Den Backofen auf 250° oder den Grill vorheizen. • Das Eiweiß verquirlen und die »ungelochten« Plätzchen damit bestreichen. • Die Plätzchen mit Loch aufsetzen und die Ränder mit einem Marzipankneifer oder einem Holzstäbchen fein verzieren. • Das Eigelb ebenfalls verquirlen und die Oberflächen dünn damit bestreichen. • Die Konfektstücke auf einem Backblech auf die obere Schiene des heißen Ofens oder unter den Grill schieben und das Marzipan hellgelb überbräunen. • Danach sofort auf ein Kuchengitter legen. • Die Gelatine nach Aufschrift einweichen und auflösen und unter das Hagebuttenmark rühren. Dieses in die »Löcher« füllen, antrocknen und fest werden lassen.

Walnuß-Apfel-Taler

Auch mit getrockneten Birnen und Birnengeist apart

im Bild vorne

50 g getrocknete Apfelringe, ungeschwefelt · 3 Eßl. Calvados oder Cognac · 200 g Walnüsse	
2 Eßl. Honig · 1 Eiweiß	
30 Walnußhälften zum Verzieren	
Bei 30 Stück etwa 285 Joule/ 70 Kalorien · 1 g Eiweiß	
5 g Fett · 3 g Kohlenhydrate	
1 g Ballaststoffe pro Stück	

Zubereitungszeit: etwa 45 Minuten · Marinierzeit: etwa 15 Minuten · Kühlzeit: etwa 30 Minuten

Die Apfelringe unter heißem Wasser kurz waschen, sehr gut trockentupfen und so fein wie möglich würfeln. Mit dem Calvados oder Cognac übergießen und zugedeckt etwa 15 Minuten marinieren lassen.
• Etwa 125 g Walnüsse im Mixer oder in der Küchenmaschine sehr fein zerkleinern und dabei nach und nach den Honig hinzufließen lassen. Sobald sich alles zu einer glatten Paste vermischt hat, die Apfelstückchen mitsamt dem nicht eingezogenen Alkohol dazugeben und alles nochmals kräftig durcharbeiten. • Die Masse zu etwa 3 cm dicken Rollen formen und für etwa 15 Minuten kühl stellen. • In der Zwischenzeit die restlichen Walnüsse sehr fein hacken, unter Rühren in einer trockenen Pfanne goldgelb werden lassen und auf einen flachen Teller geben. • Das Eiweiß verquirlen, die Marzipanrollen mit einem Teil davon bestreichen und danach in den gerösteten Nüssen wenden. Diese Schicht gut andrücken und die Rollen weitere 15 Minuten kühl stellen. • Das Marzipan anschließend mit einem scharfen Messer in knapp 1 cm dicke Scheiben schneiden. • In die Mitte der Oberflächen jeweils einen kleinen Eiweißtupfen geben und die Walnußhälften daraufsetzen. • Das Eiweiß ein wenig trocknen lassen und die Walnuß-Apfel-Taler bis zum Verzehr kühl und trocken lagern.

Variante: Walnuß-Apfel-Berge
im Bild hinten
Formen Sie dazu die Marzipanmasse zu Kugeln von etwa 3 cm ⌀. Diese an der Oberseite einkerben und je 1 Walnußhälfte hineinsetzen.

Feines Konfekt mit Nüssen und Kirschen

Auch als Mitbringsel sehr beliebt

Haselnußkugeln mit Weinbrandkirschen
im Bild Mitte

250 g Haselnüsse · 3 Eßl. Honig
½ Teel. Naturvanille (Reformhaus)
1 Eßl. Nußlikör · 1 Eigelb
1–2 Eßl. Cognac · 20 in Cognac
eingelegte Kirschen · 60 g Honigschokolade (Reformhaus)
Bei 20 Stück etwa 460 Joule/
110 Kalorien · 2 g Eiweiß
9 g Fett · 5 g Kohlenhydrate
3 g Ballaststoffe pro Stück

Zubereitungszeit: etwa 45 Minuten · Kühlzeit: etwa 3 Stunden

Den Backofen auf 200° vorheizen. • Die Haselnüsse auf
ein Backblech streuen und
10–15 Minuten auf der mittleren
Schiene des heißen Ofens
rösten. • Die Nüsse in ein
Küchentuch schütten und mit
diesem die braunen Häute abreiben. • Die Nüsse abkühlen lassen, dann 150 g davon im Mixer
oder in der Küchenmaschine so

fein wie möglich zerkleinern.
• Dabei nach und nach den
Honig, die Vanille und den Nußlikör dazugeben und alles zu
einem glatten Marzipan verarbeiten. • Die restlichen Nüsse in
der Mandelmühle mahlen und in
eine Schüssel geben. • Das Marzipan zerbröseln, zusammen mit
dem Eigelb und dem Cognac
oder Weinbrand zu den Nüssen
geben und alles zu einer festen
Masse verarbeiten. • Die Schüssel zudecken und für etwa
2 Stunden in den Kühlschrank
stellen. • In der Zwischenzeit die
Kirschen sehr gut abtropfen lassen und die Schokolade nicht zu
fein raspeln. • Die Nußmasse in
20 kleine Portionen teilen und zu
kleinen Fladen formen. Jeweils
eine Kirsche in die Mitte geben
und die Nußmasse drumherum
schließen. Die Ränder dabei
sorgfältig andrücken. • Die Schokolade auf einen Teller geben,
die gefüllten Haselnußkugeln
darin wälzen und im Kühlschrank
etwas fester werden lassen.
• Kühl und trocken aufbewahren.

Mandelsplitter mit Rum-Ananas
im Bild links und rechts

250 g Mandeln · 100 g getrocknete Ananas, ungeschwefelt
2 Eßl. weißer Rum · 1 Prise
Ingwer, frisch gerieben (oder
auch Pulver) · 300 g Honigschokolade (Reformhaus)
Bei 40 Stück etwa 360 Joule/
85 Kalorien · 2 g Eiweiß
6 g Fett · 7 g Kohlenhydrate
3 g Ballaststoffe pro Stück

Zubereitungszeit: etwa 35 Minuten · Zeit zum Quellen: etwa
30 Minuten · Kühlzeit: etwa
2 Stunden

Die Mandeln mit kochendem
Wasser überbrühen, ein paar
Sekunden darin liegen lassen,
abschrecken, die braunen Häutchen ablösen und die Kerne auf
einem Küchentuch gut trocknen
lassen. • Getrocknete Ananas in
einem Sieb kurz mit heißem
Wasser überbrausen, trocken-

tupfen und in dünne Streifen zerschneiden. • Diese mit dem Rum
und dem Ingwer mischen und
zugedeckt etwa 30 Minuten
quellen lassen. • Die Mandeln
der Länge nach in feine Stifte teilen. • Die Schokolade zerbrö-
keln und im heißen, aber nicht
kochenden, Wasserbad unter
gelegentlichem Umrühren
schmelzen lassen. • Aus dem
Wasserbad nehmen und bis auf
Handwärme abkühlen lassen.
• Die Mandelstifte und die
gequollenen Ananas dazugeben
und untermischen. • Ein Backblech mit Alufolie belegen und
mit zwei Teelöffeln kleine Häufchen aus der Masse daraufsetzen. • Das Blech an einen kühlen
Platz stellen, damit die Mandel-
splitter fest werden können.
Diese bis zum Verzehr kühl und
trocken aufbewahren.

Buttertrüffel mit Aprikosen und Pistazien

Etwas aufwendig, dafür aber auch ein besonders liebes Geschenk

Marzipan-Nougatrollen mit Papayas

Gelingt auch mit anderen Trockenfrüchten

100 g getrocknete Aprikosen, ungeschwefelt · 3–4 Eßl. Aprikosengeist · 500 g Honigschokolade (Reformhaus) 100 g Butter · 1 Prise Salz 2 Teel. Caroben · ½ Teel. Zimtpulver · 3 Eßl. saure Sahne · 100 g Pistazien, sehr fein gehackt
Bei 40 Stück etwa 440 Joule/ 105 Kalorien · 1 g Eiweiß 7 g Fett · 9 g Kohlenhydrate 4 g Ballaststoffe pro Stück

Zubereitungszeit: etwa 1 Stunde · Zeit zum Quellen: etwa 30 Minuten · Kühlzeit: etwa 2 Stunden

Die Aprikosen unter heißem Wasser abbrausen, sehr gut trockentupfen und in winzige Stückchen schneiden. In eine kleine Schüssel geben, mit dem Aprikosengeist vermischen und zugedeckt etwa 30 Minuten durchziehen lassen. • In der Zwischenzeit die Schokolade auf der Rohkostreibe sehr fein raspeln. • Die Butter mit dem Salz, dem Caroben und dem Zimtpulver in eine Schüssel geben und rühren, bis sie weißschaumig ist. • Dann nach und nach, unter weiterem Rühren, die geriebene Schokolade und die saure Sahne dazugeben; die Masse muß zum Schluß cremig und locker sein. • Die eingeweichten Aprikosen zusammen mit dem nicht eingezogenen Alkohol daruntermischen und die Schüssel für etwa 15 Minuten in den Kühlschrank stellen. • Die Pistazien, wenn nötig, noch etwas »nachhacken«, bis sie nur noch etwa stecknadelkopfgroß sind. • Aus der Trüffelmasse mit gekühlten Händen etwa walnußgroße Kugeln formen, in den Pistazien wenden und diese Schicht leicht andrücken. • Die Buttertrüffel einzeln in kleine Pralinenmanschetten setzen und mindestens 1½ Stunden kühlen. Bis zum Servieren sollten sie in jedem Fall kühl und trocken aufbewahrt werden.

200 g getrocknete Papayas, ungeschwefelt · abgeriebene Schale von ½ unbehandelten Orange · 2 Glas (je 2 cl) weißer Rum · 250 g Mandeln · 125 g Honig · ½ Teel. Naturvanille (Reformhaus) · 200 g Nußnougat ohne Zuckerzusatz (Reformhaus)
Bei 30 Stück etwa 510 Joule/ 120 Kalorien · 2 g Eiweiß 6 g Fett · 14 g Kohlenhydrate 2 g Ballaststoffe pro Stück

Zubereitungszeit: etwa 1 Stunde · Zeit zum Quellen: etwa 1 Stunde · Kühlzeit: 2–3 Stunden

Die Papayas kurz heiß abbrausen, sehr gut trockentupfen und im Fleischwolf (feine Scheibe) zerkleinern oder in winzige, fast musige Stückchen zerschneiden. • Das Papayafleisch dann mit der abgeriebenen Orangenschale und dem Rum in einem Schälchen mischen und zugedeckt etwa 1 Stunde quellen lassen. • In der Zwischenzeit die Mandeln mit kochendem Wasser überbrühen, die braunen Häutchen ablösen und die Kerne auf einem Küchentuch trocknen lassen. • Die Mandeln danach im Mixer sehr fein pürieren und mit dem Honig und der Vanille zu einem glatten Marzipan verarbeiten. • Den Nougat bei schwacher Hitze leicht streichfähig werden lassen. • Das Marzipan auf Backtrennpapier etwa 3 mm dick zu einem Rechteck ausrollen und mit dem Nougat bestreichen. • Die Papaya-Mischung darauf verteilen und das Marzipan mit Hilfe des Backtrennpapiers zu einer Rolle aufwickeln. Diese für 2–3 Stunden in den Kühlschrank legen, dann mit einem sehr scharfen Messer in knapp 1 cm dicke Scheiben schneiden und diese einzeln in Pralinenmanschetten setzen. • Die Marzipan-Nougatrollen bis zum Verzehr unbedingt kühl und trocken aufbewahren.

Brot, Brötchen und pikantes Gebäck

Vollkornbrote und -brötchen sind nicht nur gesünder, sie schmecken auch aromatischer und würziger. Lassen Sie sich überzeugen – mit Südtiroler Nuß- oder mit gewürztem Vierkornbrot, mit Dinkel- oder Dreikornbrötchen, mit Fladenbroten oder Knäckebrot. Wer etwas mehr Zeit aufwenden kann, sollte unbedingt ein Roggenbrot nach alter Art, ein Vielkornbrot (beide mit Sauerteig) oder ein gewürztes Mischbrot (mit Backferment) probieren. Besonders knusprig sind die Laugenbrezeln und Salz-Kümmel-Stangen. Doch auch die Auswahl an pikanten Kuchen ist groß:

Da gibt es etwa Tomaten-Champignon-Pizza oder Broccoli-Geflügel-Quiche, Zucchinikuchen mit Lammfleisch oder Lauch-Zwiebelkuchen mit Nüssen, Nudeltorte mit Fisch und Gemüse oder Linsentorte mit Sprossen und Geflügel. Wer kleinere Portionen möchte, findet Grünkern-Salbei-Fladen mit Austernpilzen, Kichererbsenfladen mit Oliven oder Gemüsetaschen mit Krabben. Und ein besonderes Eßvergnügen sind die Kartoffelwaffeln mit Kräutercreme.

Südtiroler Nußbrot

Köstlich zu Wein und Käse, aber auch zum Frühstück ein Genuß

im Bild rechts oben

250 g Weizen, feingemahlen
150 g Buchweizen, feingemahlen · 1 Würfel Hefe
1 Teel. Honig · ⅜ l lauwarme Milch · 150 g Walnüsse
100 g Pinienkerne · 80 g weiche Butter · 1½ Teel. Salz
1 Teel. Anissamen
Weizen, feingemahlen, zum Ausrollen
Butter zum Einfetten
1 Eigelb · 2 Eßl. Sahne
30 g Sonnenblumenkerne
Bei 1000 g etwa 1575 Joule/ 375 Kalorien · 10 g Eiweiß
23 g Fett · 32 g Kohlenhydrate
4 g Ballaststoffe pro 100 g

Vorbereitungszeit: etwa
45 Minuten · Zeit zum Gehenlassen: etwa 70 Minuten · Backzeit: etwa 1 Stunde

Das Weizen- und Buchweizenmehl in einer Schüssel mischen und in die Mitte eine Mulde drücken. Die Hefe hinein-bröckeln, mit dem Honig, etwas Milch und wenig von dem Mehlgemisch zum Vorteig verrühren. Ein Tuch darüberdecken und den Vorteig an einem warmen, zugfreien Platz so lange gehen lassen, bis der Vorteig sichtbar aufgegangen ist und Blasen zeigt (mindestens 15 Minuten). • Inzwischen die Walnüsse mittelfein und die Pinienkerne grob hacken. • Die Pinienkerne in einer trockenen Pfanne hellgelb rösten, dann auf einem Teller abkühlen lassen. • Die restliche Milch und die in Flöckchen geteilte Butter zusammen mit dem Salz und dem Anis zum Vorteig geben und alles zu einem glatten Teig verarbeiten. Diesen so lange schlagen, bis er sich vom Schüsselrand löst und Blasen wirft. • Den Teig nun erneut zugedeckt gehen lassen, bis er sein Volumen etwa verdoppelt hat. • Den Teig gründlich zusammendrücken, auf der nur leicht bemehlten Fläche durchkneten und die Walnüsse und Pinienkerne daruntermischen.

• Den Teig zu einem runden Laib formen und auf einem gefetteten Backblech nochmals etwa 20 Minuten gehen lassen. • Den Backofen auf 220° vorheizen. • Die Brotoberfläche mit einem nassen Messer rautenförmig einritzen. • Das Eigelb mit der Sahne verquirlen, das Brot damit einpinseln und mit den Sonnenblumenkernen bestreuen. • Das Brot auf der unteren Schiene in den heißen Ofen schieben und eine Schale mit Wasser dazustellen. • Die Temperatur nach 10 Minuten auf 200° zurückschalten. Das Brot in etwa 1 Stunde goldbraun und gar backen, dann zum Auskühlen auf einen Kuchendraht legen.

Mein Tip: Um zu vermeiden, daß das Brot zu flach wird, können Sie es vorsorglich vor dem letzten Aufgehen mit einem breiten Streifen extrastarker Alufolie umlegen, der sich mit einer Büroklammer leicht und sicher verschließen läßt.

Variante: Südtiroler Nußbrötchen im Bild links
Den Teig ebenso zubereiten wie für das Brot, doch vor dem dritten Aufgehen zu 20 runden Brötchen formen und diese nur 15 Minuten gehen lassen. Einmal kreuzweise einschneiden, mit Eigelb-Sahne-Gemisch bestreichen und mit Sonnenblumenkernen oder auch mit Sesamsamen bestreuen. Gebacken werden die Brötchen bei gleicher Temperatur, doch auf der mittleren Schiene in etwa 35 Minuten.

Variante: Südtiroler Nußfladen Bild Mitte
Der Weizen-Buchweizenmischung noch 40 g Maismehl zusetzen und den Teig nach dem zweiten Aufgehen zu gut handtellergroßen flachen Fladen formen. Diese mit der Eier-Sahne bestreichen und mit Sonnenblumenkernen oder mit Sesam bestreuen. Ohne weiteres Aufgehen auf der mittleren Schiene etwa 20 Minuten bei gleicher Temperatur backen.

Gewürztes Vierkornbrot

Auch für »Anfänger« leicht zu backen

250 g Weizenmehl Type 1050
250 g helles Roggenmehl Type
997 · 30 g Hefe · gut ¼ l lauwarmes Wasser · 1 Eßl. Salz
30 g flüssige Butter · 1 Eßl.
Koriander · ½ Teel. Kardamon
1 Teel. Kümmel · je 40 g Sesamsamen, grober Weizenschrot,
Leinsamen und Sonnenblumenkerne · Weizen, feingemahlen
zum Formen · Butter zum
Einfetten

Etwa 1195 Joule/285 Kalorien
9 g Eiweiß · 9 g Fett · 41 g
Kohlenhydrate · 3 g Ballaststoffe
pro 100 g

Vorbereitungszeit: etwa 30 Minuten · Zeit zum Gehenlassen:
etwa 1 Stunde ·
Backzeit: etwa 1 Stunde

Die beiden Mehlsorten mischen und zimmerwarm werden lassen. • Dann in die Mitte eine Mulde drücken, die Hefe hineinbröckeln, mit etwas Wasser und nur wenig Mehl vom Rand zum Vorteig verrühren und mit einem Tuch bedeckt etwa 15 Minuten an einem warmen zug-freien Platz gehen lassen; der Vorteig muß dann deutlich sicht-bar aufgegangen sein und Bla-sen zeigen. • Das restliche Was-ser mit dem Salz, der Butter und den Gewürzen gründlich unter-kneten und wieder, mit einem Tuch bedeckt, gehen lassen, bis der Teig sein Volumen verdop-pelt hat. • Diesen danach zusam-mendrücken und schlagen, bis er sich vom Schüsselrand löst und Blasen wirft. • Den Sesam, den Weizenschrot und den Lein-samen mischen und 2 Eßlöffel davon beiseite stellen. Die übrige Mischung zusammen mit den Sonnenblumenkernen unter den Teig arbeiten. • Diesen mit bemehlten Händen zu einem länglichen Laib formen, rund-herum mit etwas lauwarmem Wasser bestreichen, mit dem restlichen Körnergemisch bestreuen und auf einem gefet-teten Backblech nochmals 15 Minuten gehen lassen. • Inzwi-schen den Backofen auf 200° vorheizen. • Das Brot auf der mittleren Schiene 60—65 Minu-ten backen, auf einem Kuchen-draht auskühlen lassen und möglichst erst am nächsten Tag anschneiden.

Süßes Frühstücksbrot

Kurz nach dem Auskühlen schmeckt es am besten

300 g Weizen, feingemahlen
50 g Mais, feingemahlen · 100 g
Hirse, feingemahlen · 1 Würfel
Hefe · gut ⅛ l lauwarme Milch
125 g Honig · 2 Eier · 2 Eigelbe
150 g weiche Butter · 1 Prise Salz
1 Prise Muskatblüte (Macis),
gemahlen · 2 Prisen Kardamom,
gemahlen · abgeriebene Schale
von ½ unbehandelten Zitrone
1 Briefchen Safran, gemahlen
(0,1 g) · 100 g Mandeln, feingehackt · 100 g Rosinen, ungeschwefelt · 3 Eßl. Rum · Weizen,
feingemahlen zum Bestäuben
je 50 g Zitronat und Orangeat,
sehr fein gewürfelt · Butter zum
Einfetten · 40 g Mandelblättchen
Etwa 1415 Joule/335 Kalorien
8 g Eiweiß · 16 g Fett
37 g Kohlenhydrate
3 g Ballaststoffe pro 100 g

Vorbereitungszeit: etwa 1 Stunde
Zeit zum Gehenlassen: mindestens 1¼ Stunden · Backzeit:
45–50 Minuten

Das Weizen-, Mais- und Hirsemehl in einer Schüssel
mischen und in die Mitte eine
Mulde drücken. • Die Hefe hineinbröckeln und mit etwas lau-
warmer Milch und wenig Mehl
vom Rand zum Vorteig verrühren. • Die Schüssel mit einem
Tuch bedecken und den Vorteig
an einem warmen, zugfreien
Platz aufgehen lassen, bis er
sich deutlich vergrößert hat und
Blasen zeigt. • Danach 100 g
Honig zusammen mit den Eiern,
den Eigelben und 100 g in Flöckchen geteilter Butter hinzufügen.
Das Salz, die Muskatblüte, den
Kardamom und die abgeriebene
Zitronenschale darüberstreuen.
• Den Safran in der restlichen
lauwarmen Milch auflösen und
ebenfalls zum Vorteig gießen.
• Alle Zutaten zu einem glatten
Teig verarbeiten und diesen
schlagen, bis er sich vom Schüs-
selrand löst und Blasen wirft.
Erst zum Schluß die gehackten
Mandeln darunterkneten, den
Teig zu einer Kugel formen und,
wieder mit einem Tuch bedeckt

mindestens 30 Minuten gehen
lassen, bis er sein Volumen verdoppelt hat und seine Oberfläche »wollig« aussieht. • In der
Zwischenzeit die Rosinen in
einem Sieb unter heißem Wasser waschen und in einem Tuch
trockenreiben. In eine kleine
Schüssel geben, mit dem Rum
begießen und zugedeckt quellen
lassen. • Die Arbeitsfläche dünn
mit Weizenmehl bestäuben, den
Teig darauf zusammendrücken
und nochmals durchkneten.
• Die Rosinen mit dem Zitronat
und Orangeat mischen, leicht mit
Mehl bestäuben und nur sehr
kurz unter den Teig kneten.
• Den Teig zu einem runden Laib
formen und auf dem gefetteten
Backblech nochmals etwa 15
Minuten gehen lassen. • Den
Backofen auf 200° vorheizen.
• Etwa 2 Teelöffel von der restlichen Butter bei schwacher Hitze
schmelzen lassen und den aufgegangenen Hefeteig damit
bepinseln. Die Oberfläche
danach mit einem sehr scharfen
Messer rautenförmig einritzen

und das Brot auf der unteren
Schiene des heißen Ofens in
45–50 Minuten hellbraun bakken. • Das Brot aus dem Ofen
nehmen und sofort mit der restlichen, ebenfalls geschmolzenen
Butter bestreichen. • Diese ein-
ziehen lassen und den restlichen
Honig auf dem heißen Brot verstreichen. • Die Mandeln darüberstreuen und das Brot auf
einem Kuchendraht auskühlen
lassen.

Mein Tip: Damit dieser reichhal-
tige Hefeteig beim Backen nicht
zu sehr »in die Breite« geht,
können Sie vorher einen Streifen
aus extrastarker Alufolie drum-
herumlegen und gut befestigen.
Und natürlich können Sie
anstelle eines großen Brotes
auch kleine Brötchen aus dem
Teig backen oder den Teig zu
mehreren Kugeln formen und
diese auf dem gefetteten Blech
beim Gehenlassen und Backen
»zusammenwachsen« lassen.
Nur muß die Backzeit dann entsprechend verkürzt werden.

Haselnuß-Möhrenbrot mit Äpfeln

Schmeckt mit süßem wie mit pikantem Belag

im Bild rechts

400 g Weizen, feingemahlen
125 g Hirse, feingemahlen
½ Würfel Hefe · ⅛ l lauwarmes
Wasser · 100 g getrocknete
Apfelringe, ungeschwefelt
3 Eßl. Calvados oder Rum
250 g Möhren · Saft von ½ Zitrone
70 g weiche Butter · 60 g Apfeldicksaft · 1 Teel. Salz
abgeriebene Schale von ½ unbehandelten Zitrone · ¼ l lauwarme
Buttermilch · 150 g Haselnüsse,
grobgehackt · 50 g kernige
Hafer-Vollkornflocken · Weizen,
feingemahlen zum Bestäuben
und Formen · Butter zum
Einfetten

Etwa 1005 Joule/240 Kalorien
6 g Eiweiß · 10 g Fett · 29 g
Kohlenhydrate · 5 g Ballaststoffe
pro 100 g

Vorbereitungszeit: etwa 1½ Stunden · Zeit zum Gehenlassen:
mindestens 2¼ Stunden · Backzeit: 50—60 Minuten

Das Weizen- und Hirsemehl in einer Schüssel mischen und in die Mitte eine Mulde drücken. Die Hefe hineinbröckeln und mit dem lauwarmen Wasser und wenig Mehl vom Rand zum Vorteig verrühren. Mit einem Tuch bedecken und etwa 20 Minuten an einem warmen, zugfreien Platz aufgehen lassen. • In der Zwischenzeit die getrockneten Apfelringe in einem Sieb unter heißem Wasser abspülen, trockentupfen und sehr fein würfeln. Zusammen mit dem Calvados oder Rum in ein Schälchen geben und zugedeckt quellen lassen. • Die Möhren schaben, auf der Rohkostreibe grobraspeln und mit dem Zitronensaft vermischen. • Die weiche Butter in Flöckchen teilen und rund um den aufgegangenen Vorteig auf dem Mehlrand verteilen. 50 g Apfeldicksaft mit dem Salz, der abgeriebenen Zitronenschale und der Buttermilch dazugeben und alles zu einem glatten Teig verarbeiten. Diesen schlagen, bis er sich vom Schüsselrand

löst und Blasen wirft. • Die Haselnüsse, 30 g Hafer-Voll-kornflocken, die Möhren und die Apfelstückchen samt dem nicht eingezogenen Alkohol zum Teig geben und gründlich darunter-kneten. Den Teig dünn mit Mehl bestäuben, ein Tuch über die Schüssel decken und den Teig erneut an einem warmen Platz gehen lassen, bis er sein Volumen verdoppelt hat. Das dauert etwa 1½—2 Stunden. • Den Teig auf der mit Mehl bestäubten Arbeitsfläche nochmals durch-kneten und zu einem länglichen Laib formen. • Diesen auf ein gefettetes Backblech legen und erneut 15—20 Minuten gehen lassen. • Den Backofen auf 200° vorheizen. • Die Oberfläche des aufgegangenen Brotes mit einem scharfen Messer der Länge nach einritzen und mit den restlichen Haferflocken bestreuen. • Das Brot auf der unteren Schiene des heißen Ofens 50—60 Minuten backen lassen und auf einen Kuchen-draht legen. Den restlichen

Apfeldicksaft auf dem noch hei-ßen Laib verstreichen und das Brot bis zum Anschneiden voll-kommen auskühlen lassen. Möglichst frisch servieren, denn dann schmeckt es am besten.

Variante:
Walnuß-Möhrenbrot mit Birnen im Bild links
Ersetzen Sie dazu die Hasel-nüsse durch Walnüsse und ver-wenden Sie statt der getrockne-ten Äpfel getrocknete Birnen, die Sie in Birnengeist quellen lassen sollten. Anstelle des Apfeldick-saftes nehmen Sie besser Bir-nendicksaft. Backen Sie dieses Brot dann auch mit sehr fein gehackten Walnüssen bestreut oder in einer mit Nüssen ausge-streuten Kastenform. Die Ober-fläche des Brotes wird nach dem Aufgehen mit etwas lauwarmem Wasser bestrichen und nach Wunsch mit Walnußhälften deko-riert. Zusätzlichen Glanz erhält die Oberfläche durch Birnen-dicksaft, der nach dem Backen daraufgestrichen wird.

Quark-Rosinenbrötchen mit Mohn und Sesam

Auch in der pikanten Variante ein vollkommener Genuß

250 g Weizen, feingemahlen
50 g Buchweizen, feingemahlen
1 Würfel Hefe · 5 Eßl. lauwarme
Milch · 80 g weiche Butter · 250 g
Magerquark · 80 g Honig · 2 Eier
1 Prise Salz · abgeriebene
Schale von ½ unbehandelten
Zitrone · 150 g Rosinen,
ungeschwefelt · 2 Glas (je 2 cl)
Cognac oder Rum · Weizen,
feingemahlen zum Bestäuben
und Formen · Butter zum
Einfetten · 1 Eigelb · 2 Eßl. Sahne
oder Milch · je 2 Eßl. Mohn und
Sesamsamen

Bei 12 Stück etwa 1070 Joule/
255 Kalorien · 9 g Eiweiß
10 g Fett · 28 g Kohlenhydrate
11 g Ballaststoffe pro Stück

Vorbereitungszeit: etwa 40 Minuten · Zeit zum Gehenlassen: mindestens 1 Stunde · Backzeit: 20—25 Minuten

Das Weizen- und Buchweizenmehl in einer Schüssel mischen, in die Mitte eine Mulde drücken und die Hefe hineinbröckeln. Mit der lauwarmen Milch und wenig Mehl vom Rand zum Vorteig verrühren und mit einem Tuch bedeckt in etwa 15 Minuten an einem warmen, zugfreien Platz gehen lassen, bis der Vorteig Blasen bildet. • Die weiche Butter in Flöckchen teilen und zusammen mit dem, wenn nötig, in einem Tuch ausgedrückten Quark, dem Honig und den Eiern zum Vorteig geben. Mit dem Salz und der abgeriebenen Zitronenschale würzen und alles zu einem glatten Teig verarbeiten. Diesen schlagen, bis er sich vom Schüsselrand löst und Blasen wirft. • Ein Tuch über die Schüssel decken und den Teig mindestens 30 Minuten lang aufgehen lassen; er muß sein Volumen dabei verdoppeln, und die Oberfläche muß »wollig« aussehen. • In der Zwischenzeit die Rosinen in einem Sieb unter heißem Wasser waschen und in einem Tuch gut trockenreiben. Die Rosinen mit dem Cognac oder Rum in ein Schälchen begießen und zugedeckt quellen lassen. • Die Arbeitsfläche mit Mehl bestäuben. • Den aufgegangenen Hefeteig zusammendrücken und auf der bemehlten Fläche gründlich durchkneten. Dabei die Rosinen zum Schluß daruntermischen. • Ein Backblech mit Butter einfetten. • Mit bemehlten Händen aus dem Teig Kugeln von etwa 5 cm ⌀ formen und diese mit genügend Abstand zueinander auf das Blech setzen. Nochmals etwa 15 Minuten aufgehen lassen. • Den Backofen auf 200° vorheizen. • Das Eigelb mit der Sahne oder Milch verquirlen, alle Brötchen damit bestreichen, eine Hälfte davon mit Mohn und die andere mit Sesamsamen bestreuen. • Das Blech auf die mittlere Schiene des heißen Ofens schieben und die Brötchen in 20—25 Minuten hellbraun backen. • Die Brötchen auf einen Kuchendraht legen, auskühlen lassen und möglichst frisch servieren, da sie recht schnell trocken werden.

Variante:
Quark-Kräuterbrötchen
mit Frischkäse
Bereiten Sie dazu den Teig wie im links beschriebenen Rezept zu, wobei Sie aber nur 30 g Honig verwenden sollten. Ersetzen Sie den Quark durch 200 g Doppelrahm-Frischkäse mit Kräutern und mischen Sie anstelle der gequollenen Rosinen 3—4 Eßlöffel Schnittlauchröllchen darunter. Wenn Sie dazu tiefgefrorenen Schnittlauch verwenden möchten, sollten Sie ihn auftauen lassen, damit der Hefeteig keinen »Kälteschock« bekommt; er würde dann nicht so schnell aufgehen können. Die aufgegangenen Brötchen können Sie ebenfalls mit Mohn oder Sesam bestreuen, jedoch auch statt dessen Kümmelsamen verwenden oder sie »pur«, nur mit dem Eigelbgemisch bestrichen, backen.

Dinkelbrötchen mit Zwiebeln

Am besten gleich nach dem Erkalten servieren

350 g Dinkel, feingemahlen
100 g Grünkern, feingemahlen
1 Würfel Hefe · ¼ l lauwarme
Milch · je ¼ Teel. zerriebener
Majoran und Liebstöckel · ½ Teel.
Salz · 1 Ei · 200 g Zwiebeln
30 g Butter · weißer Pfeffer,
frisch gemahlen · Weizen, feingemahlen zum Bestäuben
Butter zum Einfetten · 1 Eigelb
2 Eßl. Sahne · Kümmelsamen
zum Bestreuen
Bei 15 Stück etwa 190 Joule/
45 Kalorien · 2 g Eiweiß
1 g Fett · 7 g Kohlenhydrate
1 g Ballaststoffe pro Stück

Vorbereitungszeit: etwa 40 Minuten · Zeit zum Gehenlassen:
mindestens 1 Stunde · Backzeit:
25—30 Minuten

Das Dinkel- und Grünkernmehl in einer Schüssel
mischen, in die Mitte eine Mulde
drücken und die Hefe hineinbröckeln. Mit etwas Milch und
wenig Mehl vom Rand zum Vorteig verrühren und zugedeckt
etwa 15 Minuten gehen lassen.
• Den Majoran, den Liebstöckel,
das Salz, das Ei und die restliche
Milch dazugeben und alles zu
einem glatten Teig verarbeiten.
Diesen schlagen, bis er sich vom
Schüsselrand löst und Blasen
wirft. In mindestens 30 Minuten
bis zur doppelten Höhe aufgehen lassen. • Inzwischen die
Zwiebeln schälen, feinwürfeln
und in der erhitzten Butter glasig
braten. Pfeffern, nach Wunsch
leicht salzen und abkühlen lassen. • Den Teig auf der bemehlten Arbeitsfläche durchkneten,
die Zwiebeln daruntermischen
und den Teig zu eigroßen
Kugeln formen. • Diese einschneiden, mit genügend
Abstand auf ein gefettetes Blech
legen und erneut gehen lassen.
• Den Backofen auf 180° vorheizen. • Das Eigelb mit der Sahne
verquirlen, die Brötchen damit
bestreichen, mit Kümmel
bestreuen und auf der mittleren
Schiene des heißen Ofens
25—30 Minuten backen.

Dreikornbrötchen mit Leinsamen

Einfach zu machen, würzig im Geschmack

300 g Weizen, feingemahlen
200 g Roggen, feingemahlen
100 g Buchweizen, feingemahlen · 1 Würfel Hefe · ¼ l lauwarmes Wasser · 2 Teel. Salz
je ½ Teel. Kümmel und Koriander, frisch gemahlen · 1 Prise
Fenchel, frisch gemahlen · 80 g
Leinsamen · Weizen, feingemahlen zum Bestäuben und Formen
Butter zum Einfetten · 1 Eigelb
2 Eßl. Milch oder Wasser
Bei 20 Stück etwa 525 Joule/
125 Kalorien · 5 g Eiweiß
3 g Fett · 20 g Kohlenhydrate
3 g Ballaststoffe pro Stück

Vorbereitungszeit: etwa 35 Minuten · Zeit zum Gehenlassen:
mindestens 1 Stunde · Backzeit:
35—40 Minuten

Alle Mehlsorten mischen, in
die Mitte eine Mulde drücken
und die Hefe hineinbröckeln. Mit
etwas Wasser und wenig Mehl
vom Rand zum Vorteig verrühren
und etwa 20 Minuten zugedeckt
gehen lassen. • Das restliche
Wasser mit dem Salz, dem Kümmel, dem Koriander und dem
Fenchel dazugeben und alles zu
einem glatten Teig verarbeiten.
Diesen schlagen, bis er sich vom
Schüsselrand löst und Blasen
wirft. • Zum Schluß etwa 50 g
Leinsamen darunterkneten und
den Teig, wieder mit einem Tuch
bedeckt, mindestens 30 Minuten
gehen lassen. • Anschließend
auf der bemehlten Arbeitsfläche
nochmals sehr gründlich durchkneten, zu 20 runden Brötchen
formen und diese kreuzweise
einschneiden. Auf ein gefettetes
Blech legen und ein letztes Mal
etwa 15 Minuten gehen lassen.
• Das Eigelb mit der Milch oder
dem Wasser verquirlen, die Brötchen damit bepinseln, mit dem
restlichen Leinsamen bestreuen
und auf die mittlere Schiene des
Ofens schieben. Eine feuerfeste
flache Schale mit kochendem
Wasser auf den Backofenboden
stellen, den Herd auf 200—220°
einschalten und die Brötchen in
35—40 Minuten backen.

Indische Fladenbrote

Sie werden in der Pfanne »gebacken«

150 g Weizen, feingemahlen
4–8 Eßl. Wasser · Weizen, feingemahlen zum Formen
Bei 6 Fladen etwa 345 Joule/80 Kalorien · 3 g Eiweiß
1 g Fett · 15 g Kohlenhydrate
2 g Ballaststoffe pro Stück

Zubereitungszeit: etwa 45 Minuten · Ruhezeit: 15–20 Minuten

In das Weizenmehl eine Mulde drücken und 4 Eßlöffel Wasser hineingeben. • Diese Mischung mit den Fingerspitzen sehr gut vermengen und dann kneten oder schlagen, bis sich der Teig zu einer glatten Kugel formen läßt. Dabei, je nach Bedarf, tropfenweise noch etwas Wasser hinzufügen. • Die Arbeitsfläche mit etwas Weizenmehl bestäuben, den Teig darauf zu einem Fladen auseinanderdrücken, wieder zusammenfalten, flachdrücken und diesen Vorgang etwa 10 Minuten lang wiederholen; der Teig muß zum Schluß völlig glatt und sehr elastisch sein. • Den Teig erneut zur Kugel formen, in die Schüssel zurücklegen, mit einem feuchten Küchentuch bedecken und mindestens 15 Minuten ruhen lassen. • Den Teig anschließend in 6 gleich große Stücke teilen, 5 davon wieder unter dem feuchten Tuch ruhen lassen und den sechsten auf der leicht bemehlten Fläche zu einem runden Fladen von etwa 12 cm ⌀ ausrollen. • Diesen Fladen unter das feuchte Tuch schieben und die restlichen Teigstücke auf dieselbe Weise ausrollen und ruhen lassen. • Den Backofen auf 50° vorheizen. • Eine große gußeiserne Pfanne auf dem Herd erhitzen, bis ein hineingespritzter Wassertropfen zischend verdampft. • Einen Fladen hineinlegen und mit einem Spatel etwa 1 Minute lang hin- und herbewegen, damit er nicht anbrennt. • Den Fladen dann umdrehen und auf der zweiten Seite ebenfalls leicht bräunen lassen. • Inzwischen ein Leinentuch mehrmals zusammenfalten. Dieses vorsichtig, aber fest, auf den Fladen drücken und wieder entfernen, wobei sich das Brot etwas aufplustert. • Das Fladenbrot nun im vorgeheizten Ofen warm halten. Die anderen Brote auf dieselbe Weise zubereiten und warm servieren.

Dreikornfladen mit Oregano und Knoblauch

Ideal als Partygebäck

im Bild rechts

300 g Weizen, feingemahlen
100 g Hirse, feingemahlen · 50 g
Mais, feingemahlen · 20 g Hefe
knapp ¼ l lauwarmes Wasser
1 Eßl. Salz · 1–2 Eßl. getrockneter Oregano · 100 g weiche
Butter · Weizen, feingemahlen
zum Bestäuben und Ausrollen
Butter oder Öl zum Einfetten
Olivenöl zum Bestreichen
2 Knoblauchzehen

Bei 12 Fladen etwa 865 Joule/
205 Kalorien · 5 g Eiweiß
9 g Fett · 25 g Kohlenhydrate
2 g Ballaststoffe pro Stück

Vorbereitungszeit: etwa 35 Minuten · Zeit zum Gehenlassen:
etwa 2½ Stunden · Backzeit:
20–25 Minuten

Vom Weizenmehl etwa
1 Eßlöffel beiseite stellen.
Den Rest mit dem Hirse- und
Maismehl in einer Schüssel
mischen und Zimmertemperatur
annehmen lassen. ● Die Hefe in
einem Schälchen zerbröckeln
und mit dem restlichen Weizenmehl und etwas Wasser zum
Vorteig verrühren. ● Diesen
zugedeckt gehen lassen, bis
sich Blasen bilden. ● Den Vorteig
zum Mehlgemisch geben und
mit dem restlichen Wasser vermengen. ● Das Salz, die Hälfte
des Oreganos und die in Flöckchen geteilte weiche Butter
dazugeben und alles zu einem
glatten Teig verarbeiten. ● Diesen schlagen, bis er sich vom
Schüsselrand löst und Blasen
wirft. Dann zur Kugel formen, mit
etwas Weizenmehl bestäuben
und mit einem Tuch bedeckt
etwa 2 Stunden an einem warmen, zugfreien Platz gehen lassen, bis er sein Volumen verdoppelt hat und seine Oberfläche
»wollig« aussieht. ● Den Teig auf
der schwach bemehlten Arbeitsfläche nochmals gründlich
durchkneten, in 12 Stücke teilen
und zu dünnen, runden Fladen
ausrollen. Diese nicht zu dicht
nebeneinander auf ein gefettetes
Blech legen und weitere 10
Minuten gehen lassen. ● Den
Backofen auf 250° vorheizen.
● Die Fladen mit etwas (nicht zu
kaltem!) Olivenöl bestreichen,
mit dem restlichen Oregano
bestreuen und auf der mittleren
Schiene des heißen Ofens etwa
25 Minuten backen lassen.
● Inzwischen die Knoblauchzehen schälen und in winzige Würfelchen schneiden. Diese auf
den Fladen verteilen und mitbak-
ken lassen, bis sie goldgelb
geworden sind. ● Die Fladen aus
dem Ofen nehmen und auf
einem Kuchendraht ausdampfen
lassen. Heiß oder lauwarm servieren, denn sie schmecken nur
ganz frisch wirklich gut.

Variante:
Dreikornfladen mit Crème fraîche
und Basilikum
im Bild links
Die Fladen wie beschrieben
zubereiten und nur mit etwas Öl
bestrichen backen. In der Zwischenzeit 4 Eßlöffel Crème
fraîche mit etwas Salz, frisch
gemahlenem weißem Pfeffer,
1 geschälten und zerdrückten
Knoblauchzehe sowie 1–2 Teelöffeln Leinsamenöl glatt verrühren. 2–3 Zweige Basilikum
abspülen, trockentupfen und die
Blättchen in sehr feine Streifen
schneiden. Die Fladen sofort
nach dem Backen mit der
Crème-fraîche-Mischung
bestreichen und mit dem Basilikum bestreuen.

Variante:
Dreikornfladen mit Käse
im Bild hinten
Die Teigfladen nach dem Aufgehen nur hauchdünn mit Öl
bestreichen und backen. Knapp
5 Minuten vor Ende der Garzeit
jeden Fladen mit etwa ½ Eßlöffel
geriebenem Emmentaler Käse
bestreuen, erneut etwas Öl darüberträufeln und die Fladen nun
backen, bis der Käse zerläuft. Er
darf dabei jedoch nicht bräunen;
sonst wird er bitter. Auch diese
Fladen sollten heiß oder lauwarm
gereicht werden.

125

Vollkorn-Brioches

Außerordentlich üppig und köstlich durch viel Butter und Eier

20 g Hefe · 5 Eßl. lauwarme Milch
350 g Weizen, feingemahlen
100 g Hirse, feingemahlen
5 Eier · 2 Eßl. Honig · 1½ Teel.
Salz · Weizen, feingemahlen
zum Bestäuben und Formen
250 g weiche Butter · Butter zum
Einfetten · 1 Eigelb · 2 Eßl. Sahne
Bei 20 Stück etwa 860 Joule/
205 Kalorien · 5 g Eiweiß
13 g Fett · 16 g Kohlenhydrate
2 g Ballaststoffe pro Stück

Vorbereitungszeit: etwa
1 Stunde · Zeit zum Gehenlassen: 15—20 Stunden · Backzeit:
etwa 15 Minuten

Die Hefe in einer Tasse zerbröckeln, mit der Milch verrühren und etwa 10 Minuten an einem warmen Platz ruhen lassen. • Das Weizen- und Hirsemehl in einer Schüssel mischen und in die Mitte eine Mulde drücken. • Die Eier mit dem Honig und dem Salz verschlagen und zusammen mit dem Vorteig in die Mulde gießen. • Alle Zutaten von der Mitte aus zu einem glatten Teig verrühren. • Ein paar Eßlöffel Weizenmehl in ein Sieb geben und die Arbeitsfläche damit bestäuben (die zurückbleibende Kleie anderweitig verwenden). • Den recht weichen Teig auf das Mehl geben, erneut etwas Weizenmehl darübersieben und nun alles so lange kneten, bis der Teig nicht mehr klebt. Dabei empfiehlt es sich, nur mit einer Hand zu kneten und mit der zweiten den Teig stets mit einem Teigschaber wieder zusammenzuschieben und dabei hin und wieder etwas Mehl darüberzuziehen. • Wenn der Hefeteig glatt und elastisch ist, die Butter in kleine Flöckchen teilen und nach und nach unter den Teig kneten. Dabei möglichst schnell arbeiten, damit die Butter nicht zu weich wird und den Teig wieder kleben läßt.
• Den Teig zu einer Kugel formen, mit etwas Weizenmehl übersieben und ein großes Stück Klarsichtfolie darauflegen. • Den Teig bei Zimmertemperatur 3½—4 Stunden ruhen lassen, bis er um das zwei- bis dreifache aufgegangen ist. • Die Arbeitsfläche erneut mit Mehl besieben und den Teig darauf kräftig durchkneten. • Danach wieder in der Schüssel mit Mehl bestäuben, mit Folie bedecken und über Nacht im Kühlschrank ruhen lassen. • Am nächsten Tag 20 kleine Briocheförmchen (oder Tortelettförmchen mit hohem Rand) sorgfältig mit Butter einfetten. • Den Teig auf der bemehlten Arbeitsfläche nochmals durchkneten und in 20 gleich große Stücke teilen. • Von jedem Stück etwa ein Drittel des Teiges abnehmen. • Die größeren Teigstücke zu glatten Kugeln formen und jeweils in ein Briocheförmchen setzen. Mit den Daumen eine Mulde in den Teig drücken, die kleineren Stücke ebenfalls zu Kugeln formen und in diese Mulden legen. • Die Brioches mit einem Küchentuch bedecken und noch einmal 15 Minuten gehen lassen. • In der Zwischenzeit den Backofen auf 220° vorheizen und das Eigelb mit der Sahne verquirlen. • Die Brioches mit der Eiermischung bestreichen, auf ein Backblech oder den Backofenrost stellen und auf die mittlere Schiene des heißen Ofens schieben. In etwa 15 Minuten hellbraun backen und neben dem Herd kurz ausdampfen lassen. Die Brioches aus den Formen nehmen, auf einem Kuchendraht auskühlen lassen und frisch servieren.

Mein Tip: Butterzarte, ofenfrische Brioches können Sie ruhig einmal zum Sonntagsfrühstück oder zum Brunch einplanen, denn — obwohl die Vorbereitung etwas langwierig ist — sind sie doch letztendlich schnell geformt und gebacken. Reichen Sie Butter und Marmelade oder Honig oder aber Quark und Doppelrahmfrischkäse dazu. Möchten Sie sie zum Nachmittagskaffee servieren, können Sie die Hütchen abnehmen und die Brioches mit Eis oder mit Sahne und Früchten füllen.

Knäckebrot nach Art des Hauses

Durch eigene Gewürzmischungen vielfältig zu variieren

Joghurt-Hirse-Knäckebrot
im Bild hinten

200 g Hirse, feingemahlen
150 g Weizen, feingemahlen
½ Teel. Salz · ¼ Teel. Kümmel,
frisch gemahlen · 2 Prisen
Kardamom, frisch gemahlen
100 ml lauwarmes Wasser
3 Eßl. Sanoghurt · 2 Eßl. Distel-
oder Sonnenblumenöl
Öl zum Bestreichen · Weizen,
feingemahlen, zum Ausrollen
Butter zum Einfetten
Bei 32 Stück etwa 190 Joule/
45 Kalorien · 1 g Eiweiß
1 g Fett · 7 g Kohlenhydrate
1 g Ballaststoffe pro Stück

Vorbereitungszeit: etwa
35 Minuten · Zeit zum Quellen:
etwa 1 Stunde · Backzeit:
15–20 Minuten

Das Hirse- und Weizenmehl in einer Schüssel mit dem Salz, dem Kümmel und dem Karda-mom mischen und in die Mitte eine Mulde drücken. • Das Wasser zusammen mit dem Sanoghurt und dem Öl hineingeben und alles zu einem glatten Teig verarbeiten. Diesen nun kneten, bis er fest und elastisch geworden ist. Das geht am besten mit den Knethaken des elektrischen Handrührgerätes, wobei Sie aber mit einer Arbeitsdauer von etwa 10 Minuten rechnen müssen. • Den Teig mit etwas Öl bestreichen und unter einem heißen Topf etwa 1 Stunde ruhen lassen, damit das Mehl quellen kann. • Etwas Mehl auf die Arbeitsfläche sieben. • Den Backofen auf 200° vorheizen. • Ein Backblech üppig einfetten. • Den Teig in 8 Stücke teilen und diese 2–3 mm dick ausrollen. Jedes Stück vierteln und auf das Backblech legen. • Sofort auf der mittleren Schiene des heißen Ofens in 15–20 Minuten hellgelb und knusprig backen und auf einem Kuchengitter abkühlen lassen.

Roggenknäckebrot mit Kleie
im Bild vorne

200 g Roggen, feingemahlen
150 g Weizen, feingemahlen
½ Teel. Salz · ½ Teel. Kümmel,
frisch gemahlen · 2 Prisen
Fenchel, frisch gemahlen
⅛ l lauwarmes Wasser · 3 Eßl.
lauwarme Buttermilch · 3 Eßl.
Distel- oder Sonnenblumenöl
Öl zum Bestreichen · Weizen,
feingemahlen, zum Ausrollen
Butter zum Einfetten · lauwarmes
Wasser zum Bestreichen
Bei 32 Stück etwa 185 Joule/
45 Kalorien · 1 g Eiweiß
1 g Fett · 7 g Kohlenhydrate
1 g Ballaststoffe pro Stück

Vorbereitungszeit: etwa
45 Minuten · Zeit zum Quellen:
etwa 1½ Stunden · Backzeit:
15–20 Minuten

Das Roggenmehl sieben und die Kleie zurückstellen. • Das feine Roggenmehl mit dem Weizenmehl, dem Salz, dem Kümmel und dem Fenchel in einer Schüssel mischen, in die Mitte eine Mulde drücken und das Wasser zusammen mit der Buttermilch und Öl hineingeben. • Den Teig wie im links beschriebenen Rezept verarbeiten und dabei mindestens 15–20 Minuten kneten und 1½ Stunden quellen lassen. • Das Mehl zum Ausrollen ebenfalls sieben und die Kleie anderweitig verwenden. • Den Teig wie im ersten Rezept ausrollen, teilen und auf ein gefettetes Blech legen. • Die Oberflächen mit etwas lauwarmem Wasser bepinseln und mit der Roggenkleie bestreuen. • Diese Brote ebenfalls 15–20 Minuten im 200° heißen Ofen backen.

Mein Tip: Die Knäckebrote können Sie statt mit Kleie auch mit Sesam, Mohn oder Kümmel bestreuen. Bis zum Verzehr sollten alle Knäckebrotsorten stets kühl und trocken lagern.

Roggenbrot nach alter Art

Ergibt Sauerteig auch für die nächsten Brote

1000 g Roggen, feingemahlen
etwa ⅝ l gut handwarmes
Wasser (etwa 40°) · etwa 80 g
Roggen, feingemahlen, für den
Sauerteig · 2 Teel. Salz · ½ Teel.
Kümmel · ½ Teel. Koriander
½ Teel. Fenchel · 20 g Hefe
Roggen, feingemahlen, zum
Kneten und Bestäuben · Wasser
zum Bestreichen und Backen
kernige Hafer-Vollkornflocken
zum Bestreuen

Bei 1000 g etwa 1510 Joule/
360 Kalorien · 13 g Eiweiß
2 g Fett · 70 g Kohlenhydrate
11 g Ballaststoffe pro 100 g

Vorbereitungszeit: etwa 1¼ Stunden · Ruhezeit insgesamt: etwa 3½ Tage · Backzeit: 60–70 Minuten

Für den Sauerteig 100 g Mehl mit ¹⁄₁₀ Liter (100 ccm) Wasser in einer Tonschüssel klümpchenfrei verrühren und mit dem Tondeckel oder mit einem Tuch abdecken. Der Teig soll atmen können, darf aber nicht austrocknen und muß nun 24 Stunden an einem warmen Platz ruhen. • Am nächsten Tag wieder je 100 g Mehl und Wasser darunterrühren und zugedeckt weitere 24 Stunden säuern lassen • Dann 200 g Mehl mit 200 g Wasser unter den schon recht sauer riechenden Teig rühren und wieder 24 Stunden reifen lassen. • Vor dem Backen etwa eine Handvoll Sauerteig abnehmen und mit so viel Roggenmehl mischen, bis die Masse krümelig wird. Das ist der Ansatz für das nächste Brot! Diese Mischung mit Folie abdekken und in den Kühlschrank stellen; sie bleibt 1–2 Wochen frisch. • Für den Teig das restliche Roggenmehl mit dem Salz in eine Schüssel geben. • Den Kümmel, Koriander und Fenchel im Mörser zerstoßen, hinzufügen und alles gut mischen. • In die Mitte eine Mulde drücken und den Sauerteig hineingeben. • Die Hefe in etwas warmem Wasser auflösen und dazugießen. Von der Mitte aus alles soweit wie möglich verrühren, dann den Teig auf der bemehlten Arbeitsfläche gründlich durchkneten. Dabei nach und nach etwas Wasser dazugießen. Der Teig darf jedoch nicht zu feucht werden, sondern muß zum Schluß glatt und elastisch sein. Je länger und sorgfältiger geknetet wird, desto feiner wird das Brot. Bei Vollkornmehlen dauert das etwa 20 Minuten; mit der Maschine geht es natürlich etwas schneller. • Den fertigen Teig hauchdünn mit Mehl bestäuben und, mit einem Tuch bedeckt, 4–5 Stunden an einem warmen Platz gehen lassen. • Den Teig nochmals auf der bemehlten Fläche durchkneten, zu einem runden Laib formen und auf ein bemehltes Backblech legen. • Erneut etwa 1 Stunde gehen lassen. • Den Backofen auf 240° vorheizen. • Die Oberfläche des Brotes mit Wasser bestreichen und mit Haferflocken bestreuen. Nach Wunsch kreuzweise einritzen und auf die untere Schiene des heißen Ofens schieben. Dazu ein Schälchen mit kochendem Wasser in den Ofen stellen und etwas kochendes Wasser auf den Backofenboden gießen, damit sich Dampf (oder »Schwaden«) bilden kann. • Nach 5 Minuten die Temperatur auf 180° herunterschalten und das Brot noch etwa 1 Stunde backen. • Zur Garprobe mit den Fingern auf die Unterseite des Brotes klopfen: Klingt es hohl, ist das Brot fertig. • Den Laib zum Auskühlen umgekehrt auf einen Kuchendraht legen, damit die Kruste nicht weich und feucht wird. • Das Brot möglichst erst am nächsten Tag anschneiden.

Mein Tip: Sie können auch die gesamte Mehl- und Wassermenge für den Sauerteig gleich am 1. Tag verrühren und diesen dann 2–3 Tage reifen lassen. Aber auch dann alle 24 Stunden gut durchrühren. Dieser Sauerteig ist nicht ganz so hochwertig, aber durchaus zu gebrauchen.

Gewürztes Mischbrot

Gelingt auch unerfahrenen Brotbäcker(inne)n mühelos und sicher

Für den Grundansatz:
10 g (etwa 2 Teel.) Backferment
etwa 160 ccm gut handwarmes
Wasser (etwa 40°) · etwa 250 g
Weizen, feingemahlen
Für den Teig: etwa 1 l gut handwarmes Wasser (40°) · 1½ EBl.
Grundansatz (siehe oben)
1 Teel. Backferment
800 g Weizen, feingemahlen
600 g Roggen, feingemahlen
je 2 Teel. Anis, Fenchel und
Koriander, frisch gemahlen
½ Teel. Kardamom, frisch
gemahlen · 2 Teel. Kümmel
2 EBl. Salz · Weizen,
feingemahlen, zum Kneten,
Formen und Bestäuben · Butter
zum Einfetten · Wasser zum
Bestreichen und Backen
Kümmel und grob zerstoßener
Koriander zum Bestreuen
Bei 1200 g etwa 1860 Joule/
445 Kalorien · 15 g Eiweiß
2 g Fett · 84 g Kohlenhydrate
13 g Ballaststoffe pro 100 g

Vorbereitungszeit insgesamt:
etwa 2 Stunden · Ruhezeit
insgesamt: etwa 2½ Tage
Backzeit: etwa 1½ Stunden

Wie beim Sauerteig (Seite 128)
wird auch hier der Grundansatz
»auf Vorrat« zubereitet. Im fest
verschlossenen Schraubglas,
das höchstens zu ¾ gefüllt werden darf, hält er sich 4–6 Monate.
Eine leichte Grauverfärbung
bedeutet keinen Qualitätsverlust.

Für den Grundansatz das
Backferment in 60 ccm 40°
warmem Wasser verrühren und
nach und nach etwa 100 g Weizenmehl daruntermischen, bis
das Wasser aufgenommen, die
Masse aber noch weich ist. Diesen Grundansatz so zudecken,
daß er nicht austrocknet, aber
noch etwas Luft aufnehmen
kann, und bei etwa 30° (über der
Heizung) 24 Stunden gären lassen, bis sich viele kleine Bläschen zeigen. • Das restliche
Wasser und so viel Mehl daruntermischen, daß der Ansatz

etwas fester wird als beim ersten
Mal. Die Form erneut abdecken
und die Masse weitere 24 Stunden reifen lassen. • Der Grundansatz ist nun fertig und kann,
wie links angegeben, im Kühlschrank aufbewahrt werden.
• Für den Vorteig etwa ½ l Wasser mit dem Grundansatz und
dem Backferment verrühren und
je 200 g Weizen- und Roggenmehl daruntermischen. Zuerst
Folie, dann ein Tuch darüberdek-
ken und den Teig 10–12 Stunden
bei Zimmertemperatur reifen
lassen. • Je länger der Teig ruht,
desto säuerlicher schmeckt das
Brot. • Das restliche Weizen-
und Roggenmehl mit den
Gewürzen in einer Schüssel
mischen, in die Mitte eine Mulde
drücken und den Vorteig hineingeben. • Das restliche Wasser
(etwa 40°) nach und nach dazugießen, alles von der Mitte aus
verrühren, die Gewürze mit dem
Salz hinzufügen und etwa
10 Minuten auf der bemehlten
Arbeitsfläche gründlich verkneten. • Den Teig in die mit Mehl

bestäubte Schüssel geben, auch
mit etwas Mehl bestäuben und
mit Folie und Tuch bedeckt in
etwa 1½ Stunden gehen lassen,
bis er um etwa ein Drittel aufgegangen ist. • Den Teig zu 2 länglichen Laiben formen und auf
einem gefetteten Blech nochmals 40–50 Minuten gehen lassen. • Den Backofen auf 250°
vorheizen. • Die Brote mit etwas
Wasser bestreichen, mit Kümmel und Koriander bestreuen
und der Länge nach mit einem
sehr scharfen Messer etwas einritzen. • Das Blech auf die untere
Schiene des heißen Ofens
schieben, ein Schälchen mit
kochendem Wasser dazustellen
und etwas Wasser auf den Backofenboden gießen. • Die Temperatur nach 15 Minuten auf 180°
herunterschalten und die Brote
etwa 1 Stunde backen lassen.
• Noch etwa 10 Minuten im aus-
geschalteten Ofen nachbacken
und umgekehrt auf einem
Kuchendraht auskühlen lassen.
• Bis zum Anschneiden möglichst 1–2 Tage trocken lagern.

Käsestangen

Ganz einfach zuzubereiten

Grünkernbrötchen mit Leinsamen und Mohn

Außerordentlich kräftig und würzig

300 g Buchweizen, feingemahlen
200 g Hirse, feingemahlen
1 Würfel Hefe · knapp ⅛ l lauwarmes Wasser · 60 g weiche
Butter · 2 Eßl. Sanoghurt · 1 Ei
1 Eiweiß · 1 Teel. Salz · 1 Eßl.
Paprikapulver, edelsüß · 150 g
Emmentalerkäse, frisch gerieben
60 g Parmesankäse, frisch
gerieben · 1 Eigelb · 2 Eßl. Milch
Butter zum Einfetten · Weizen,
feingemahlen, zum Ausrollen
und Formen
Bei 30 Stück etwa 465 Joule/
110 Kalorien · 5 g Eiweiß
5 g Fett · 12 g Kohlenhydrate
1 g Ballaststoffe pro Stück

Vorbereitungszeit: etwa
1 Stunde · Zeit zum Gehenlassen: mindestens 1¼ Stunden
Backzeit: 25–30 Minuten

Beide Mehlsorten in eine
Schüssel geben, die Hefe
hineinbröckeln und mit dem
Wasser und etwas Mehl vom
Rand zum Vorteig verrühren und
15 Minuten gehen lassen. • Die
Butter in Flöckchen teilen und
mit dem Sanoghurt, dem Ei, dem
Eiweiß, dem Salz und dem Paprikapulver dazugeben und alles zu
einem glatten Teig verarbeiten.
• Diesen schlagen, bis er Blasen
wirft und sich vom Schüsselrand
löst. • In etwa 1 Stunde zum doppelten Volumen aufgehen lassen. • Indessen 100 g Emmentaler mit dem Parmesan mischen,
das Eigelb mit der Milch verquirlen und ein Backblech einfetten.
• Den Teig durchkneten, in
30 Stücke teilen und jedes zu
einem etwa ½ cm dicken Oval
ausrollen. Mit etwas Eigelb
bestreichen und mit dem Käse-
gemisch bestreuen. Von der
Längsseite zu Stangen aufrollen
und die Enden andrücken. • Den
Backofen auf 220° vorheizen.
• Die Käsestangen auf dem
Blech mit dem restlichen Eigelb
bestreichen und mit dem
Emmentaler bestreuen. Auf der
mittleren Schiene des Ofens
25–30 Minuten backen, auf dem
Kuchendraht auskühlen lassen.

200 g Roggen, feingemahlen
100 g Sauerteig (nach dem
Rezept von Seite 128, vom
Bäcker oder als Fertigprodukt)
etwa ½ l lauwarmes Wasser
200 g Weizen, feingemahlen
250 g Grünkern, feingemahlen
100 g Leinsamen, frisch
geschrotet · 1 Würfel Hefe · 1 Eßl.
Salz · Weizen, feingemahlen,
zum Kneten und Formen · Butter
zum Einfetten · Wasser zum
Bestreichen · 20 g Leinsamen
20 g Mohn
Bei 20 Stück etwa 640 Joule/
150 Kalorien · 6 g Eiweiß
3 g Fett · 24 g Kohlenhydrate
14 g Ballaststoffe pro Stück

Vorbereitungszeit: etwa 1 Stunde
Ruhezeiten: etwa 4¾ Stunden
Backzeit: 25–30 Minuten

Das Roggenmehl in eine
Schüssel geben und in die
Mitte eine Mulde drücken. Den
Sauerteig mit etwa drei Viertel
des Wassers verrühren, unter
das Mehl mischen und etwa
4 Stunden an einem warmen
Platz ruhen lassen. • Das Wei-
zen- und Grünkernmehl mit dem
Leinsamenschrot mischen und
die Sauerteigmischung hineingeben. Die Hefe im restlichen
Wasser auflösen und mit dem
Salz zufügen. • Alles zum glatten
Teig verarbeiten und diesen
schlagen, bis er sich vom Schüsselrand löst und Blasen wirft. Mit
einem Tuch bedeckt etwa
30 Minuten gehen lassen. • Den
Teig auf der bemehlten Fläche
gut durchkneten und zu etwa
20 gleich großen Kugeln formen.
• Diese auf ein gefettetes Backblech legen und weitere
15 Minuten gehen lassen, wobei
sie leicht »zusammenwachsen«.
• Den Backofen auf 220° vorheizen. • Die Brötchen mit Wasser
bestreichen, mit Leinsamen und
Mohn bestreuen. • Das Blech auf
die mittlere Schiene des heißen
Ofens schieben und die Brötchen 25–30 Minuten backen,
dann auf einem Kuchendraht
auskühlen lassen.

Haferbrötchen mit Nüssen

Sie lassen sich gut einfrieren

Sojafladen mit Knoblauch und Kräutern

Sie schmecken ganz frisch am besten

50 g Sojaschrot · ¼ l lauwarmes Wasser · 100 g Nackthafer
200 g Weizen · 50 g Roggen
1 Teel. Korianader · 1 Würfel Hefe
1 Becher Sanoghurt · 1 Teel. Salz · Weizen, feingemahlen, zum Bestäuben und Formen
150 g Haselnüsse, feinblättrig geschnitten oder grobgehackt
Wasser zum Bestreichen · Butter zum Einfetten

Bei 12 Stück etwa 890 Joule/ 210 Kalorien · 7 g Eiweiß
10 g Fett · 22 g Kohlenhydrate
5 g Ballaststoffe pro Stück

Vorbereitungszeit: etwa 1½ Stunden · Zeit zum Quellen und Rösten: etwa 2½ Stunden
Zeit zum Gehenlassen: mindestens 1¼ Stunden · Backzeit: 35—40 Minuten

Den Sojaschrot in ⅛ l Wasser etwa 1 Stunde quellen lassen. • Den Backofen auf 100° vorheizen. • Den Nackthafer darin etwa 1 Stunde auf einem Backblech rösten und auf einer Platte abkühlen lassen. • Dann mit dem Weizen, dem Roggen und dem Koriander feinmahlen und in eine Schüssel geben. • In die Mitte eine Mulde drücken, die Hefe darin zerbröckeln und mit dem restlichen Wasser und etwas Mehl vom Rand zum Vorteig verrühren. Diesen mit einem Tuch bedeckt etwa 15 Minuten gehen lassen. • Den Sanoghurt, den Sojaschrot und das Salz zufügen, alles zu einem glatten Teig verarbeiten und schlagen, bis er sich vom Schüsselrand löst und Blasen wirft. Erneut 1 Stunde gehen lassen. • Den Teig durchkneten, 100 g Haselnüsse daruntermischen und 12 längliche Brötchen formen. Diese einmal längs einritzen, mit Wasser bestreichen und mit den restlichen Nüssen bestreuen. Auf einem gefetteten Backblech in den kalten Ofen schieben. • Diesen auf 220° einschalten. Sobald er die Temperatur erreicht hat, die Brötchen noch 35—40 Minuten backen.

500 g Weizen, feingemahlen
150 g Sojabohnen, feingemahlen · 50 g Sojabohnen, geschrotet
1 Würfel Hefe · 2 Teel. Honig
½ l lauwarme Buttermilch
2—3 Knoblauchzehen · 50 g Butter · 1 Eßl. grüner Pfeffer (aus dem Glas) · 1 Eßl. getrockneter Thymian, gerebelt · 1 Eßl. getrockneter Oregano, gerebelt
50 ccm lauwarmes Wasser
Weizen, feingemahlen, zum Bestäuben und Formen · Butter zum Einfetten

Bei 20 Stück etwa 660 Joule/ 160 Kalorien · 8 g Eiweiß
5 g Fett · 20 g Kohlenhydrate
2 g Ballaststoffe pro Stück

Vorbereitungszeit: etwa 1 Stunde
Zeit zum Gehenlassen: mindestens 1¼ Stunden · Backzeit: 20—25 Minuten

Das Weizenmehl mit dem Sojabohnenmehl und -schrot in einer Schüssel mischen und in die Mitte eine Mulde drücken. Die Hefe hineinbröckeln und mit dem Honig, der Buttermilch und etwas Mehl vom Rand zu einem dünnen Vorteig verrühren. Etwa 15 Minuten an einem warmen Platz gehen lassen. • Inzwischen die Knoblauchzehen schälen, würfeln, in der mäßig heißen Butter glasig braten und wieder abkühlen lassen. • Den grünen Pfeffer abtropfen lassen und hacken. • Den Knoblauch mit der Butter, dem Pfeffer und den Kräutern zum Vorteig geben und mit dem Wasser und dem restlichen Mehl zum glatten Teig verarbeiten. Diesen schlagen, bis er sich vom Schüsselrand löst und Blasen wirft. • 45 Minuten gehen lassen. • Den Teig kräftig durchkneten, in 20 Stücke teilen und diese zu kleinen, flachen Fladen drücken. Auf ein gefettetes Backblech legen und nochmals 15 Minuten gehen lassen. • Den Backofen auf 220° vorheizen. • Die Fladen auf der mittleren Schiene in 20—25 Minuten goldbraun backen.

Vielkornbrot

Reich an Ballaststoffen

300 g Weizen, feingemahlen
100 g Roggen, feingemahlen
150 g Sauerteig (nach dem Rezept von Seite 128, vom Bäcker oder als Fertigprodukt)
etwa 1 l lauwarmes Wasser
100 g Sojaschrot · je 100 g Hirse, Gerste, Mais und Hafer, alles feingemahlen · 1 Würfel Hefe
1 Eßl. Salz · 2 Eßl. Honig
5 Eßl. Weizen- oder Maiskeimöl
60 g Leinsamen, grobgeschrotet
60 g Sonnenblumen- oder Kürbiskerne · Weizen, feingemahlen, zum Kneten und Formen · Butter zum Einfetten
Wasser zum Bestreichen und Backen
Bei 1000 g etwa 1900 Joule/ 450 Kalorien · 17 g Eiweiß
14 g Fett · 63 g Kohlenhydrate
8 g Ballaststoffe pro 100 g

Vorbereitungszeit: etwa 1 Stunde
Ruhezeit insgesamt: etwa
8 Stunden · Backzeit: etwa
1¾ Stunden

Das Weizen- und Roggenmehl in einer Schüssel mischen. Den Sauerteig mit etwa ½ l lauwarmem Wasser verrühren, unter das Mehlgemisch arbeiten und mit einem Tuch bedeckt etwa 6 Stunden an einem warmen Platz (Zimmertemperatur) gehen lassen. ● Nach etwa 5 Stunden den Sojaschrot in einer Schüssel mit ¼ l lauwarmem Wasser verrühren und mit einem Tuch bedeckt 1 Stunde quellen lassen. ● Das Hirse-, Gersten-, Mais- und Hafermehl miteinander vermischen und dabei etwas auflockern, damit es Luft aufnehmen kann. ● Die Hefe im restlichen lauwarmen Wasser auflösen und zusammen mit dem Salz, dem Honig, dem Weizen- oder Maiskeimöl und der Sauerteigmischung unter das Mehl arbeiten. Dabei den gequollenen Sojaschrot dazugeben. ● Vom Leinsamen und den Sonnenblumen- oder Kürbiskernen jeweils einen Eßlöffel voll abnehmen und beiseite stellen. Die restlichen Körner ebenfalls unter den Teig mischen. Diesen mit etwas feingemahlenem Weizen bestäuben, mit einem Tuch bedecken und etwa 30 Minuten ruhen lassen. ● Die Arbeitsfläche mit Mehl bestäuben, den Teig darauf gründlich durchkneten und zur Kugel formen. Erneut in die Schüssel geben, mit etwas Mehl bestreuen und weitere 45 Minuten gehen lassen. ● Den Teig nun nochmals auf der bemehlten Fläche durchkneten, zu einem Laib formen und auf ein gefettetes Backblech legen. Ein letztes Mal 45 Minuten gehen lassen. ● Den Backofen auf 250° vorheizen. ● Den aufgegangenen Brotlaib nochmals etwas in Form drücken, mit Wasser bestreichen und mit dem restlichen Leinsamen und den Sonnenblumen- oder Kürbiskernen bestreuen. ● Das Blech auf die untere Schiene des heißen Ofens schieben, ein Schälchen mit kochendem Wasser dazustellen und etwas Wasser auf den Backofenboden gießen. ● Nach 15 Minuten die Ofentemperatur auf 190° herunterschalten und das Brot noch etwa 1½ Stunden backen lassen. ● Zur Probe mit den Fingern auf die Unterseite des Laibes klopfen — wenn es hohl klingt, ist das Brot durchgebacken und sollte auf einem Kuchendraht auskühlen.

Mein Tip: Sie können die Teigmenge auch teilen und jeweils in eine eingefettete Kastenform oder in eine gewässerte Tonform geben. Nochmals in 30—45 Minuten aufgehen lassen, bis sich sein Volumen deutlich vergrößert hat, ebenfalls mit Wasser bestreichen, mit den Körnern bestreuen und in den heißen Ofen schieben. Die Backzeit verkürzt sich jeweils nach der Größe der Formen. Möchten Sie das Brot einmal geschmacklich variieren, so können Sie einen Teil des Wassers durch Buttermilch ersetzen und anstelle von Leinsamen und Sonnenblumen- oder Kürbiskernen auch Sesamsamen und gehackte Nüsse verwenden.

Gerstenbrötchen mit Pilzaroma

Nicht nur gesund, sondern auch sehr würzig und köstlich

20 g getrocknete Steinpilze · ½ l
lauwarmes Wasser · 1 Schalotte
100 g Nacktgerste, grobgeschrotet · 2 Eßl. Butter · Salz
weißer Pfeffer, frisch gemahlen
400 g Weizen, feingemahlen
1 Würfel Hefe · ⅓ l lauwarme
Milch · 1 Bund Petersilie
2−3 Zweige Thymian · Weizen,
feingemahlen, zum Kneten und
Formen · 2 Eßl. Sahne
1 Eigelb · Butter zum Einfetten
Bei 12 Stück etwa 785 Joule/
185 Kalorien · 6 g Eiweiß
5 g Fett · 28 g Kohlenhydrate
4 g Ballaststoffe pro Stück

Vorbereitungszeit: etwa 1½ Stunden · Einweichzeit: etwa
1 Stunde · Zeit zum Quellen,
Abkühlen und Gehenlassen
insgesamt: knapp 3 Stunden
Backzeit: 25−30 Minuten

Die Steinpilze in dem Wasser
etwa 1 Stunde quellen lassen. • Das Pilzwasser durch eine
Filtertüte gießen, um mögliche
Erdreste zu entfernen. • Die
Schalotte schälen, feinwürfeln
und mit dem Gerstenschrot in
der Butter anrösten. • Mit dem
Pilzwasser aufgießen, aufkochen
lassen, salzen und pfeffern und
bei schwacher Hitze zugedeckt
in etwa 30 Minuten ausquellen,
dann abkühlen lassen. • Das
Mehl in eine Schüssel geben, in
die Mitte eine Mulde drücken
und die Hefe hineinbröckeln. Mit
der Milch und etwas Mehl vom
Rand verrühren und etwa
15 Minuten gehen lassen. • Die
Petersilie und den Thymian
abspülen, trockentupfen und
zusammen mit den Pilzen feinhacken. • Mit der abgekühlten
Gerste in die Schüssel geben
und alles zu einem glatten Teig
verarbeiten. Diesen schlagen,
bis er Blasen wirft. Erneut etwa
1 Stunde gehen lassen. • Den
Teig kräftig durchkneten, eigroße
Stücke abnehmen und zu runden Brötchen formen. Die Oberflächen mit einer Schere stern-
förmig einzacken und mit dem
mit Sahne verquirlten Eigelb
bestreichen. • Auf einem gefetteten Blech auf die mittlere
Schiene des kalten Ofens schieben. Diesen auf 220° einschalten
und, wenn er die Temperatur
erreicht hat, die Brötchen
25−30 Minuten backen, dann
auskühlen lassen.

Laugenbrezeln

Knusprig und würzig – ideal zum Grillfest und zur Brotzeit

im Bild links

600 g Weizen, feingemahlen
1 Würfel Hefe · 1½ l lauwarmes
Wasser · 1–2 Teel. Salz
Weizen, feingemahlen, zum
Ausrollen und Formen · Butter
zum Einfetten · 2 Eßl. Natron
grobes Salz zum Bestreuen
Bei 12 Stück etwa 715 Joule/
170 Kalorien · 6 g Eiweiß
1 g Fett · 31 g Kohlenhydrate
5 g Ballaststoffe pro Stück

Vorbereitungszeit: etwa
1 Stunde · Zeit zum Gehenlassen: etwa 2 Stunden
Backzeit: 20–25 Minuten

Das Weizenmehl in einer
Schüssel gut lockern, in die
Mitte eine Mulde drücken und
die Hefe hineinbröckeln. Etwa
⅛ l lauwarmes Wasser dazugeben und die Hefe damit und mit
etwas Mehl vom Rand zum Vorteig verrühren. Ein Tuch darüberdecken und den Vorteig
etwa 10 Minuten ruhen lassen.

• Zwischenzeitlich das Salz in
¼ l Wasser auflösen. • Das restliche Weizenmehl zusammen mit
dem Salzwasser unter den Vorteig mischen und diesen auf der
leicht bemehlten Arbeitsfläche
etwa 10 Minuten lang kräftig
durchkneten, bis er elastisch ist
und sich leicht von der Platte
löst. • Den Teig zur Kugel formen, wieder in die Schüssel
legen und mit einem feuchten
Tuch bedecken, damit die Oberfläche nicht austrocknet. Den
Teig etwa 1½ Stunden bei Zimmertemperatur gehen lassen.
• Ein Backblech mit Butter einfetten. • Den Teig auf der erneut
bemehlten Fläche gut durchkneten, zu einer gleichmäßig dicken
Rolle formen und diese in
12 Stücke teilen. • Jedes Stück
zu einem etwa 50 cm langen
Strang drehen, der an beiden
Enden etwas dünner ist als in der
Mitte. Die restlichen Teigstücke
zwischenzeitlich mit dem feuchten Tuch bedecken. • Den fertigen Teigstrang jeweils zu einer
Brezel zusammenlegen und die

Enden sorgfältig andrücken.
• Das restliche Wasser in einem
breiten, flachen Topf aufkochen
und das Natron darin auflösen.
• Jeweils 1–2 Brezeln hineinlegen und etwa ½ Minuten darin
ziehen lassen, wobei sie ständig
mit der Natronlauge begossen
oder leicht unter die Oberfläche
gedrückt werden müssen. • Den
Backofen auf 220° vorheizen.
• Die Brezeln nach dem »Tauchen« auf das gefettete Backblech legen und mit grobem Salz
bestreuen. • Das Blech auf die
mittlere Schiene des heißen
Ofens schieben und die Brezeln
in 20–25 Minuten braun und
knusprig backen. • Auf einem
Kuchendraht auskühlen lassen.

Mein Tip: Da die Teigmenge für
2 Bleche ausreicht, ist es ratsam,
zuerst nur eine Hälfte des Teiges
zu formen und zu tauchen und
den Rest solange unter dem
feuchten Tuch ruhen zu lassen.
Dieser wird am besten erst verarbeitet, während das erste
Blech bereits im Backofen ist.

Variante:
Salz-Kümmel-Stangen
im Bild rechts
Der Teig wird dazu genauso
zubereitet wie für die Laugenbrezeln, jedoch sollten Sie
zusammen mit dem Weizen
etwas Kümmel mahlen. Teilen
Sie den Teig nach der Ruhepause in 12 Stücke und rollen
Sie sie nacheinander mit einem
dünnen Nudelholz zu ovalen,
etwa 3 mm dicken Fladen aus.
Nun jeweils eine Schmalseite
des Fladens gut festhalten und
mit der anderen Hand den Teig
aufrollen. Die Teigenden gut
andrücken und die Stangen –
wie die Brezeln – in Natronlauge
tauchen und auf ein gefettetes
Backblech legen. Mit einer
Mischung aus Kümmel und grobem Salz bestreuen und etwa
35 Minuten auf der mittleren
Schiene des 220° heißen Ofens
backen. Auch hier sollte der restliche Teig unter einem feuchten
Tuch ruhen, während die Stangen geformt und in die Lauge
getaucht werden.

Roggenbrötchen

Für alle, die herzhaftes Aroma und knusprige Krusten lieben

im Bild links

10 g Hefe · knapp ⅜ l lauwarmes Wasser · 100 g Sauerteig (nach dem Rezept von Seite 128, vom Bäcker oder als Fertigprodukt) 400 g Roggen, feingemahlen 40 g Weizen, feingemahlen 1 Eßl. Salz · 1 Eßl. Kümmel Roggen oder Weizen, feingemahlen, zum Bestäuben, Kneten und Formen · Butter zum Einfetten · Wasser zum Bestreichen und Backen Kümmel zum Bestreuen
Bei 15 Stück etwa 455 Joule/ 110 Kalorien · 4 g Eiweiß 0,5 g Fett · 21 g Kohlenhydrate 3 g Ballaststoffe pro Stück

Vorbereitungszeit: etwa 1½ Stunden · Ruhezeiten: etwa 3½ Stunden · Backzeit: 30–40 Minuten

Die Hefe in dem lauwarmen Wasser auflösen und den Sauerteig darunterrühren, bis auch er sich gelöst hat. • Das Roggen- und Weizenmehl mit-einander mischen, die Hälfte davon unter die Sauerteigmischung rühren und alles mit einem Tuch bedeckt etwa 3 Stunden an einem warmen Platz ruhen lassen. • Das restliche Mehl mit dem Salz und dem Kümmel in einer Schüssel gut vermischen, den aufgegangenen Vorteig hineingeben und alles sehr gut miteinander verrühren. Den Teig danach schlagen, bis er sich vom Schüsselrand löst und Blasen wirft. • Die Arbeitsfläche mit Mehl bestäuben und den Teig darauf sehr sorgfältig durchkneten, bis er elastisch ist und nicht mehr klebt. • Ein Backbrett oder eine Platte mit Mehl bestäuben. • Den Teig in 15 gleich große Stücke teilen, diese zu glatten Kugeln formen und mit Abstand zueinander auf das Backbrett oder die Platte setzen. Ein Tuch darüberdecken und die Brötchen in 20–30 Minuten aufgehen lassen, bis sie deutlich höher geworden sind und die Oberflächen »wollig« aussehen. • Den Backofen auf 220° vorhei-zen und ein Backblech mit Butter einfetten. • Die Brötchen auf das Blech setzen, mit lauwarmem Wasser bestreichen und mit Kümmel bestreuen. Nach Wunsch mit einem sehr scharfen Messer kreuzweise oder stern-förmig einschneiden und auf die mittlere Schiene des heißen Ofens schieben. • Gleichzeitig ein Schälchen mit kochendem Wasser in den Backofen stellen und etwas Wasser auf den heißen Backofenboden gießen. Die Tür sofort schließen, damit der Dampf nicht entweichen kann, sondern den Teig in die Höhe treibt. • Die Brötchen in 30–40 Minuten knusprigbraun backen und auf einem Kuchendraht auskühlen lassen.

Mein Tip: Da die Teigmenge für zwei Backbleche ausreichend ist, sollten Sie das zweite Blech mit einem Tuch abdecken und an einen kühlen Platz stellen, bis der Backofen wieder frei ist. Bei einem Heißluftherd können natürlich beide Bleche gleichzeitig eingeschoben werden.

Variante:
Gewürzte Roggenmisch-brötchen
im Bild rechts
½ Würfel Hefe mit dem Wasser, 50 g Sauerteig und je 125 g Roggen- und Weizenmehl (beides frisch gemahlen) verrühren und mit einem Tuch bedeckt aufgehen lassen. Je 125 g Roggen-und Weizenmehl mit je 1 Eßlöffel Salz, Kümmel und Koriander, 1 Teelöffel Fenchel oder Anis und 2 Eßlöffeln Sesamsamen mischen. Den Vorteig dazugeben, wie oben beschrieben verkneten, und zu Brötchen formen. Nach dem Gehenlassen ebenfalls mit Wasser bestreichen und mit Sesamsamen (und/oder auch mit Mohn) bestreuen und knusprigbraun backen. Auf einem Kuchendraht auskühlen lassen.

Fladenbrötchen auf alpenländische Art

Köstlich zu trockenem Landwein und Bergkäse

650 g Weizen, feingemahlen
350 g Roggen, feingemahlen
etwa 600 g (reichlich ½ l)
lauwarmes Wasser · 20 g Hefe
1 Teel. Honig · 150 g Sauerteig
(Rezept auf Seite 128 oder als
Fertigprodukt) · 1 Eßl. Fenchel,
feingemahlen · ½ Teel. Anis,
feingemahlen · ½ Teel. Kümmel,
grobgehackt · 3 Eßl. Salz
Roggen, feingemahlen, zum
Bestäuben, Kneten und Formen
Wasser zum Backen
Bei 15 Stück etwa 980 Joule/
235 Kalorien · 8 g Eiweiß
1 g Fett · 44 g Kohlenhydrate
7 g Ballaststoffe pro Stück

Vorbereitungszeit: etwa 1 Stunde
Zeit zum Gehenlassen: etwa
2¼ Stunden · Backzeit: etwa
35 Minuten

Das Weizen- und Roggenmehl
in einer Schüssel mischen,
in die Mitte eine Mulde drücken
und etwas Wasser hineingießen.
Die Hefe hineinbröckeln, den
Honig dazugeben und diese
Mischung mit etwas Mehl vom
Rand verrühren. Mit einem Tuch
bedeckt etwa 15 Minuten an
einem warmen Platz gehen lassen. ● Den Sauerteig mit dem
restlichen Wasser verrühren und
mit den Gewürzen und dem Salz
in die Schüssel geben. Alles mit
dem Mehl vom Rand zu einem
glatten, nicht zu festen Teig verarbeiten. Diesen mit einem Tuch
bedeckt nochmals 20 Minuten
gehen lassen. ● Den Teig durchkneten, damit er neuen Sauer-
stoff aufnehmen kann, und wieder 30 Minuten ruhen lassen.
● Den Teig auf bemehlter Arbeitsfläche sehr gründlich (etwa
10 Minuten lang) kneten, in 15
Stücke teilen und etwa 5 Minuten
ruhen lassen. ● Die Arbeitsfläche
erneut mit Mehl bestäuben, die
Teigstücke darauf mit der flachen
Hand zu Fladen ausdrücken und
mit genügend Abstand (sie bakken breit) auf ein mit Backtrennpapier belegtes Backblech legen
und nochmals etwa 1 Stunde
ruhen lassen. ● Den Backofen auf
220−230° vorheizen. ● Das
Blech zusammen mit einem
Schälchen kochenden Wasser
auf die mittlere Schiene des heißen Ofens schieben und etwas
Wasser auf den Backofenboden
gießen. ● Die Brötchen etwa
35 Minuten backen.

Grünkern-Salbeifladen mit Austernpilzen

Schmecken »pur« als Vorspeise oder Beilage und sind mit einem Salat ein Hauptgericht

im Bild vorne

300 g Grünkern, feingemahlen
200 g Weizen, feingemahlen
1 Würfel Hefe · 1 Teel. Honig · ⅛ l
lauwarme Milch · 200 g Austernpilze · 1–2 Knoblauchzehen
30 g Butter · Salz · schwarzer
Pfeffer, frisch gemahlen
4–5 Zweige Salbei · 5 Eßl.
Buttermilch · 1 Ei · 1 Prise
Cayennepfeffer · 80 g Kürbiskerne · Weizen, feingemahlen,
zum Kneten und Formen
Butter zum Einfetten · 1 Eigelb
Bei 8 Stück etwa 1460 Joule/
345 Kalorien · 13 g Eiweiß
11 g Fett · 49 g Kohlenhydrate
7 g Ballaststoffe pro Stück

Vorbereitungszeit: etwa
1 Stunde · Zeit zum Gehenlassen: mindestens 45 Minuten
Backzeit: 15–20 Minuten

Das Grünkern- und Weizenmehl in einer Schüssel
mischen, in die Mitte eine Mulde
drücken und die Hefe hineinbröckeln. Den Honig und etwas
Milch dazugeben und alles mit
wenig Mehl vom Rand zum Vorteig verrühren. Ein Tuch darüberdecken und den Vorteig in
etwa 15 Minuten ruhen lassen,
bis er deutlich aufgegangen ist
und Blasen zeigt. ● In der Zwischenzeit die Austernpilze putzen und fein zerschneiden.
● Den Knoblauch schälen, sehr
fein würfeln und zusammen mit
den Pilzen in der Butter unter
Rühren braten, bis die austretende Flüssigkeit verdampft ist.
Dabei mit Salz und Pfeffer würzen. ● Den Salbei abspülen,
abtrocknen und in winzige Streifchen schneiden. ● Unter die
Pilze mischen, kurz mitschmo-
ren und alles abkühlen lassen.
● Die restliche Milch zusammen
mit der Buttermilch, dem Ei und
dem Cayennepfeffer zum Vorteig geben und alles zum glatten
Hefeteig verarbeiten. Diesen
schlagen, bis er Blasen wirft.
● Erneut ein Tuch darüberdecken
und den Teig in etwa 30 Minuten

gehen lassen, bis sich sein Volumen fast verdoppelt hat. ● Die
Hälfte der Kürbiskerne feinhak-
ken. ● Die Arbeitsfläche mit Mehl
bestäuben, den Teig darauf
durchkneten und die gehackten
Kerne mitsamt der Pilzmischung
daruntermengen. ● Den Teig in
8 Stücke teilen und jedes davon
auf der bemehlten Fläche zu
etwa handtellergroßen Fladen
flachdrücken. ● Diese auf ein
leicht gefettetes Backblech
legen. ● Den Backofen auf 220°
vorheizen. ● Die inzwischen
leicht aufgegangenen Fladen mit
dem verquirlten Eigelb bestreichen und mit den restlichen Kürbiskernen bestreuen. Das Blech
auf die mittlere Schiene des
heißen Ofens schieben und die
Fladen 15–20 Minuten backen.
● Auskühlen lassen und frisch
servieren.

Variante:
Kichererbsen-Fladen mit Oliven
Im Bild hinten
150 g Kichererbsen mit Wasser
bedeckt über Nacht quellen lassen. Dann mit dem Einweichwasser, 2 geschälten Zwiebeln,
1–2 geschälten Knoblauchzehen und 2 geschälten, grobge-
würfelten Möhren etwa 3½ Stunden kochen. Durch ein Sieb passieren und abkühlen lassen.
200 g feingemahlenen Weizen in
eine Schüssel geben und darin
1 Würfel Hefe mit 1 Teelöffel
Honig und etwas Milch als Vorteig gehen lassen. Das Kicher-
erbsenpüree mit der restlichen
Milch (insgesamt ⅛ l) und
2 Eßlöffel Tomatenmark darunterkneten und den Teig 30 Minuten gehen lassen. 2 Bund Petersilie, 100 g schwarze entsteinte
Oliven und 1 Eßlöffel Kapern
feinhacken und mit Salz, Pfeffer
und Cayennepfeffer unter den
Teig kneten. Diesen zu Fladen
formen, mit Eigelb bestreichen
und mit grob zerstoßenem Pfeffer bestreut backen.

Nudeltorte mit Fisch und Gemüse

Köstlich zu trockenem Weißwein oder zum kühlen Pils

Für den Teig: 200 g Weizen, feingemahlen · 30 g Sesamsamen			

Für den Teig: 200 g Weizen, feingemahlen · 30 g Sesamsamen
½ Teel. Salz · Cayennepfeffer
120 g kalte Butter
1 hartgekochtes Eigelb
3–4 Eßl. Eiswasser
Für die Füllung: 150 g Spiral-Vollkornnudeln · Salz · 300 g
Goldbarschfilet · 2 Eßl. Sojasauce
2 Eßl. trockener Sherry · Saft von
½ Zitrone · Cayennepfeffer
100 g ausgelöste Krabben
1 Zwiebel · 2 Knoblauchzehen
1 Stange Lauch/Porree · 150 g
braune Egerlinge · 30 g Sesamsamen · 2 Eßl. Öl · 30 g Butter
⅛ l Instant-Gemüsebrühe
1 Bund Petersilie · 1 Bund
Basilikum · weißer Pfeffer, frisch
gemahlen · 300 g Mozzarella
3 Eier · 200 g Sahne · 30 g
Parmesankäse, frisch gerieben
Bei 6 Portionen etwa 3975 Joule/
945 Kalorien · 36 g Eiweiß
67 g Fett · 45 g Kohlenhydrate
11 g Ballaststoffe pro Portion

Vorbereitungszeit: etwa
1¼ Stunden · Kühl- und Marinierzeiten: etwa 1 Stunde · Backzeit: etwa 35 Minuten

Das Weizenmehl mit dem Sesam, dem Salz, Cayennepfeffer und der in Flöckchen geteilten Butter auf die Arbeitsfläche geben. • Das Eigelb durch ein Sieb darüber zerdrücken.
• Alle Zutaten schnell zu einem glatten Teig verkneten, dabei tropfenweise das Wasser dazugeben. Den Teig zugedeckt etwa 50 Minuten in den Kühlschrank legen. • In der Zwischenzeit die Vollkornnudeln in kochendem Salzwasser »al dente« kochen, abschrecken und abtropfen lassen. • Den Fisch kalt abspülen, trockentupfen und in schmale Streifen schneiden. • Die Sojasauce mit dem Sherry, dem Zitronensaft und Cayennepfeffer verrühren und die Fischstreifen sowie die Krabben darin zugedeckt marinieren lassen, bis die restlichen Zutaten vorbereitet sind. • Die Zwiebel und die

Knoblauchzehen schälen, die Zwiebel in feine Ringe schneiden, den Knoblauch würfeln.
• Den Lauch putzen, waschen und in Ringe teilen. • Die Egerlinge nur kurz waschen, gut trockentupfen und blättrig schneiden. • Den Fisch und die Krabben auf einem Sieb abtropfen lassen und die Marinade dabei auffangen. • Die Sesamsamen in einer trockenen Pfanne unter Rühren goldbraun rösten, herausnehmen und das Öl in der Pfanne erhitzen. Den Fisch portionsweise darin anbraten und ebenfalls herausnehmen. • Das restliche Öl abgießen, die Butter in der Pfanne erhitzen und das Gemüse darin unter Wenden kurz anbraten. • Den Knoblauch daruntermischen und die Gemüsebrühe angießen. • Die Kräuter abspülen, trockenschwenken und bis auf knapp die Hälfte des Basilikums hacken. Danach zusammen mit der aufgefangenen Marinade, Salz, Pfeffer und Cayennepfeffer unter das Gemüse mischen. • Die Flüssig-

keit leicht einkochen und das Gemüse etwas abkühlen lassen.
• Den Mozzarella abtropfen lassen, sehr fein würfeln und etwa zwei Drittel davon zusammen mit dem Gemüse, dem Fisch, den Krabben und dem Sesam unter die Nudeln mischen. • Den Backofen auf 200° vorheizen.
• Eine Springform von 26 cm ∅ mit dem Teig auskleiden und dabei einen etwa 3 cm hohen Rand andrücken. • Den Boden mehrfach mit einer Gabel einstechen und die Füllung darauf verteilen. • Die Eier mit der Sahne verquirlen, mit Salz, Pfeffer, Cayennepfeffer und dem Parmesan würzen und über die Füllung gießen. Die Torte mit dem restlichen Mozzarella bestreuen und auf der unteren Schiene des heißen Ofens etwa 35 Minuten backen. • Den Herd ausschalten und den Kuchen weitere 10 Minuten nachgaren, anschließend 10 Minuten ausdampfen lassen. Mit den restlichen, grob zerkleinerten Basilikumblättern bestreuen und sofort servieren.

Linsentorte mit Sprossen und Geflügel

Außerordentlich eiweißreich und aromatisch

250 g Linsen · 2 Zwiebeln
1 Knoblauchzehe · 2 Eier · 80 g
Grünkern, feingemahlen · Salz
weißer Pfeffer, frisch gemahlen
400 g Hähnchenbrust ohne Haut
und Knochen · 2 Eßl. Sojasauce
2 Eßl. trockener Sherry
abgeriebene Schale von
½ unbehandelten Zitrone
¼ Teel. Sambal Oelek
Ingwerpulver · 2 Stauden
Chicorée · 150 g frische Mungo-
oder Sojabohnensprossen
2 Eßl. Öl · Öl zum Einfetten
150 g weicher Tofu · Saft von
½ Zitrone · ⅛ l Sahne · 2 Eßl.
Mango-Chutney · 1 Teel. Curry
2 Eigelbe · 2 Eiweiße
Bei 8 Stücken etwa 1435 Joule/
340 Kalorien · 26 g Eiweiß
13 g Fett · 30 g Kohlenhydrate
6 g Ballaststoffe pro Stück

Vorbereitungszeit: 1½ Stunden
Zeit zum Quellen und Marinieren: etwa 30 Minuten · Backzeit:
etwa 25 Minuten

Die Linsen in reichlich kaltem Wasser aufsetzen und in etwa 1 Stunde weich kochen. • Danach auf einem Sieb sehr gut abtropfen und etwas auskühlen lassen. • In der Zwischenzeit die Zwiebeln und die Knoblauchzehe schälen. Die Zwiebeln reiben oder sehr fein würfeln, die Knoblauchzehe zerdrücken. Beides zusammen mit den Eiern, dem Grünkernmehl sowie Salz und Pfeffer unter die Linsen mischen und diesen Teig etwa 30 Minuten quellen lassen. • Inzwischen das Hähnchenfleisch schräg zur Faser in dünne Streifen schneiden. • Die Sojasauce mit dem Sherry, der abgeriebenen Zitronenschale, dem Sambal Oelek und etwas Ingwer verrühren und das Fleisch darin etwa 20 Minuten marinieren. • Den Chicorée waschen, abtrocknen und den Strunk an der Unterseite heraustrennen. Die Blätter in etwa 1 cm breite Streifen teilen. • Die Mungo- oder Sojabohnensprossen in einem Sieb unter kaltem Wasser

waschen und abtropfen lassen. • Das Hähnchenfleisch ebenfalls abtropfen lassen und die Marinade dabei auffangen. • Das Öl in einer Pfanne erhitzen und das Fleisch portionsweise darin rasch anbraten. Jeweils herausnehmen und in einem Sieb (mit einem Teller darunter) beiseite stellen. • Den Backofen auf 220° vorheizen. • Eine Springform von 26 cm ∅ einfetten, den Teig darin flachdrücken und einen etwa 2 cm hohen Rand formen. • Das Hähnchenfleisch mit allen vorbereiteten Zutaten mischen und hineinfüllen. • Den Tofu zerdrükken, mit dem Zitronensaft und der restlichen Marinade glatt verrühren und mit Salz, Pfeffer und etwas Ingwer würzen. • Die Sahne steif schlagen. • Das Mango-Chutney feinhacken und zusammen mit dem Tofu, dem Curry und den Eigelben unter die Sahne heben. • Die Eiweiße schnittfest schlagen und mit der Sahne unter die Tofucreme ziehen. Diese Masse auf der Füllung verstreichen. • Auf der

unteren Schiene des heißen Ofens etwa 25 Minuten backen, kurz ausdampfen lassen und sofort servieren.

Mein Tip: Das Einweichen ist bei Linsen nicht unbedingt erforderlich, verkürzt aber die Garzeit entsprechend. Unbedingt sollten Sie diese sehr eiweißreichen Hülsenfrüchte in kaltem Wasser auf den Herd stellen. Sonst gerinnen die Eiweißstoffe zu früh und die Linsen werden nicht weich. Auch Salz (und Säure) sollten den Linsen erst kurz vor Ende der Garzeit zugesetzt werden, da sie sonst nicht immer richtig aufquellen. Übrigens sind helle, junge Linsen schneller weich als dunkle und damit ältere. Die kürzeste Garzeit (mit 10–20 Minuten) haben die kleinen roten, allerdings nicht ganz vollwertigen Splitlinsen, bei denen die Schale entfernt wird, bevor sie in den Handel kommen.

Tomaten-Champignon-Pizza

Dünner, knuspriger Teig mit üppigem Belag, der heiß am besten schmeckt

Vorbereitungszeit: etwa 1½ Stunden · Zeit zum Gehen lassen: etwa 45 Minuten Backzeit: etwa 20 Minuten

Das Weizen- und Roggenmehl mit dem Leinsamenschrot in einer Schüssel mischen und in die Mitte eine Mulde drücken. • Die Hefe hineinbröckeln, mit wenig Buttermilch und etwas Mehl vom Rand zum Vorteig rühren und zugedeckt etwa 15 Minuten gehen lassen. • Dann die restliche Buttermilch, das Ei, das Salz, den Oregano und das Olivenöl dazugeben und alles zu einem sehr glatten, elastischen Teig verkneten; eventuell tropfenweise noch etwas Wasser hinzugießen. • Den Teig mit einem Tuch bedeckt mindestens 30 Minuten gehen lassen. • Inzwischen die Tomaten mit kochendem Wasser überbrühen, abschrecken und häuten. • Die Stengelansätze und Kerne entfernen und das Fruchtfleisch sehr fein hacken. • Die Zwiebeln und die Knoblauchzehen schälen. Eine Zwiebel sehr fein würfeln, die anderen in dünne Ringe teilen. Die Knoblauchzehen ebenfalls in winzige Würfelchen schneiden. • 1 Eßlöffel Olivenöl in einem breiten Topf erhitzen und die Zwiebelwürfel darin glasig braten. Die Hälfte des Knoblauchs mit den gehackten Tomaten hinzufügen und mit Salz, Pfeffer, dem Honig und Cayennepfeffer würzen. Ohne Deckel einkochen lassen, bis die Masse etwas sämig geworden ist. • Den Oregano abspülen, trockenschwenken und die Blättchen von einem Zweig in die Sauce geben. • Die Champignons putzen, nur wenn nötig, waschen und gut abtrocknen, dann blättrig schneiden. Sofort mit dem Zitronensaft vermischen. • Etwa 2 Eßlöffel Olivenöl in einer großen Pfanne erhitzen und die Zwiebelringe darin unter Rühren glasig werden lassen. Die Champignons dazugeben und unter vorsichtigem Umwenden braten, bis die austretende Flüssigkeit fast ganz verdampft ist. • Die Petersilie und das Basilikum abspülen, trockentupfen und die Petersilie feinhacken. Diese zusammen mit dem restlichen Knoblauch und den Blättchen vom zweiten Oreganozweig zu den Pilzen geben. Mit Salz, Pfeffer und Cayennepfeffer würzen und die Pfanne vom Herd nehmen. • Die Tomatensauce pikant abschmecken und ebenfalls vom Herd nehmen. • Ein Backblech mit etwas Öl einfetten. • Den Teig nochmals durchkneten, in 4 Stücke teilen, zu runden Fladen ausrollen und gehen lassen, bis die Tomatensauce und die Pilzmischung nicht mehr heiß sind. • Den Backofen auf 200° vorheizen. • Die Teigfladen mit der Tomatensauce bestreichen, die Basilikumblättchen abpflükken und darüberstreuen. Die Pilzmischung darauf verteilen und mit den restlichen Oreganoblättchen und dem Parmesan bestreuen. • Den Mozzarella in dünne Scheiben teilen. Auf dem Belag verteilen und das restliche Olivenöl darüberträufeln. • Die Fladen auf der mittleren Schiene des Ofens etwa 20 Minuten backen.

Broccoli-Geflügel-Quiche

Kann als Hauptgericht, Vorspeise oder Imbiß serviert werden

100 g Cashewnüsse

1 Teel. Salz · 200 g Weizen, feingemahlen · 80 g Grünkern, feingemahlen

80 g Emmentaler, frisch gerieben

100 g gekühlte Butter · 1 Ei

2–3 Eßl. eiskaltes Wasser

500 g Hühnerbrüstchen ohne Haut und Knochen

1 Eßl. Sojasauce

2 Eßl. trockener Sherry

weißer Pfeffer, frisch gemahlen

Cayennepfeffer · 500 g Broccoli

1 Eßl. Öl · 1 rote Paprikaschote

Weizen, feingemahlen, zum Ausrollen · Butter zum Einfetten · ⅛ l Sahne · 2 Eigelbe

1 Becher Sanoghurt (150 g)

2 Spritzer Worcestersauce

Bei 4 Portionen etwa 4340 Joule/1035 Kalorien · 57 g Eiweiß 60 g Fett · 64 g Kohlenhydrate 11 g Ballaststoffe pro Portion

Vorbereitungszeit: etwa 1½ Stunden · Kühlzeit: etwa 1 Stunde Backzeit: etwa 30 Minuten

Die Cashewnüsse in einer trockenen Pfanne unter Rühren hellbraun rösten und zuletzt das Salz daruntermischen. Die Nüsse dann vollständig erkalten lassen. • Die Nüsse anschließend grobhacken, in eine Plastiktüte geben und mit dem Nudelholz so fein wie möglich zerdrücken. • Die Hälfte davon mit dem Weizenmehl, 50 g Grünkernmehl und 30 g Käse mischen, auf die Arbeitsfläche geben und in die Mitte eine Mulde drücken. • Die Butter in kleine Flöckchen teilen und auf dem Mehlrand verteilen. • Das Ei in die Mitte geben und alle Zutaten sehr rasch zu einem glatten Teig verkneten. Dabei tropfenweise das eiskalte Wasser hinzufügen. • Den Teig zur Kugel formen und zugedeckt für 1 Stunde in den Kühlschrank legen. • In der Zwischenzeit die Hühnerbrüstchen trockentupfen, schräg zur Faser in Streifen schneiden und in eine kleine Schüssel geben. Die Sojasauce und den Sherry darübergießen und alles mit etwas Pfeffer und Cayennepfeffer würzen. Unter mehrfachem Umrühren marinieren lassen. • Den Broccoli von groben Blättern und holzigen Stengelteilen säubern. Danach in gleich große Röschen zerteilen, die Strünke abschälen und in Stifte schneiden. • Den Broccoli für 2–3 Minuten in sprudelnd kochendem Salzwasser blanchieren, eiskalt abschrecken und sehr gut abtropfen lassen. • Das Öl in einer Pfanne erhitzen und das Geflügelfleisch portionsweise darin sehr schnell anbräunen. Jeweils wieder herausnehmen und in einem Sieb beiseite stellen. • Die Paprikaschote vom Stiel, den Trennwänden und den Kernen befreien, kalt abspülen und abtrocknen. Danach in etwa ½ cm breite und 2 cm lange Streifen schneiden. • Den Backofen auf 220° vorheizen. • Den Teig auf der schwach bemehlten Arbeitsfläche ausrollen. • Eine Pie- oder Springform von 28 cm ⌀ mit Butter einfetten und mit dem Teig auskleiden. Dabei einen etwa 3 cm hohen Rand formen. Den Teigboden mehrfach mit einer Gabel einstechen. • Den Broccoli mit dem Geflügelfleisch und den Paprikastreifen mischen und in die Teigform geben. • Die Sahne steif schlagen. • Das restliche Grünkernmehl mit den Eigelben und dem Sanoghurt sehr gründlich verrühren und mit Salz, Pfeffer, Cayennepfeffer und Worcestersauce pikant würzen. Die restlichen Cashewnüsse zusammen mit dem restlichen Käse daruntermischen und zum Schluß die Sahne unterheben. Diese Masse auf der Füllung verteilen und die Quiche sofort auf die untere Schiene des heißen Ofens schieben. • Etwa 30 Minuten backen, bis die Sahnemasse fest und nur zart gebräunt ist. Wenn sie zu schnell Farbe bekommt, die Oberfläche mit einem Blatt Pergamentpapier oder auch mit Alufolie abdecken. • Die Quiche sofort servieren, denn warm schmeckt sie am besten.

Wirsingkuchen mit Matjes

Läßt sich gut vorbereiten

im Bild vorne

2 kg mehligkochende Kartoffeln
Salz · weißer Pfeffer, frisch
gemahlen · Muskatnuß, frisch
gerieben · 125 g Buchweizen,
feingemahlen · 5 Eier · 1 Bund
Dill · 1 kg Wirsing · 3 Möhren · Öl
zum Einfetten · 2 Zwiebeln
2 säuerliche Äpfel · Saft von
½ Zitrone · 8 Matjesfilets · 300 g
Crème fraîche · 150 g saure
Sahne · 1–2 Teel. scharfer Senf
Bei 8 Stücken etwa 2500 Joule/
595 Kalorien · 25 g Eiweiß
25 g Fett · 68 g Kohlenhydrate
13 g Ballaststoffe pro Stück

Vorbereitungszeit: etwa
45 Minuten · Zeit zum Quellen:
etwa 30 Minuten · Backzeit insgesamt: etwa 40 Minuten

Die Kartoffeln schälen,
waschen, abtrocknen und –
wie für Reibekuchen – auf der
Rohkostreibe oder in der
Küchenmaschine zerkleinern. In
einem Tuch auspressen, mit
Salz, Pfeffer und Muskat würzen
und das Buchweizenmehl
zusammen mit 3 Eiern sorgfältig
darunterrühren. • Den Dill
abspülen, trockenschwenken
und sehr fein hacken. Unter den
Teig mischen und diesen mit
einem Tuch bedeckt beiseite
stellen, damit das Mehl quellen
kann. • Den Wirsing putzen, in
Streifen hobeln, in einem Sieb
waschen und abtropfen lassen.
• Die Möhren schaben und in
streichholzdünne Stifte schneiden. • In einem Topf reichlich
Wasser mit etwas Salz zum
Kochen bringen, die Möhren-
stifte 4 Minuten darin kochen,
dann kalt abschrecken und
abtropfen lassen. • Danach den
Wirsing in das kochende Wasser
geben, 2 Minuten blanchieren,
ebenfalls abschrecken und sehr
gut abtropfen lassen. • Den
Backofen auf 240° vorheizen.
• Ein tiefes Backblech (Fett-
pfanne) oder eine sehr große
Tarteform mit Öl einfetten, den
Kartoffelteig darin glatt verstreichen und auf der mittleren
Schiene des heißen Ofens etwa
15 Minuten vorbacken. • In der
Zwischenzeit die Zwiebeln und
die Äpfel schälen. Die Zwiebeln
in dünne Ringe schneiden, die
Äpfel ohne die Kerngehäuse auf
der Rohkostreibe in grobe Streifen raspeln und sofort mit dem
Zitronensaft vermischen. • Die
Matjesfilets quer in schmale
Streifen teilen. • Die Crème fraîche mit der sauren Sahne und
den restlichen Eiern verschlagen
und mit Salz, Pfeffer und Senf
pikant würzen. • Alle vorbereiteten Zutaten locker daruntermischen, die Backofenhitze auf
200° herunterschalten und den
vorgebackenen Boden herausnehmen. • Die Wirsingmischung
darauf verteilen und den Kuchen
in weiteren 25 Minuten goldgelb
backen. Den Kuchen heiß servieren.

Mein Tip: Der Kuchen sollte in
jedem Fall unmittelbar nach dem
Backen zu Tisch gebracht werden, denn durch längeres Stehen verliert der Boden an
Knusprigkeit und die Eier-Sahne
wird zäh. Möchten Sie den
Kuchen jedoch einmal vorbereiten, können Sie den Boden – wie
oben im Rezept angegeben –
vorbacken und danach bis zum
Fertigstellen kühl stellen.

Variante:
Sauerkrautkuchen mit Matjes
im Bild hinten
Äußerst pikant schmeckt dieser
Kuchen, wenn Sie den Wirsing
durch Sauerkraut ersetzen.
Allerdings müssen Sie dann mit
einer etwas längeren Zubereitungszeit rechnen, denn es
empfiehlt sich, das Sauerkraut
wie gewohnt zu schmoren und
erst dann auf dem vorgebackenen Boden zu verteilen. Andernfalls ist es leicht etwas grob und
hart, und dadurch nicht so leicht
bekömmlich.

Kartoffelwaffeln mit Gurken-Kräutercreme

Ideal für Überraschungsbesuch am Abend

1 kg mehligkochende Kartoffeln
2 Zwiebeln · 2 Eier · 1 Eigelb
40 g Leinsamen, grobgemahlen
Salz · weißer Pfeffer, frisch
gemahlen · 150 g Crème fraîche
150 g Sanoghurt · 1 Teel. Honig
Saft von ½ Zitrone
1−2 Teel. Senf · 1−2 Teel.
Meerrettich, frisch gerieben
2−3 Spritzer Worcestersauce
½ Salatgurke · 1−2 Knoblauchzehen · 2 hart gekochte Eier
2 Pfeffergürkchen · ½ Bund Dill
½ Bund Petersilie · ½ Bund
Schnittlauch · 2 Borretschblätter
Öl zum Einfetten
Bei 6 Stück etwa 1475 Joule/
350 Kalorien · 13 g Eiweiß
18 g Fett · 35 g Kohlenhydrate
7 g Ballaststoffe pro Stück

Vorbereitungszeit: 30−35 Minuten · Backzeit: etwa 3 Minuten

Die Kartoffeln und die Zwiebeln schälen. Die Kartoffeln
waschen, gut abtrocknen und mit
den Zwiebeln wie für Reibekuchen auf der Rohkostreibe
raspeln oder in der Küchenmaschine zerkleinern. ● Die Masse
in einem Tuch auspressen und
mit den Eiern, dem Eigelb und
dem Leinsamen gut verrühren.
Mit Salz und Pfeffer würzen und
zugedeckt quellen lassen, bis
die Gurken-Kräuter-Creme
zubereitet ist. ● Dazu die Crème
fraîche mit dem Sanoghurt, dem
Honig und dem Zitronensaft
gründlich verrühren und leicht
schaumig schlagen. Den Senf,
den Meerrettich und die Worcestersauce darunterrühren. ● Die
Salatgurke gründlich unter kaltem Wasser abbürsten und
abtrocknen. Dann auf der Rohkostreibe in feine Streifen
raspeln. ● Die Knoblauchzehen
und die Eier schälen und beides
sehr fein würfeln. ● Die Pfeffergürkchen abtropfen lassen und
ebenfalls in kleine Würfelchen
schneiden. ● Die Kräuter
waschen, trockenschwenken
und feinhacken, den Schnittlauch in feine Röllchen schneiden. ● Alle Zutaten unter die
Creme mischen, diese pikant
abschmecken und anrichten.
● Das Waffeleisen nach der
Bedienungsanweisung erhitzen,
mit Öl einfetten und aus dem
Teig knusprige Waffeln backen.
Diese möglichst sofort mit der
Kräutercreme servieren.

Zucchinikuchen mit Lammfleisch

Aromatisch durch kernigen Boden und vollwürzige Füllung

Für den Teig: 150 g Weizen, fein-gemahlen · 60 g Roggen, fein-gemahlen · 40 g Sesamsamen
1 Teel. Weinstein · Backpulver
1 Ei · 100 g Sanoghurt · 1 Prise Salz · ¼ Teel. getrockneter Thymian · 3 Eßl. Olivenöl
Für den Belag: 1 rote Paprika-schote · 2 Zwiebeln
2 Knoblauchzehen · 3 vollreife Fleischtomaten (750 g)
5 mittelgroße Zucchini (500 g)
4 Eßl. Olivenöl · 300 g gehacktes Lammfleisch · Salz · schwarzer Pfeffer, frisch gemahlen
Cayennepfeffer · 1 Teel. frische Thymianblättchen · ½ Teel. frische Oreganoblättchen
½ unbehandelte Zitrone
Olivenöl zum Einfetten und Beträufeln · 300 g Mozzarella
2 Eßl. Sesamsamen
Bei 12 Stücken etwa 1425 Joule/340 Kalorien · 13 g Eiweiß
24 g Fett · 17 g Kohlenhydrate
4 g Ballaststoffe pro Stück

Vorbereitungszeit: etwa 45 Minu-ten · Backzeit: etwa 35 Minuten

Für den Teig das Weizen- und Roggenmehl mit den Sesam-samen und dem Weinstein-Backpulver in einer Schüssel vermischen. ● Das Ei mit dem Sanoghurt verquirlen und zusammen mit dem Salz, dem Thymian und dem Olivenöl unter die Mehlmischung rühren. ● Den Teig im Kühlschrank ruhen las-sen, bis der Belag fertiggestellt ist. ● Dazu die Paprikaschote von Stiel, Kernen und Trennwänden befreien, waschen und nach dem Abtrocknen in sehr feine Streifen schneiden. ● Die Zwie-beln schälen und in Ringe teilen, den Knoblauch ebenfalls schälen und sehr fein würfeln. ● Die Tomaten mit kochendem Wasser überbrühen, kalt abschrecken, häuten und quer halbieren. Die Stengelansätze und die Kerne entfernen und das Fruchtfleisch sehr fein, fast musig, zerhacken. ● Die Zucchini waschen, abtrock-nen, von Stengel- und Blütenan-

sätzen befreien und in Scheiben schneiden. ● Das Öl nach und nach in einer Pfanne erhitzen und die Zucchinischeiben por-tionsweise darin anbraten. Jeweils wieder herausnehmen und auf Haushaltspapier abfetten lassen. ● Die Paprikastreifen und die Zwiebelringe in die Pfanne geben und unter Rühren glasig werden lassen. ● Erst jetzt das Hackfleisch untermischen und unter weiterem Rühren braten, bis es grau und krümelig gewor-den ist. ● Den Knoblauch zusam-men mit den gehackten Tomaten zufügen, alles mit Salz, Pfeffer, Cayennepfeffer und den Kräu-tern würzen und ohne Deckel kochen lassen, bis die Flüssig-keit fast vollkommen verdampft ist. ● Die Zitrone unter heißem Wasser waschen, etwas Schale abreiben und zusammen mit dem ausgepreßten Saft unter die Fleischmischung rühren. ● Die Pfanne vom Herd nehmen und die Masse etwas abkühlen las-sen. ● Den Backofen auf 200° vorheizen. ● Eine Springform von

26 cm ⌀ mit etwas Öl einfetten, den Teig hineingeben und mit einem nassen Löffel glattstrei-chen. Inzwischen die Zucchini-scheiben vorsichtig unter die Fleischmischung heben und diese auf dem Teig verteilen. ● Den Mozzarella abtropfen las-sen und in dünne Scheiben schneiden. Diese auf den Belag schichten, mit den Sesamsamen bestreuen und mit etwas Oliven-öl beträufeln. ● Die Form auf die untere Schiene des heißen Ofens schieben und den Kuchen in etwa 35 Minuten goldbraun backen. ● Den Zucchinikuchen nur kurz ausdampfen lassen, in Stücke teilen und danach sofort servieren.

Mein Tip: Zusätzlich können Sie die Mozzarellascheiben noch mit etwas getrocknetem Oregano oder Thymian bestreuen, bevor Sie sie mit Olivenöl beträufeln.

Lauch-Zwiebelkuchen mit Nüssen

Heiß serviert besonders köstlich

Für den Teig: 250 g Weizen, feingemahlen · 150 g Roggen, feingemahlen · 1 Teel. Weinstein-Backpulver · 1 Prise Salz · ½ Teel. getrockneter Majoran
250 g Quark (20 % Fett i. Tr.)
8 Eßl. Milch · 1 Ei · 8 Eßl. Öl
Für den Belag: 500 g Zwiebeln
2 Stangen Lauch/Porree · 40 g Butter · 2 Knoblauchzehen
⅛ l Gemüsebrühe · 2 Eßl. Zitronensaft · Salz · weißer Pfeffer, frisch gemahlen
3 Zweige Thymian
Cayennepfeffer · 60 g Cashewnüsse · 4 Eier · 200 g Crème fraîche · 150 g Emmentaler oder alter Goudakäse, frisch gerieben
Öl zum Einfetten und Beträufeln
Bei 6 Stücken etwa 3545 Joule/845 Kalorien · 31 g Eiweiß
52 g Fett · 58 g Kohlenhydrate
13 g Ballaststoffe pro Stück

Vorbereitungszeit: etwa 45 Minuten · Kühlzeit etwa 30 Minuten
Backzeit: etwa 35 Minuten

Für den Teig das Weizen- und Roggenmehl mit dem Weinstein-Backpulver, dem Salz und dem zerriebenen Majoran vermischen. • Den Quark zusammen mit der Milch, dem Ei und dem Öl in eine Schüssel geben und sehr gründlich verrühren. Dabei nach und nach etwa zwei Drittel der Mehlmischung hinzufügen. • Die restliche Mischung auf die Arbeitsfläche geben, die Quarkmasse darauf verteilen und alles gründlich zu einem glatten Teig verkneten. • Diesen zu einer Kugel formen und in Folie eingewickelt im Kühlschrank etwa 30 Minuten ruhen lassen. • In der Zwischenzeit für den Belag die Zwiebeln schälen und in Ringe schneiden. Den Lauch putzen, waschen und nach dem Abtropfen in etwa 2 cm lange Stücke schneiden. • Die Butter in einer großen Pfanne oder in einem Topf erhitzen und die Zwiebeln darin unter Rühren goldgelb werden lassen. Erst dann die Lauchstücke untermischen und ebenfalls glasig braten. • Die Knob-

lauchzehen schälen, sehr fein würfeln und unter das Gemüse mischen. Sofort mit der Gemüsebrühe ablöschen und mit dem Zitronensaft, Salz und Pfeffer würzen. • Den Thymian abspülen, trockentupfen und die Blättchen abpflücken. Diese zusammen mit 1 kräftigen Prise Cayennepfeffer unter die Zwiebelmischung geben und alles so lange ohne Deckel bei schwacher Hitze kochen lassen, bis die Flüssigkeit fast verdampft ist.
• Die Pfanne oder den Topf dann vom Herd nehmen und die Masse etwas abkühlen lassen.
• Den Backofen auf 200° vorheizen. • Inzwischen die Cashewnüsse grobhacken. • Die Eier mit der Crème fraîche und der Hälfte des geriebenen Käses verquirlen und mit Salz, Pfeffer und Cayennepfeffer würzen. • Ein Backblech mit etwas Öl einfetten und den Teig darauf ausrollen.
• Die Nüsse und den restlichen Käse unter die Zwiebel-Lauchmasse mischen und diese auf dem ausgerollten Teig verteilen.

• Darüber die Eier-Käse-Mischung gießen und etwas Öl darübertäufeln. • Das Blech auf die mittlere Schiene des heißen Ofens schieben und den Kuchen in etwa 35 Minuten hellbraun backen. • Den Kuchen herausnehmen, nur kurz ausdampfen lassen, in Stücke schneiden und heiß servieren.

<u>Mein Tip:</u> Wenn Sie diesem Kuchen geschmacklich einmal eine neue Note geben möchten, ersetzen Sie den Lauch durch 2–3 Stangen Bleichsellerie und/oder fügen Sie eine Handvoll blättrig geschnittene Champignons dazu. Die kleinen Sellerieblättchen sollten Sie dann feinhacken und zusammen mit den Nüssen unter das Gemüse mischen. Und haben Sie gerade keine Cashewnüsse zur Hand, ersetzen Sie sie ganz einfach durch Walnüsse.

Gemüsetaschen mit Krabben

Köstlich als Abendessen

Für den Teig: 200 g Weizen, feingemahlen · 100 g Grünkern, feingemahlen · 1 Ei · 1 Teel. Sojasauce · Cayennepfeffer 100 g saure Sahne · 150 g Butter **Für die Füllung:** 100 g Tofu 3 Eßl. Sojasauce · 2 Eßl. trockener Sherry 1 Knoblauchzehe · 1 kleine Stange Lauch/Porree · 2 Stengel Bleichsellerie · 150 g gekeimte Mungobohnen · 3 Eßl. Öl · Salz weißer Pfeffer, frisch gemahlen 2 Eßl. Crème fraîche · knapp ¼ Teel. Sambal Oelek · 100 g ausgelöste Krabben · Weizen, feingemahlen zum Ausrollen 1 Eigelb · 2 Eßl. Milch · Butter zum Einfetten

Bei 10 Stück etwa 1325 Joule/ 315 Kalorien · 9 g Eiweiß 20 g Fett · 23 g Kohlenhydrate 5 g Ballaststoffe pro Stück

Vorbereitungszeit: etwa 1½ Stunden · Kühlzeit: etwa 2 Stunden · Backzeit: etwa 20 Minuten

Für den Teig das Weizen- und Grünkernmehl mischen, auf die Arbeitsfläche geben und in die Mitte eine Mulde drücken. Das Ei zusammen mit der Sojasauce, etwas Cayennepfeffer und der sauren Sahne hineingeben und die Butter in Flöckchen auf dem Rand verteilen. • Alle Zutaten sehr schnell zu einem weichen, glatten Teig kneten, zur Kugel formen und zugedeckt (oder in Folie gewickelt) für 2 Stunden in den Kühlschrank legen. • In der Zwischenzeit die Füllung vorbereiten. Dazu den Tofu abtropfen lassen und in knapp 1 cm breite und etwa 3 cm lange Streifen schneiden. • Die Sojasauce mit dem Sherry verrühren. • Die Knoblauchzehe schälen, durch die Presse zu dieser Mischung drücken und den Tofu hineingeben. Diesen unter mehrfachem Wenden mindestens 30 Minuten darin ziehen lassen. • Den Lauch putzen, sehr grobe Blätter entfernen und die Stange längs halbieren. Danach unter kaltem Wasser gründlich

waschen, gut trockentupfen und in etwa streichholzstarke Streifen schneiden. • Die Bleichselleriestangen ebenfalls waschen, abtrocknen und mögliche harte Fasern vom Wurzelansatz her abziehen. Die Stangen danach in feine Stücke teilen. • Die Mungobohnen in einem Sieb unter kaltem Wasser waschen und sehr gut abtropfen lassen. • Die Tofustückchen ebenfalls abtropfen lassen, dabei die Flüssigkeit auffangen. • Das Öl in einer Pfanne erhitzen, den Tofu darin unter Wenden rundherum braun anbraten und herausnehmen. • Die Bleichsellerie- und Lauchstückchen in die Pfanne geben und bei starker Hitze sehr kurz anbraten. • Die Mungobohnen daruntermischen und sofort die Marinierflüssigkeit vom Tofu angießen. • Salz, Pfeffer, die Crème fraîche und das Sambal Oelek einrühren und alles einmal aufkochen lassen. Die Krabben hinzufügen und die Pfanne danach sofort vom Herd nehmen, damit das Gemüse nicht zu

weich wird. • Den Backofen auf 200° vorheizen. • Den Teig auf der schwach bemehlten Arbeitsfläche 3—4 mm dick ausrollen und runde Plätzchen von etwa 12 cm ⌀ ausstechen. Die Füllung darauf verteilen und dabei die Ränder frei lassen. • Diese mit kaltem Wasser bestreichen, die Teigtaschen zu Halbmonden zusammenklappen und die Ränder sorgfältig andrücken. • Das Eigelb mit der Milch verquirlen, die Teigtaschen damit bestreichen und auf ein gefettetes Backblech legen. Dieses auf die mittlere Schiene des heißen Ofens schieben und die Taschen in etwa 20 Minuten hellbraun backen. • Die Gemüsetaschen vom Blech lösen und sofort zu Tisch geben, denn warm schmecken sie am besten.

Mein Tip: Nach dem Bestreichen mit der Eigelbmischung können Sie die Gemüsetaschen zusätzlich noch mit ein paar Sesamsamen bestreuen. Das sieht gut aus und gibt zusätzliches Aroma.

Pikante Käsewindbeutelchen

Ideal für den Stehempfang oder für das kalte Buffet

Für den Teig: 50 g Mandeln, sehr fein gehackt · ⅛ l Wasser · 2 Prisen Salz · 50 g Butter · 60 g Weizen, feingemahlen · 60 g Grünkern, feingemahlen · 3–4 Eier · 1 Teel. Paprikapulver edelsüß · 50 g Emmentaler Käse, gerieben Butter zum Einfetten · Weizen, feingemahlen zum Bestäuben
Für die Füllung: 125 g Doppelrahm-Frischkäse · 100 g Crème fraîche · 1 Eigelb · Salz · weißer Pfeffer, frisch gemahlen · Paprikapulver edelsüß · Cayennepfeffer 2–3 Eßl. Gin · 1 Spritzer Worcestersauce · 1 Zwiebel 2 Bund Schnittlauch
Bei 30 Stück etwa 345 Joule/ 80 Kalorien · 3 g Eiweiß 6 g Fett · 3 g Kohlenhydrate 1 g Ballaststoffe pro Stück

Vorbereitungszeit: etwa 45 Minuten · Zeit zum Ab- und Auskühlen: etwa 1½ Stunden · Backzeit: etwa 20 Minuten

Die Mandeln in einer trockenen Pfanne hellgelb rösten. • Das Wasser mit dem Salz und der Butter in einem Topf aufkochen, die beiden Mehlsorten auf einmal hineinschütten und unter Rühren erhitzen, bis sich ein glatter Kloß und am Topfboden eine helle Haut bildet. • Den Teig in eine Schüssel geben und sofort 1 Ei, das Paprikapulver und den Käse darunterrühren. • Den Teig abkühlen lassen, dann nach und nach die restlichen Eier und die Mandeln darunter mengen. • Den Backofen auf 220° vorheizen. • Ein Backblech einfetten, mit Mehl bestäuben und knapp walnußgroße Teighäufchen mit Abstand daraufsetzen, auf der mittleren Schiene des Ofens in etwa 20 Minuten hellbraun backen. • Danach waagerecht durchschneiden, auf einem Kuchendraht auskühlen lassen. • Den Käse mit der Crème fraîche und dem Eigelb cremig rühren und mit Salz, Pfeffer, Paprikapulver, Cayennepfeffer, Gin und Worcestersauce abschmecken. • Die Zwiebel schälen und reiben. • Den Schnittlauch waschen, trockentupfen und in Röllchen schneiden. Mit der Zwiebel unter den Käse rühren und die Käsewindbeutel damit füllen.

Zum Nachschlagen

Mit diesem Buch biete ich Ihnen nicht nur eine Sammlung ebenso »gesunder« wie reizvoller Rezepte, sondern auch viele Zusatzinformationen. Zum Beispiel, wie bestimmte Teige oder Massen aussehen müssen, warum bestimmte Dinge so und nicht anders am besten funktionieren oder auch, wie Rezepte variiert werden können. Doch damit nicht genug: Wer besser und gesünder backen möchte, sollte auch etwas über die einzelnen Produkte, ihre Nährstoffzusammensetzung und über ihre Backeigenschaften erfahren. Das alles können Sie auf den folgenden Seiten nachlesen. Hier finden Sie von

A bis Z warenkundliche Informationen über die einzelnen Zutaten und Gewürze ebenso wie Wissenswertes über Techniken, Garproben und vieles mehr. Damit Sie noch sicherer im Umgang mit Vollkornprodukten werden, damit Sie die selbstgebackenen Kuchen, Plätzchen und Brote sinnvoll in Ihre Ernährung einbauen können und nicht zuletzt, damit Ihnen das bessere und gesündere Backen noch mehr Freude macht.

Kleines Lexikon für das Backen mit Getreide

A

Abbrennen: eine Technik zur Herstellung von Brandteig. Das Mehl wird im kochenden Fett-Wasser-Gemisch so lange gerührt, bis sich ein glatter Kloß gebildet hat und sich am Topfboden eine weiße Haut zeigt. Dabei verdampft die überschüssige Flüssigkeit, das Mehl beginnt zu kleben, und der Teig bläht sich beim anschließenden Backen kräftig auf.

Ahornsirup: siehe bitte Stichwort »Alternative Süßungsmittel« auf Seite 9.

Alkohol: Beim Backen spielt er eigentlich nur in winzigen Mengen eine Rolle. Einerseits aromatisiert man mit ihm Cremes, Füllungen, Güsse und Überzüge oder tränkt zur Geschmacksintensivierung Tortenböden damit, andererseits unterstützt Alkohol die Lockerung des Teiges, zum Beispiel bei Rühr- und Mürbeteigen. Auch beim Hefeteig ist Alkohol von Bedeutung; allerdings setzt man ihn hier nicht extra zu – er bildet sich beim Aufgehen durch die Vermehrung der Hefezellen und die Aufspaltung der Stärke in Zucker.

Alternativ: So nennt man jene landwirtschaftlichen Betriebe, die sich für »biologisch-dynamische« oder »biologisch-organische« Anbaumethoden entschieden haben. Mehr darüber finden Sie unter dem Stichwort »Biologisch-dynamisch«.

Austernpilze: Man nennt sie auch Austernseitlinge oder – wegen ihres leicht an Kalbfleisch erinnernden Aromas – Kalbfleischpilze. Die etwa handtellergroßen Pilze lassen sich gut züchten und kommen darum jetzt verstärkt in den Handel. Sie haben ein recht starkes Pilzaroma, lassen sich vielseitig verwenden und liefern zudem reichlich Eiweiß.

Auszugsmehl: nennt man besonders niedrig ausgemahlenes Mehl, wie zum Beispiel das Weizenmehl, Type 405, das als »Haushaltsmehl« gilt. Da das Auszugsmehl aber fast keine Nähr- und Ballaststoffe mehr enthält, verwende ich es bei den Rezepten dieses Buches nicht. Siehe bitte auch Stichwort »Das andere Mehl« Seite 8.

B

Backferment: Ein Teiglockerungsmittel für Brot, Brötchen, Kuchen und Stollen, das ohne weitere Lockerungsmittel die Gärkraft des Mehls unterstützt und wesentlich leichter zu verarbeiten ist als Sauerteig. Backferment wird aus biologischen Getreidesorten oder Malz und Honig hergestellt.

Backtemperaturen: sind in diesem Buch häufig in »von-bis-Stufen« angegeben, zum Beispiel 200–220°. Der Grund dafür: Da sich die Temperatur nicht bei allen Herden (besonders bei den älteren Modellen) stufenlos und exakt regulieren läßt, können Sie mit diesen Angaben möglichst nah an die von uns getesteten Temperaturen kommen. Wenn Sie ganz sicher und korrekt arbeiten wollen, sollten Sie die Temperatur mit einem kleinen Backofenthermometer (das in Haushaltswarengeschäften angeboten wird) nachmessen.

Backtrennpapier: verhindert das Anbacken der Teige an den Formen, ohne daß es eingefettet werden muß. Sehr fettreiche, leicht klebende Teige lassen sich gut zwischen zwei Blättern Backtrennpapier ausrollen und bei der Biskuitrolle kann man es anstelle eines Küchentuches verwenden, um zu verhindern, daß die Rolle beim Auskühlen zusammenklebt.

Ballaststoffe: sind die unverdaulichen Pflanzenfasern (wie Schalenteile), von denen man inzwischen weiß, wie wichtig sie für eine geregelte Verdauung sind. Daß heute 30% der Bundesbürger an Verstopfung leiden, führen Ernährungswissenschaftler zum großen Teil darauf zurück, daß unsere normale Ernährung heute nur noch maximal 20 g Faserstoffe täglich enthält; vor der Jahrhundertwende waren es etwa 100 g täglich. Ballaststoffe können etwa die fünffache Menge ihres Gewichtes an Wasser binden, müssen gut gekaut und eingespeichelt werden, was gut für die Zähne ist, und sie quellen im Magen sehr stark auf. Dadurch bleibt die Nahrung länger im Magen, sättigt also anhaltender. Außerdem wird die Produktion der Verdauungs-

säfte angeregt, wodurch der Darmtrakt schneller arbeiten kann. Hinzu kommt, daß Ballaststoffe Schad- und Fäulnisstoffe sowie Schwermetalle und einige krebserregende Stoffe binden sowie den Blutzucker- und Cholesterinspiegel senken können.

Belegkirschen: Man nennt sie auch Konfitkirschen, doch haben sie für die natürliche Bäckerei keine große Bedeutung, da es sich hier um Früchte handelt, die in konzentrierte Zuckerlösung eingelegt wurden, also außer Zucker nicht viel zu bieten haben. Aus dekorativen Gründen kann man sie jedoch hin und wieder sparsam einsetzen.

Biologisch-dynamisch: Dieser Begriff ist – auch in Verbindung mit »organisch« sehr klar definiert. Hier handelt es sich eindeutig um Anbaumethoden, zu denen sich die Landwirte vertraglich mit Verbänden und Genossenschaften verpflichten und die auch von diesen kontrolliert werden. Man kennt mehrere unterschiedliche Anbaumethoden, die aber alle das gemeinsame Ziel haben, hochwertige und gesundheitlich unbedenkliche Produkte zu erzeugen. In allen Fällen verzichtet man weitgehend auf chemische Pflanzenschutzmittel und Dünger. Statt dessen arbeitet man mit organischen Düngern, mit gezielter Fruchtfolge, mit dem Anbau bestimmter Pflanzen, die für ein günstiges Bodenklima sorgen, mit artgerechter Tierhaltung und berücksichtigt auch die natürlichen und kosmischen Kreisläufe, wie Mondphasen und vieles mehr. Zwar fällt der »saure Regen« auch auf ihre Felder und verunreinigtes Grundwasser macht auch an der Ackergrenze dieser Betriebe halt, doch sind die Rückstände von Nitraten und landwirtschaftlichen »Chemie-Hilfsmitteln« wie Vernichtungsmitteln gegen Unkräuter, Krankheiten und Schädlinge, bei diesen Produkten stets niedriger als bei der üblichen »Handelsware«. Daß wir für diese Produkte etwas mehr bezahlen müssen, liegt klar auf der Hand – denn der Preis, den die Bauern dafür zahlen, ist in einer um etwa 30% geringeren Ernte, das heißt in einem um etwa ein Sechstel gekürzten Einkommen begründet (auch, wenn die Kosten für

die »Chemie« nicht mehr anfallen). Wenn Sie ihre »Alternativ- oder Bio-Produkte« allerdings nicht in einem behördlich kontrollierten Laden, sondern beim Bauern direkt kaufen, lohnt es sich vielfach, sich einmal anzuschauen, wo die Gärten und Felder liegen, wo die gesunden Kühe weiden und wie die Ställe und Höfe der »glücklichen« Hühner aussehen. Denn auch in dieser Branche vermutet man ein paar Vertreter, die lieber lukrativ als alternativ oder biologisch-dynamisch arbeiten. Felder, Weiden und Gärten, die direkt in der Einflugschneise oder neben der Startbahn von Flughäfen liegen, oder sich längs der Autobahn ausbreiten, verdienen weder den Titel »biologisch« noch den Preis für die darauf geernteten Produkte. Die echten biologisch-dynamischen Produkte werden im Handel meistens mit der Angabe des Erzeugerbetriebes, des Verbands (oder der Genossenschaft) und/oder der entsprechenden Vertriebsorganisation angeboten.

Blindbacken: nennt man das Backen von Teigen, die später mit einer Füllung versehen werden sollen. Dazu kleidet man Boden und Rand der Form mit dem Teig aus, legt in Form geschnittenes Pergamentpapier hinein und füllt so viele trockene Hülsenfrüchte oder Reis hinein, daß der Teigrand nicht auf den Boden rutschen kann. Diese »Füllung« wird nach dem Backen entfernt und kann mehrfach verwendet werden, wenn sie kühl, trocken und luftig (am besten in einem hängenden Beutel) aufbewahrt wird.

Buchweizen: Siehe bitte Kapitel »Wissenswertes über Getreide« auf Seite 8.

Butter: Siehe bitte Stichwort »Fette« auf Seite 152.

Buttermilch: entsteht beim Buttern, wenn sich der Rahm in Fett und Flüssigkeit trennt. Sie enthält nur noch bis zu 1% Fett, hat aber sonst alle Wertstoffe der Milch zu bieten, wobei besonders der hohe Lezithingehalt zu nennen ist. Beim Backen mit Vollkornmehlen sorgt sie nicht nur für ein frisches Aroma, sondern auch für eine gute Konsistenz des Teiges.

C

Caroben: Das pulverisierte Fruchtfleisch des Johannisbrotbaumes wird häufig als Ersatz für Kakao verwendet, da Geschmack und Farbkraft sehr ähnlich sind. Im Gegensatz zum Kakao enthält Caroben keine stimulierenden Alkaloide, nur wenig Kalorien, aber viele Vitamine, Mineralstoffe und Pektine.

Cashewnüsse: leicht nierenförmige, helle Nüsse, die neben 20% Eiweiß und 45% Fett eine große Menge an Vitamin E liefern. Wegen ihres scharf schmeckenden Öles werden Cashewnüsse geschält und geröstet, bevor sie in den Handel kommen und haben dann ein mildes, süßliches Aroma.

Crème fraîche: ein ganz besonders milder Sauerrahm, der im Gegensatz zur bekannten sauren Sahne (10% Mindestfettgehalt) 30 bis 40% Fett enthält. Bei der Herstellung werden spezielle, mildsäuernde, nicht gasbildende Milchsäuerungsbakterien eingesetzt, und man verzichtet auf Stabilisatoren (Bindemittel), auf Wärmebehandlungsverfahren nach der Herstellung und auf sonstige Zusatzstoffe. Crème fraîche läßt sich äußerst vielseitig verwenden und hat der »normalen« sauren Sahne gegenüber den Vorteil, daß sie einerseits nicht ausflockt, wenn man sie an heiße Speisen gibt und, daß sie andererseits wegen ihres Fettgehalts viel »sahniger« schmeckt.

D

Darren: Dabei handelt es sich um ein Trocknen mit gleichzeitigem Dämpfen von eingeweichtem Getreide. Es dient dazu, die Körner aufzuschließen, den Geschmack zu verbessern und das Getreide bekömmlicher zu machen. Außerdem verkürzt sich die spätere Gar- und Backzeit, und die Körner verkleben nicht so leicht. Doch bevor gedarrt wird, müssen die Getreidekörner quellen. Der Quellvorgang sollte mehrere Stunden, am besten über Nacht dauern, jedoch nicht zu lange, denn nach etwa 12 Stunden beginnt bereits der Keimprozeß. Wollen Sie die Körner roh (etwa in einem Müsli) genießen, können Sie sie jetzt verzehren, doch fürs Backen werden sie vorher meistens noch gedarrt. Dazu verteilt man sie – gut abgetropft, aber noch feucht – auf einem Backblech und läßt sie im auf 70° vorgeheizten Ofen unter mehrmaligem Umwenden 30 bis 60 Minuten trocknen.

Datteln: In früheren Jahren kamen sie nur getrocknet zu uns, doch werden sie in den letzten Jahren auch frisch angeboten. Ihr Reichtum an Invertzucker (einer besonders leicht verdaulichen Mischung aus Frucht- und Traubenzucker, wie sie ähnlich im Honig enthalten ist), Eiweiß, Vitaminen (besonders A und B) und Mineralstoffen (besonders Eisen) macht sie so wertvoll. Frische Datteln werden für den Transportweg tiefgekühlt und zum Verkauf aufgetaut; bei getrockneten sollten Sie stets darauf achten, daß die Früchte ungeschwefelt sind.

Dinkel: Siehe bitte Kapitel »Wissenswertes über Getreide« auf Seite 7.

E

Eier: Sie spielen nicht nur in der »normalen« Ernährung, sondern auch und gerade beim Backen eine große Rolle, denn es gibt nur sehr wenige Teige, die ohne Eier gelingen. Entscheidend für die Qualität der Eier und damit für das Backergebnis sind ihre Frische und, natürlich, die Art und Weise der Hühnerhaltung. Die Massentierhaltung in engen Käfigen, die häufig mit hohen Gaben von Medikamenten verbunden ist, wird heute wohl größtenteils abgelehnt. Darum kann man meiner Meinung nach die Bodenhaltung in großen Ställen mit einer artgerechten und hochwertigen Fütterung als akzeptablen Kompromiß ansehen, zu dem sich schon viele »Eier-Erzeuger« entschlossen haben. Denn ein Ei müßte um mindestens das Dreifache mehr kosten, würde man den Hühnern so viel natürliche Bodenfläche geben, daß sie sich ausschließlich hier auf »natürliche« Weise ernähren könnten. Und wer kann verhindern, daß ein saurer oder atomarer Regen auf den Hühnerhof fällt?

Doch kommen wir noch einmal auf die Frische der Eier zurück, die die Backfähigkeit eines Teiges entscheidend beeinflußt. Zwar muß das Verpackungsdatum oder der Packtag angegeben werden, nicht aber das Legedatum, so daß Sie beim Einkauf nicht erfahren, wie frisch die Eier wirklich sind. Also müssen Sie die Frische selbst testen. Legen Sie die Eier einzeln in ein Glas mit kaltem Wasser: Frische Eier sinken auf den Boden und bleiben flach liegen, ein etwa 1 Woche altes Ei stellt sich schräg, so daß die – größer gewordene – Luftkammer oben liegt und ein 2–3 Wochen altes Ei steht senkrecht im Wasser, weil mittlerweile zu viel Feuchtigkeit durch die poröse Schale verdunstet ist. Schwimmende Eier müssen Sie erst gar nicht mehr aufschlagen. Aber auch bei bereits aufgeschlagenen Eiern können Sie die Frische ablesen: Frische Eier zeigen ein kugeliges Eigelb, das von einem dicken, recht festen Eiweißwulst umschlossen ist. Beim etwa 1 Woche alten Ei verflüssigt sich das Eiweiß, und das Eigelb rutscht auf die Seite. Nach 2–3 Wochen schwimmt das nun sehr flache Eigelb in einer wässrigen Eiweißmasse, die keine festen Konturen mehr aufweist. Schlagen Sie zur Sicherheit alle Eier einzeln über einem Teller oder über einer Tasse auf, denn bereits ein altes Ei (oder auch nur heruntertropfende Teile davon) können einen ganzen Teig verderben. Und auch beim Trennen von Eigelb und Eiweiß sollten Sie sehr sorgfältig vorgehen, da selbst geringe Teile des Eigelbs (weil sie fetthaltig sind) den Eischnee beim Schlagen nicht fest werden lassen. Möchten Sie den Eierverbrauch generell einschränken, so können Sie beim Backen bei fast allen Teigen ein Ei durch einen Eßlöffel Sojamehl, das mit zwei Eßlöffeln Wasser verrührt wird, ersetzen.

Eiweiß: Auch Protein genannt, ist Baustoff jeder lebenden Zelle, das in tierischen wie auch in pflanzlichen Produkten vorkommt. Von den Bausteinen des Proteins, den Aminosäuren, kennt man 20, von denen der menschliche Körper 8 nicht selbst aufbauen kann und die wir deshalb mit unserer täglichen Nahrung aufnehmen müssen.

Man bezeichnet Sie auch als essentiell, das heißt lebensnotwendig. Bei einer ausgewogenen, gemischten Kost ist mit einer Mangelerscheinung in der Eiweißversorgung nicht zu rechnen. Beim Backen spielen die Eiweißstoffe jedoch auch »technisch« eine bedeutende Rolle. Der Mehlkleber (er besteht aus den Proteinen Gliadin und Glutenin) quillt im Teig und bindet somit die Flüssigkeit. Beim Backen verdampft diese Flüssigkeit und treibt den Teig hoch. Der Kleber (also das Eiweiß) gerinnt bei Temperaturen über 70° und bildet dadurch zusammen mit der Mehlstärke das Gerüst, die Krume des Gebäcks. Weitere hochwertige Proteine, die beim Backen Verwendung finden, liefern Milch- und Milchprodukte, Fette, Nüsse und Kerne sowie Sojaprodukte.

Erdnüsse: Ihren Namen verdanken sie der Tatsache, daß die Blüten nach der Befruchtung in den Boden wachsen und dort ihre Früchte entwickeln. Nach der Ernte werden die Nüsse getrocknet und kommen in der Schale, aber auch geschält, geröstet und gesalzen in den Handel. Das aus ihnen gewonnene Erdnußöl wird wegen einer hohen Hitzebeständigkeit häufig als Backfett verwendet.

Eßkastanien: auch Maroni oder Edelkastanien genannt, kommen im Spätherbst und Winter frisch auf unsere Märkte. Die weißen, süßlichen Kerne sitzen unter einer festen, ledrigen Haut, die auf verschiedene Arten entfernt werden kann. Entweder man schneidet sie kreuzweise ein und röstet sie im heißen Backofen, bis die Schalen aufspringen oder man läßt die eingeschnittenen Früchte portionsweise in kochendem Wasser ziehen, bis sich die Schalen lösen. Wenn Sie Maronen in Dosen oder Gläsern oder als Püree kaufen, sollten Sie möglichst ungezuckert sein.

F

Faserstoffe: Siehe bitte Stichwort »Ballaststoffe« auf Seite 150.

Feigen: Das sind die Scheinfrüchte des Feigenbaumes. Durch den hohen Zuckergehalt (bis zu 20%) lassen sich Feigen

Kleines Lexikon für das Backen mit Getreide

sehr gut trocknen. Werden sie zum Backen verwendet, können sie einen Teil des Zuckers ersetzen. Feigen sind außerdem reich an Eiweiß, Kalzium, Phosphor und Eisen. Frische Feigen gelten als ausgesprochen feiner Belag für Obstkuchen und Torten, getrocknete, ungeschwefelte (die das ganze Jahr über angeboten werden), können mitgebacken werden.

Fette: Generell unterscheidet man zwischen tierischen und pflanzlichen Fetten, solchen mit mehr oder weniger gesättigten beziehungsweise ungesättigten Fettsäuren (siehe auch das nächste Stichwort) und den festen oder flüssigen Fetten, den Ölen. Dabei zählt die Butter nach wie vor zu den feinsten, natürlichsten und bekömmlichsten Fetten. Sie darf nicht chemisch verändert oder auf irgendwelche Weise denaturiert werden, sie enthält einige lebensnotwendige Fettsäuren, die der menschliche Körper zwar braucht, aber nicht selbst herstellen kann, sie liefert außerdem hochwertiges Eiweiß, Mineralstoffe, wie Kalzium und Phosphor und die Vitamine A, D und E. Die leichte Bekömmlichkeit der Butter ist auf ihren niedrigen Schmelzpunkt, der unter unserer normalen Körpertemperatur liegt, zurückzuführen. Dazu kommt das feine und von vielen geschätzte Aroma. Allerdings ist Butter relativ teuer. Eine Alternative im Sinne einer möglichst naturbelassenen Ernährung bieten hier die Reformmargarinen, die frei von Fremdstoffen und gehärteten Fetten sind sowie kaltgepreßte, naturbelassene Pflanzenöle. Erhitzte und mit Chemikalien behandelte, denaturierte Fette sind beim natürlichen Kochen und Backen abzulehnen. Zum Fritieren eignen sich Butterschmalz oder spezielle Fritier-Pflanzenfette, die auch bei Temperaturen über 180° nicht braun werden oder verbrennen.

Fettsäuren: Über die Fettsäuren, Bausteine der Fette, herrscht nach wie vor bei vielen Verbrauchern Unklarheit. Dabei ist die Erklärung eigentlich ganz einfach: Fettsäuren können in ihrer Molekülkette Wasserstoffatome ankoppeln. Sind alle diese »Koppelpunkte« mit Wasserstoffatomen belegt, spricht man von gesättigten Fettsäuren. Bleiben zwei dieser Stellen frei, handelt es sich um einfach ungesättigte, und bei noch mehr unbelegten Stellen um mehrfach ungesättigte Fettsäuren. Da der menschliche Körper nur gesättigte und einfach ungesättigte Fettsäuren selbst produzieren kann, müssen die lebensnotwendigen (essentiellen) mehrfach ungesättigten Fettsäuren zugefügt werden. Besonders viel davon liefern Mais-, Kürbis-, oder Weizenkeimöl, Distel- und Sonnenblumenöl, Leinöl, Sojaöl und Walnußöl sowie die entsprechenden Nüsse, Kerne und Samen.

Fremdstoffe: sind alle Stoffe in Lebensmitteln, die naturbedingt nicht darin enthalten sind. Dazu gehören neben den Schadstoffen auch die erlaubten Zusatzstoffe, wie Farbstoffe, Konservierungsstoffe, Säuerungsmittel und die Gewürze. Laut Gesetzgeber muß die Kennzeichnung bei fast allen verpackten Lebensmitteln angegeben werden, und zwar in der Reihenfolge der verwendeten Mengen (das heißt, von dem zuerst genannten Stoff ist mengenmäßig das meiste enthalten.) Als Schlüssel für diese Kennzeichnung hat man die E-Nummern gewählt, die auch in dieser Form im Zutatenverzeichnis aufgeführt sein müssen. Da sicherlich keinem Laien zugemutet werden kann, diese (über 70 E-Nummern!) im Kopf zu haben, es aber für jeden Verbraucher interessant und wichtig ist, hat die Bundeszentrale für gesundheitliche Aufklärung eine handliche Karte mit den E-Nummern zur Kennzeichnung von Lebensmitteln herausgegeben, die man hier (Postfach 93 01 03 in 5 Köln 1) anfordern kann.

Fritieren: nennt man das schwimmende Ausbacken in heißem Fett. Da dieses bei Temperaturen um 175–180° geschieht, sind Butter und Margarine dafür nicht geeignet; ihr relativ hoher Wassergehalt würde das Fett spritzen lassen, das enthaltene Eiweiß würde verbrennen und damit Fett und Fritiergut verderben. Dagegen eignen sich Butterschmalz (das reine, durch Schmelzen gewonnene und dabei von Wasser, Eiweiß und Milchzucker befreite Fett der Butter) und spezielle Fritier-Pflanzenfette sehr gut. Das Einhalten der angegebenen Temperatur ist beim Fritieren von großer Wichtigkeit: Ist das Fett nicht heiß genug, saugt sich das Fritiergut damit voll, schmeckt nach Fett und wird schwer bekömmlich. Bei zu heißem Fett dunkelt die Oberfläche zu schnell, ohne daß die Stücke im Inneren gar werden. Außerdem verbrennt das Fett und wird dadurch gesundheitsschädigend. Bei modernen Fritiergeräten läßt sich die Temperatur exakt einstellen und kontrollieren, beim einfachen Fettopf muß man sich mit ein paar Tricks helfen: Wenn sich am Holzlöffelstiel (kein Plastik!) beim Hineintauchen kleine Bläschen bilden oder, wenn ein hineingelegtes Stück altbackenes Weißbrot schnell bräunt (aber nicht schwarz wird), hat das Fett die richtige Temperatur.

G

Garprobe: Das ist die letzte Kontrolle, bevor Gebäck aus dem Backofen genommen wird. Selbst bei exakter Einhaltung der Backtemperatur und -zeit können unterschiedliche Heizleistung des Herdes, Stromschwankungen, Qualität der Backzutaten und ähnliches dazu führen, daß die Ergebnisse unterschiedlich ausfallen. Doch ein paar alte Backregeln aus der Zeit der schwer zu regulierenden Herde haben auch heute noch Gültigkeit: Bei hohen Kuchen und Torten (wie Biskuit-, Napf-, Kastenkuchen oder Gugelhupf) macht man die Stäbchenprobe: Kurz vor Erreichen der angegebenen Backzeit ein Holzstäbchen in die dickste Stelle des Kuchens stechen; wenn sich beim Herausziehen keine feuchten Teigreste mehr zeigen, ist der Kuchen durchgebacken. Bei Kleingebäck löst man ein Stück mit einer Palette oder einem flachen Messer und sieht nach, ob die Unterseite braun genug ist. Biskuit muß bei sanftem Druck mit den Fingerflächen ganz leicht »knistern«, elastisch sein und eine feine, gleichmäßige Porung zeigen. Flaches Biskuitgebäck (für Rollen oder Schnitten) löst man an einer Ecke vorsichtig vom Pergament- oder Backtrennpapier: Zeigt der Teig durchgehend eine Porung ohne feuchte Teigspuren, ist er gar. Biskuitplatten, die am Rand bereits einreißen oder zu brechen beginnen, sind zu lange gebacken und sollten möglichst nur für Schnitten verwendet werden – beim Aufwickeln zur Biskuitrolle würde die Platte unweigerlich brechen.

Um die Garstufe bei Broten zu prüfen, klopft man mit den Fingerknöcheln auf die Unterseite der Laibe: durchgegartes Brot klingt hohl. (Man kann aber auch hier die Stäbchenprobe vornehmen oder das Brot ganz kurz auf die Waage legen; es muß – je nach Teigart – um 15–20% leichter geworden sein, das heißt entsprechend viel Feuchtigkeit verloren haben).

Gelatine: ist ein Eiweißstoff, der aus Knochen und Häuten von Schlachttieren durch Herauslösen, Reinigen, Eindampfen und Trocknen gewonnen wird. Sie kommt farblos (oder rot eingefärbt) als Blattgelatine oder gemahlen in den Handel und ist geschmacksfrei. Beim Kochen und Backen verwendet man sie zum Gelieren von Cremes, Füllungen und Verzierungen, wobei bereits geringe Gelatinemengen ausreichen. Ein leichter Zusatz von Säure und etwas Kochsalz erleichtern das Festwerden. Bei Temperaturen über 30° kann Gelatine nicht gelieren oder, genauer gesagt, mit Gelatine gebundene Speisen verflüssigen sich wieder. Ihre Verwendung ist sehr einfach und wird außerdem auf jeder Packung exakt beschrieben.

Gerste: Siehe bitte Kapitel »Wissenswertes über Getreide« auf Seite 7.

Grünkern: Siehe bitte Kapitel »Wissenswertes über Getreide« auf Seite 8.

H

Hafer: Siehe bitte Kapitel »Wissenswertes über Getreide« auf Seite 7.

Haferflocken: Siehe bitte Kapitel »Wissenswertes über Getreide« auf Seite 7.

Haselnüsse: sind die Früchte des Haselnußstrauches, der in unseren Breiten oft wild wächst, im Mittelmeerraum aber kultiviert wird. Die leicht herzförmigen Kerne sind von einem braunen Häutchen umschlossen, dem erst dann eine harte Schale folgt. Die dünne Haut läßt sich am leichtesten entfernen, wenn man die Nüsse im Backofen röstet. Aufgrund ihres hohen Fettgehaltes (60–68%) können Haselnüsse leicht ranzig werden, etwas weniger gefährdet sind die Haselnüsse aus Spanien, deren Fettanteil nur bei etwa 50% liegt. Alle Nüsse bleiben in der Schale wie auch (ohne Schalen) eingefroren länger frisch.

Hefe: ist ein biologisches Lockerungs- und Treibmittel, das aus Mikroorganismen besteht. Bringt man sie mit Luft, Feuchtigkeit, Nahrung (in Form von Zucker oder Stärke) und Wärme zusammen, vermehren sie sich stark und teilen den Zucker in Alkohol und Kohlendioxyd. Dieses bewirkt zusammen mit dem Mehlkleber eine alkoholische Gärung, die den Teig in Form von vielen, gasgefüllten Bläschen in die Höhe treibt und dadurch das Gebäck locker und luftig macht. Dieses Gas muß zum größten Teil durch Schlagen des Teiges wieder entfernt werden, damit das Gebäck nicht unkontrolliert aufgeht. Hefe sorgt außerdem für den typischen frischen, leicht säuerlichen Geschmack. Frische Hefe erkennt man an der beigen bis rosagrauen Farbe, am frischen Duft und daran, daß sie blättrig bricht; schmierige Hefe und solche mit trockenen Kanten ist zu alt. Neben der Frischhefe wird Trocken- oder Instanthefe angeboten.

Heißluftherd: Selbstverständlich können Sie meine Rezepte auch im Heißluftherd nachbacken. Vergleichen Sie die hier angegebenen Daten mit denen Ihrer Gebrauchsanweisung oder prüfen Sie die exakte Temperatur Ihres Herdes mit einem kleinen Backofenthermometer, das es für wenig Geld in Haushaltswarengeschäften gibt. Als vorsichtige (!) Faustregel gilt, daß die Temperaturen im Heißluftherd meistens um 20–40° niedriger zu wählen sind, während die Backzeit sich nicht stark verkürzt.

Hirse: Siehe bitte Kapitel »Wissenswertes über Getreide« auf Seite 8.

Honig: siehe bitte Stichwort »Alternative Süßungsmittel« auf Seite 9.

Hülsenfrüchte: sind die Samen der Leguminosen, wie Erbsen, Bohnen, Linsen, Kichererbsen oder Sojabohnen. Sie sind reich an Kohlenhydraten, Eiweiß und Ballaststoffen. Man verwendet sie beim Backen nicht nur zum »Blindbacken«, sondern man kann auch sehr gut pikante Teige daraus zubereiten. Beispiele dafür finden Sie auf Seite 137 oder 139.

I/J

Joghurt: ist ein Sauermilchprodukt, das in verschiedenen Fettgehaltsstufen pur, mit Früchten oder anderen Beimischungen angeboten wird. Zur Herstellung versetzt man Kuhmilch mit bestimmten Bakterien-Kulturen, die die Säuerung bestimmen. Für eine gesunde Ernährung ist es wichtig, Joghurt mit möglichst viel rechtsdrehender L (+) Milchsäure zu wählen. Denn der menschliche Körper kann nur diese vollständig ausnutzen. Von linksdrehender D (−) Milchsäure sind es dagegen nur etwa 50%. Sanoghurt zum Beispiel, ist ein Sauermilchprodukt mit über 95% rechtsdrehender Milchsäure.

Joule: nennt man die neuere Maßeinheit für Energieangaben, die früher immer und heute noch häufig in Kalorien gemessen werden. Zum Umrechnen: 1 kcal (Kilokalorie) = 4,184 kJ (Kilojoule).

K

Kakao: wird aus den Samen des Kakaobaumes gewonnen. Nach der Ernte werden die Kakaobohnen und das Fruchtfleisch aus den gurkenförmigen Früchten gelöst und fermentiert, damit Bitterstoffe entfernt und Aroma- und Farbstoffe gebildet werden. Anschließend werden die fettreichen Bohnen (50–55% Fett) zu Kakaobutter vermahlen, die unter anderem für die Schokoladenherstellung verwendet wird.

Soll Kakaopulver entstehen, muß die Kakaobutter nochmals stark entfettet und gemahlen werden. Im Handel wird es als schwach entöltes Kakaopulver mit mindestens 20% Fett oder als stark entöltes mit mindestens 10% Fett angeboten. Die Kakaobohnen haben aber außer Fett, Aroma und Farbe noch einiges zu bieten, wie zum Beispiel 14% Eiweiß, 7% Stärke und eine Reihe von Mineralstoffen, dazu das stimulierende, coffeinähnliche Alkaloid Theobromin.

Kalorien: (Kilokalorien oder kcal) nennt man die Einheit für den Wärme- oder Energiegehalt der einzelnen Stoffe. 1 kcal ist dabei die Menge, die benötigt wird, um 1 l Wasser um 1° zu erwärmen. Dabei ist der Kaloriengehalt der einzelnen Stoffe unterschiedlich: 1 g Kohlenhydrate oder Eiweiß (Protein) liefern jeweils 4,1 kcal, 1 g Fett 9,3 und bei Alkohol müssen 7,1 kcal pro g berechnet werden.

Kleie: Jedes Getreidekorn wird von einer festen Außenschicht umgeben, die beim Ausmahlen als Kleie oder Rohfaser abfällt. Sie besteht vorwiegend aus Zellulose und gehört damit zu den Ballaststoffen, galt lange Zeit als völlig wertlos für unsere Ernährung und wurde als Viehfutter gerade eben noch akzeptiert. Doch seit bekannt wurde, daß in diesen Außenschichten nicht nur wertvolle Mineralstoffe konzentriert sind, sondern die Kleie auch für eine geregelte Verdauung unbedingt erforderlich ist, schätzt man sie wieder.

Kohlenhydrate: unterteilt man in drei Gruppen, die schwer löslichen (Polysaccharide oder Mehrfachzucker), zu denen die Stärke zählt, die leicht löslichen (Mono- und Disaccharide beziehungsweise Einfach- und Zweifachzucker), wie zum Beispiel Trauben und Haushaltszucker, und die unverdaulichen Kohlenhydrate, zu denen die Zellulose gehört. Alle Kohlenhydrate müssen vom Körper erst aufgeschlossen werden, bevor sie verwertet werden können. Dazu braucht er unbedingt das Vitamin B 1, das aber nicht im Zucker, dagegen unter anderem im vollen Getreidekorn enthalten ist. Da Zucker nur »leere Kalorien«, aber keine Vitamine oder Vital-

stoffe enthält, ist es wichtig, den Bedarf an Kohlenhydraten in erster Linie durch Vollkornprodukte, Hülsenfrüchte sowie Obst und Gemüse zu decken, die neben hochwertigem Eiweiß viele andere Wertstoffe wie Vitamine und Mineralstoffe liefern.

Kokosnuß: Die Früchte der Kokospalme werden bei uns in drei Formen angeboten: geraspelt, als ganze Nuß oder als aus der Schale gelöste Fruchtfleischstücke. Durch ihren hohen Fettgehalt können Kokosraspeln leicht ranzig werden. Einfrieren verzögert diesen Prozeß. Bei der ganzen Nuß muß man zuerst (mit Hammer und Nagel) zwei der drei Augen einstechen, um die Kokosmilch, eine erfrischende, süßliche Flüssigkeit (die allerdings nur in ganz frischen Nüssen vorhanden ist), herausfließen zu lassen. Diese kann man – gut gekühlt – als Getränk verwenden. Um an das Fruchtfleisch zu gelangen, zerschlägt man die Nuß mit Hammer oder Beil und löst es dann stückweise heraus. Es ist, wie auch die gekauften Stücke, von einem braunen Häutchen umgeben, das abgeschält werden sollte, bevor man das Fleisch zerkleinert.

Kürbiskerne: Neben Eiweiß und mehrfach ungesättigten Fettsäuren enthalten sie Vitamine der B-Gruppe, Vitamin E und viele Spurenelemente. Beim Backen verfeinern sie Brote sowie süßes und pikantes Gebäck.

L

Lebkuchengewürz: eine Fertigmischung aus Anis, Gewürznelken, Koriander, Muskatnuß und Piment.

Leinsamen: Mit 25% Eiweiß, 25% Ballaststoffen und 40% Fett gehören die Samen der Flachs- oder Leinpflanze zu den gesündesten und wohlschmeckendsten »Backzutaten«, deren Aroma durch leichtes Rösten (beziehungsweise Backen) noch intensiviert wird. Leinsamen läßt sich wegen seines hohen Ölgehalts nur in Mühlen mit Spezialzusatz (oder in einer ausrangierten Kaffeemühle) schroten und mahlen, jedoch sollte dieses erst kurz vor der Verwendung geschehen, da er leicht oxidiert.

Kleines Lexikon für das Backen mit Getreide

M

Mais: Siehe bitte Kapitel »Wissenswertes über Getreide« auf Seite 8.

Mandeln: sind die meist süßen Steinfrüchte des Mandelbaumes, der jedoch auch die giftigen Bittermandeln tragen kann. Dieses bittere Aroma beruht auf dem Gehalt an Amygdalin, einem blausäurehaltigen Glykosid. Beim Backen verflüchtigt sich die Blausäure, so daß dann keine Gefahr mehr besteht. Roh sollte man Bittermandeln auf keinen Fall verzehren. Wegen ihres Fettreichtums sollten Mandeln möglichst im Ganzen gekauft und selbst gehäutet und zerkleinert werden. Werden bereits vorbereitete Mandeln gekauft, nicht zu lange lagern und vor der Verwendung probieren, ob sie nicht schon ranzig sind.

Margarine: Siehe bitte Stichwort »Fette« auf Seite 152.

Marzipan: ist eine üppige Süßigkeit aus Zucker und Mandeln, die im arabisch-orientalischen Raum bereits seit 900 n. Chr. bekannt war. Da das fertig zu kaufende (industriell hergestellte) Marzipan mit Zucker zubereitet wird, finden Sie in diesem Buch mehrere mit Honig zubereitete Marzipanarten, zum Beispiel auf den Seiten 23, 111 und 112.

Mehl: Siehe bitte Kapitel »Wissenswertes über Getreide« auf Seite 8.

Milch: Kuhmilch enthält alle lebenswichtigen Stoffe, wie Wasser, Milchfett, Eiweiß, Milchzucker, Mineralsalze, Vitamine, Spurenelemente, Hormone und Fermente – und das alles in einer für uns vollkommen verwertbaren Form. Bevor die Milch in den Handel kommt, wird sie in Molkereien auf Reinheit, Qualität, chemische Verunreinigungen oder Reste von Antibiotika überprüft. Der Verbraucher kann zwischen mehreren Handelsformen wählen: Zum Beispiel Vorzugsmilch, Vollmilch, fettarme oder entrahmte Milch.

Milchsäure: Siehe bitte Stichwort »Joghurt« auf Seite 153.

Mineralstoffe: sind wichtig für Wachstum und Stoffwechsel des Körpers. Man unterscheidet hier zwischen den Mengen- und den Spurenelementen. Bei Mengenelementen, zu denen Natrium, Kalium, Kalzium, Phosphor, Magnesium, Schwefel und Chlor gehören, liegt der tägliche Bedarf in Größenordnungen von Grammen, bei den Spurenelementen, wie Eisen, Jod, Brom, Kupfer, Fluor, Zink, Silizium, Molybdän, Mangan, Kobalt und Arsen reichen tägliche Milligramm-Mengen. Bei einer ausgewogenen Ernährung mit Vollkornprodukten und naturbelassenen Lebensmitteln ist mit Mangelerscheinungen nicht zu rechnen, doch ist eine regelmäßige Untersuchung durch den Arzt die beste Kontrolle.

Mohn: Die kleinkörnigen, bläulichen Samen der Mohnpflanze sind sehr ölhaltig und werden beim Backen für Füllungen, zum Bestreuen von Gebäck und als Brotzutat verwendet. Man kann Mohn bereits beim Einkaufen in Spezialmühlen mahlen lassen oder ihn daheim im Mixer oder in einer ausrangierten Kaffeemühle zerkleinern. Gemahlener Mohn sollte stets schnell verbraucht werden, da er leicht ranzig wird.

Mozzarella: ist ein angenehm säuerlicher Frischkäse aus Büffel- oder Kuhmilch, der aus Italien kommt. Er ist ideal zum Überbacken und für zarte, süße sowie pikante Füllungen geeignet.

Mutterkorn: nennt man eine Pilzerkrankung, die Roggen, manchmal auch Weizen, befallen kann. Die schwach gebogenen »Mutterkörner« bestehen aus einem dichten, harten Pilzgewebe, sind größer als gesunde Körner und dunkelviolett bis schwarz. Da Mutterkorn giftig ist, muß es bei der Reinigung des Getreides in der Mühle entfernt werden; auch lebensmittelrechtlich wurden Grenzwerte dafür ermittelt. Wer jedoch Getreide aus nicht kontrolliertem Anbau kauft, sollte nicht nur fragen, ob es gereinigt wurde, sondern sich die Körner auch genau verlesen.

N

Natron: ist ein Natriumhydrogencarbonat, das unter Säureeinwirkung Kohlendioxyd entwickelt und dadurch Teige lockern kann. Beim Backen von Laugenbrezeln sorgt Natronlauge für die typische Krustenbildung.

Naturbelassen: Sicherlich ist es richtig, daß der menschliche Körper einige vollkommen naturbelassene, also unbearbeitete Produkte nicht verwerten kann. So kann er zum Beispiel die ungegarte Kartoffelstärke nicht ausnutzen, und rohe Bohnen sind sogar ungesund; das darin enthaltene natürliche Gift wird erst durch das Kochen abgebaut. Der korrektere Ausdruck müßte also eigentlich »möglichst naturbelassen« heißen. Gemeint sind alle Produkte, die bei ihrer Verarbeitung so wenig wie möglich verändert, nicht denaturiert, wurden und den geringstmöglichen Schadstoff-Gehalt aufweisen.

O

Öl: Siehe bitte Stichwort »Fette« auf Seite 152.

Orangeat: wird aus den Schalen der spanischen Bitterorange oder Pomeranze hergestellt. Dazu konserviert man sie in einer hochprozentigen Zuckerlösung, die ständig konzentrierter wird, bis die Schalen einen Zuckergehalt von mindestens 65% aufweisen und dadurch lagerfähig geworden sind. Wegen dieser recht großen Zuckermenge sollte Orangeat nur in kleinen Mengen verwendet werden.

P

Paranüsse: Die dreikantigen, orangenspaltenförmigen Früchte des Paranußbaumes bieten unter der sehr harten Schale ein feines, mandelähnliches Fruchtfleisch, das neben 67% Fett und 14% Eiweiß eine Fülle von Mineralstoffen (besonders Kalium, Phosphor und Magnesium) und Vitaminen (B 1, E und C) liefert.

Pecannüsse: gehören in die Familie der Walnußgewächse. Die Form der Früchte wie auch der Geschmack ähneln sich, doch sind Pecannüsse etwas feiner und süßer, und ihre Schale läßt sich mit der bloßen Hand knacken. Ihr Fettgehalt von 70% ist wegen der Fülle an ungesättigten Fettsäuren von Bedeutung; ferner sind neben Eiweiß die Vitamine A, B, C und E und die Spurenelemente Kalium, Kalzium, Phosphor, Eisen und Magnesium zu nennen.

Pinienkerne: Die stark ölhaltigen weißen Samenkerne des Pinienbaumes bestechen durch ihren, an Mandeln erinnernden, feinen Geschmack, der durch leichtes Rösten wie auch durch die Backhitze intensiviert wird.

Pistazien: sind die kleinen grünlichen Fruchtkerne des Pistazienbaumes, von denen die besten Sorten aus der Türkei und aus Sizilien kommen. Ihr Fruchtfleisch ist würzig und angenehm süß, ihr Gehalt an Mineralstoffen und den Vitaminen A und B 1 enorm. Man verwendet sie zum Verzieren, als Aromazutat zum Mitbacken und für feine Füllungen. In den süßen Rezepten dieses Buches werden stets ungesalzene geschälte Pistazien verwendet, nicht die in der Schale gesalzenen, die gern als Knabberei angeboten werden.

Puderzucker: wird in den Rezepten dieses Buches ausschließlich zum Verzieren und in geringen Mengen verwendet.

R

Reis: Siehe bitte Kapitel »Wissenswertes über Getreide« auf Seite 8.

Roggen: Siehe bitte Kapitel »Wissenswertes über Getreide« auf Seite 7.

Rosenwasser: ist eine Lösung von Rosenöl in Wasser, wobei bereits 1 Tropfen pro ¼ l ausreicht. Man braucht es zur Herstellung von Marzipan und feinem Gebäck und bekommt es in der Apotheke.

S

Sahne: ist der auszentrifugierte Rahm (also das Fett) der Milch, der fürs Backen (und bei jeder anderen Schlemmerei) nicht nur »Genuß« bedeutet. Sahne gibt nämlich zarten Füllungen das Volumen, sorgt für goldgelb gebackene Oberflächen und ist – bei Teig und Füllung – die beste Verbindung zwischen verschiedenartigen Zutaten. Wenn Sie in den Rezepten dieses Buches die Angabe »Sahne« lesen, handelt es sich dabei immer um süße, also Schlagsahne. Wird eine andere Form (saure Sahne oder Crème fraîche zum Beispiel) gebraucht, ist es auch ausdrücklich angegeben. Nun noch ein kleiner Trick, um Sahne wirklich steif, locker und voluminös zu schlagen: Stellen Sie die Sahne in der Schüssel, in der sie geschlagen werden soll, für eine halbe Stunde in den Kühlschrank, denn warme Sahne läßt sich nicht steif schlagen.

Salz: Wir wissen, daß eine Prise Salz Süßem die Leere (eben das Nur-Süß-Schmecken) nimmt, und daß salzloses Brot fade und langweilig ist. Aber dennoch ist es unumstritten, daß wir uns unser Leben im wahrsten Sinne des Wortes »versalzen«. Der tägliche Bedarf eines gesunden Erwachsenen liegt bei 3—5 Gramm. Da jedoch fast all unsere Nahrungsmittel in irgendeiner Form Salze beinhalten, würde es völlig ausreichen, wenn wir 1 Gramm reines Kochsalz über den Tag verteilt zu uns nehmen würden. Unser tatsächlicher Konsum liegt aber laut Statistik beim Dreifachen der benötigten Menge. Grund genug, den Verbrauch drastisch einzuschränken und sich wieder an den »natürlichen« Geschmack der Speisen zu erinnern und zu gewöhnen.

Sauerteig: Wahrscheinlich ist er das älteste Treib- und Teiglockerungsmittel überhaupt, und man vermutet auch, daß er »durch Zufall« entstanden ist – einfach dadurch, daß geschrotetes Mehl, mit Wasser vermischt, vergessen wurde und diese Mischung zu gären begann. Als man ihn unter die »normale« Brotmischung (wohl ein einfaches Mehl-Wasser-Gemisch) mengte, ergab es beim Backen plötzlich statt der gewohnten harten Fladenbrote lockere Gebilde. So könnte es auch gewesen sein, denn das Prinzip der Sauerteiggewinnung und Verarbeitung hat sich bis heute nicht verändert, sondern lediglich vereinfacht: Der Handel bietet fertigen Sauerteig an, unsere Grundprodukte sind qualitativ hochwertiger, und unsere technischen »Backmöglichkeiten« sind besser geworden. Wer selbst Sauerteig ansetzen möchte, findet auf Seite 128 die Anleitung.

Schnittfest schlagen: nennt man eine Festigkeitsstufe beim Schlagen von Eiweiß: Wenn der

Eischnee bei einem Schnitt mit dem Messer nicht wieder zusammenläuft, sondern klare Konturen behält, ist der Schnee tatsächlich schnittfest.

Schokolade: besteht im Prinzip nur aus Kakaobutter, Zucker, Gewürzen und Milch oder Sahne. Für alle Getreide-Bäcker(innen) ist es aber sicherlich ebenso interessant zu wissen, daß auch Schokolade ohne Zukkerzusatz, zum Beispiel die feine Bienenhonig-Schokolade, mittlerweile zu erschwinglichen Preisen angeboten wird.

Sesam: sind die ölhaltigen Samen des Sesamstrauches, die beim Backen in Teige oder Füllungen gemischt und auch zum Bestreuen verwendet werden. Sie sind außerordentlich reich an Kalzium, Eisen und den Vitaminen E, B 1 und 2.

Sojabohnen: gehören zu den Hülsenfrüchten und sind immens reich an hochwertigem Eiweiß, allen essentiellen Fettsäuren, den Vitaminen B 1, E und Folsäure, den Mineralstoffen Kalium, Kalzium, Phosphor, Magnesium und Eisen, Lezithin und an Ballaststoffen. Beim Backen lassen sich Sojaprodukte bestens einsetzen. Die Palette an Sojaprodukten reicht von Sojabohnen über Mehle (mit verschiedenen Fettgehalten), Sojamark, -milch und dem Sojaquark oder -käse Tofu bis zu Miso, einem Produkt aus mit Getreide fermentierten Sojabohnen, der Sojasauce und dem Sojaöl.

Sonnenblumenkerne: sind die stark ölhaltigen Samen der Sonnenblume, aus denen das wertvolle Sonnenblumenöl gewonnen wird, die man aber auch »pur«, in Salaten, Müslis und Süßspeisen und natürlich zum Backen verwenden kann. Mit 27% ist ihr Eiweißgehalt etwa doppelt so hoch wie der von Haselnüssen, außerdem sind sie reich an Eisen und den Vitaminen E und B 1.

Speisestärke: gibt es als Weizen-, Kartoffel-, Mais-, Reis- und Arrowroot-Stärke. Da sie kleberfrei ist, läßt sie Teige feinporiger und sandiger werden. Sie besteht zum größten Teil aus Stärke und hat fast keine Mineralstoffe und Vitamine und wird darum in der Vollwertbäckerei möglichst nicht verwendet.

Spurenelemente: Siehe bitte Stichwort »Mineralstoffe«.

Stäbchenprobe: siehe bitte Stichwort »Garprobe« auf Seite 152.

»Straßen ziehen«: ist ein Ausdruck, der beim Umgang mit Gelatine gebräuchlich ist. Sahne, Eischnee, Früchte oder ähnliches werden erst dann unter die gelierende Masse gehoben, wenn die beim Durchrühren entstandenen Linien, »Straßen«, stabil bleiben und nicht sofort wieder zusammenlaufen.

T

Tofu: ist der eiweißreiche Sojabohnenquark, der beim Backen Teige wie auch Füllungen bereichern kann. Siehe dazu bitte das Stichwort »Sojabohnen«.

Trockenfrüchte: spielen beim Backen mit Vollgetreide eine große Rolle, denn sie enthalten natürlichen Fruchtzucker, Mineralstoffe und Vitamine in konzentrierter Form. Beim Einkauf sollte in jedem Fall darauf geachtet werden, daß die Früchte ungeschwefelt sind. Ob Sie diese Früchte waschen oder nicht, bleibt jedem selbst überlassen, doch ein kurzes Abbrausen mit heißem Wasser läßt die Früchte (im Alkohol oder im feuchten Teig) besser aufquellen.

V

Vitamine: sind für den Stoffwechsel unentbehrliche Substanzen, die der Körper nicht selbst aufbauen kann. Die meisten Vitamine werden mit der pflanzlichen Nahrung aufgenommen, einige auch durch tierische Lebensmittel. Fast alle Vitamine sind licht-, wasser- und hitzeempfindlich, die Vitamine A, D, E und K lösen sich in Fett und können vom Körper für eine gewisse Zeit gespeichert werden, was bei den wasserlöslichen nicht der Fall ist. Bei einer ausgewogenen Ernährung mit Vollkorn- und Milchprodukten sowie viel frischem Obst und Gemüse sind Mangelerscheinungen nicht zu befürchten.

Vitalstoffe: ist ein Sammelbegriff für Vitamine, Mineralstoffe und Spurenelemente, eben jene

Stoffe, die der Körper unbedingt für seinen Stoffwechsel und Aufbau, nicht aber zur Energiegewinnung benötigt.

Vollkornbrösel: kann man aus altbackenen Vollkornprodukten selbst reiben oder mahlen.

W

Walnüsse: Die Früchte des Walnußbaumes sind nicht nur wegen ihres vollwürzigen Geschmacks beliebt, sie sind auch ernährungsphysiologisch wertvoll. Ihr Fettgehalt von 64% weist zum größten Teil ungesättigte Fettsäuren auf und auch der Eiweißanteil ist nennenswert. Der Gehalt an Kalium, Kalzium, Phosphor, Magnesium und Fluor sowie an den Vitaminen C, A, E und denen der B-Gruppe ist darüber hinaus sehr beachtlich.

Weinstein-Backpulver: Seit über 100 Jahren wird Backpulver hergestellt. Es macht schwere Teige locker und porig. Da im Weinstein-Backpulver kein chemisches Produkt als Säureträger, sondern natürliche Weinsteinsäure (aus Holz-Weinfässern) verwendet wird, ist es besonders zu empfehlen.

Weizen: Siehe bitte Kapitel »Wissenswertes über Getreide« auf Seite 7.

Wollig: ist ein Begriff aus der Hefeteig-Zubereitung. Wenn der aufgegangene Teig eine matte, nicht mehr glänzende Oberfläche aufweist, eben »wattig« oder »wollig« aussieht, kann er weiterverarbeitet werden.

Z

Zitronat: wird auf dieselbe Weise gewonnen wie Orangeat. Siehe bitte Stichwort auf Seite 154.

Zucker: Siehe bitte Stichwort »Alternative Süßungsmittel« auf Seite 9.

Rezept- und Sachregister

Natürlich kochen und backen –
köstlich wie noch nie

Jedes Rezept
mit Farbfoto!

Natürlich kochen – köstlich wie noch nie

Gesund kochen heute: positiv, anregend, verlockend, farbenfroh, Neugierde weckend – ein kulinarisches Erlebnis für die ganze Familie.

Reizvolle Rezepte und brillante Farbfotos führen zu verlockenden Gerichten mit naturbelassenen Zutaten. Ein Kochbuch für Genießer, inhaltlich und optisch. Jedes Rezept ist leicht nachkochbar. Ohne besondere Geräte auch von Ungeübten. Mit Zutaten, die es überall gibt.

Aus dem reichen Inhalt: Rezepte für Vorspeisen, Suppen, Aufläufe und Eintöpfe, für leichte Fisch- und Fleischgerichte, für vegetarische und süße Hauptgerichte sowie Desserts werden alle Feinschmecker überzeugen, daß es ein köstliches Vergnügen ist, ernährungsbewußter zu kochen.
160 Seiten, 160 Farbfotos. Farbiger Glanzeinband. Großformat.

Das Farbfoto auf der Einband-Vorderseite zeigt im Bild vorne: Aprikosen-Himbeertorte, hier auf einem Blech statt in der Springform gebacken (Rezept Seite 70); hinten links: Vollkorn-Gugelhupf (Rezept Seite 12); hinten rechts: Österreichische Haferflockentorte (Rezept Seite 31).

Das Farbfoto auf der Einband-Rückseite zeigt rechts oben: Südtiroler Nußbrot und links unten im Korb: Südtiroler Nußfladen (Rezepte Seite 118); rechts unten: Knäckebrot (Rezept Seite 127); links oben: Haselnuß-Möhrenbrot mit Äpfeln (Rezept Seite 47) und links davon: Quark-Rosinenbrötchen mit Mohn und Sesam (Rezept Seite 122).

CIP-Kurztitelaufnahme der Deutschen Bibliothek

Piepenbrock, Mechthild:

Natürlich backen - köstlich wie noch nie: d. Vollkorn-Bildbackbuch von GU; jedes Rezept in Farbe / Mechthild Piepenbrock. Die Farbfotos gestalteten Susi u. Pete A. Eising. – 3. Aufl. – München: Gräfe und Unzer, 1988

ISBN 3-7742-4232-1

NE: Eising, Susi:; Eising, Pete A.:

3. Auflage 1988
© Gräfe und Unzer GmbH, München

Redaktion: Nina Andres, unter Mitarbeit von Cornelia Schinharl
Herstellung: Robert Gigler
Umschlaggestaltung: Heinz Kraxenberger
Reproduktionen: SKU Reproduktionen GmbH
Satz: Fertigsatz GmbH
Druck und Bindung: Mairs Graphische Betriebe

ISBN 3-7742-4232-1

Mechthild Piepenbrock

ist Ernährungswissenschaftlerin mit langer Redaktionserfahrung und seit einigen Jahren selbständige Food-Journalistin und Kochbuchautorin. Ihre Bücher wurden mehrfach von der Gastronomischen Akademie ausgezeichnet und sind im In- und Ausland erfolgreich.

Susi und Pete A. Eising

sind nicht nur hervorragende Foodfotografen und Bildgestalter, sondern auch Feinschmekker, Kenner alles Guten auf kulinarischem Gebiet und noch dazu hervorragende Köche. Seit vielen Jahren arbeitet das Ehepaar erfolgreich auf dem großen Sektor der Lebensmittelfotografie im eigenen Studio in München.